中国现代教育社团史

周谷城 题

"中国现代教育社团史"丛书编委会

丛书主编： 储朝晖

丛书编委会： （按姓氏笔画排序）

于书娟　马立武　王　玮　王文岭　王洪见
王聪颖　白　欣　刘小红　刘树勇　刘羡冰
刘嘉恒　孙邦华　苏东来　李永春　李英杰
李高峰　杨思信　吴冬梅　吴擎华　汪昊宇
宋业春　张礼永　张睦楚　陈克胜　陈梦越
周志平　周雪敏　钱　江　徐莹晖　曹天忠
梁尔铭　葛仁考　韩　星　储朝晖　楼世洲

审读委员会： （按姓氏笔画排序）

王　雷　王建梁　巴　杰　曲铁华　朱镜人
刘秀峰　刘继华　牟映雪　张　弛　张　剑
邵晓枫　范铁权　周　勇　赵国壮　徐　勇
徐卫红　黄书光　谢长法

"中国现代教育社团史"丛书书目

《中国现代教育社团发展史论》
《中华教育改进社史》
《中华平民教育促进会史》
《生活教育社史》
《中华职业教育社史》
《江苏教育会史》
《全国教育会联合会史》
《中国教育学会史》
《无锡教育会史》
《中国社会教育社史》
《中国民生教育学会史》
《中国教育电影协会史》
《中国科学社史》
《通俗教育研究会史》
《国家教育协会史》
《中华图书馆协会史》
《少年中国学会史》
《中华儿童教育社史》
《新安旅行团史》
《留美中国学生联合会史》
《中华学艺社史》
《道德学社史》
《中华教育文化基金会史》
《中华基督教教育会史》
《华法教育会史》
《中华自然科学社史》
《寰球中国学生会史》
《华美协进社史》
《中国数学会史》
《澳门中华教育会史》

推进教育治理体系和治理能力现代化……推动社会参与教育治理常态化，建立健全社会参与学校管理和教育评价监管机制。

——《中国教育现代化2035》

当前，我国改革开放正在逐步地深入和扩大，激发社会组织活力，在整个社会治理体系建设中具有重要作用。现代教育治理体系的建设，也迫切需要发挥专业的教育社团的积极作用。在这个大背景下，依据可靠的历史资料，回溯和评价历史上著名教育社团的产生、发展、组织方式和活动方式等，具有现实意义和社会价值。总的来说，这个项目设计视角独特，基础良好，具有较高的学术价值、实践价值和出版价值。

——石中英

教育社团组织与中国教育早期现代化，既是一个有丰富内涵的历史课题，更是一个极具现实意义的重大课题。由中国教育科学研究院储朝晖研究员领衔的学术团队，多年来在近代教育史这块园地上努力耕耘，多有创获，取得了可喜的成果，积累了深厚的知识储备。现在，他们选择一批有代表性、典型性、产生过重大影响的教育社团组织，列为专题，分头进行深入的研究，以期在丰富中国教育早期现代化研究和为当代中国教育改革服务两个方面做出贡献，我觉得他们的设想很好。

——田正平

国家出版基金项目
NATIONAL PUBLICATION FOUNDATION

中国现代教育社团史　丛书主编/储朝晖

中华职业教育社史

陈梦越　楼世洲　著

西南大学出版社
国家一级出版社　全国百佳图书出版单位

图书在版编目(CIP)数据

中华职业教育社史/陈梦越,楼世洲著. — 重庆：西南师范大学出版社,2021.5(2024.1重印)
(中国现代教育社团史)
ISBN 978-7-5697-0824-0

Ⅰ.①中… Ⅱ.①陈… ②楼… Ⅲ.①中华职业教育社 – 教育史 – 中国 Ⅳ.①G719.29

中国版本图书馆CIP数据核字(2021)第081311号

中华职业教育社史
ZHONGHUA ZHIYE JIAOYUSHE SHI

陈梦越　楼世洲　著

策划编辑：	尹清强　伯古娟
责任编辑：	黄丽玉　尹清强
责任校对：	杜珍辉
装帧设计：	观止堂_朱璇
排　　版：	江礼群
出版发行：	西南大学出版社(原西南师范大学出版社)
	重庆·北碚　邮编：400715
印　　刷：	重庆市正前方彩色印刷有限公司
幅面尺寸：	170mm×240mm
印　　张：	21
插　　页：	4
字　　数：	350千字
版　　次：	2021年5月　第1版
印　　次：	2024年1月　第2次
书　　号：	ISBN 978-7-5697-0824-0
定　　价：	88.00元

总序

在中国教育早期现代化的历史进程中,无论是清末,还是北洋政府和国民政府时期,在整个20世纪前期传统教育变革和现代教育推进波澜壮阔的历史舞台上,活跃着这样一批人的身影,他们既不是清王朝的封疆大吏、朝廷重臣,也不是民国政府的议长部长、军政要员,从张謇、袁希涛、沈恩孚、黄炎培,到晏阳初、陶行知、陈鹤琴、廖世承,有晚清的状元、举人,有海外学成归来的博士、硕士,他们不居庙堂之上,却念念不忘国家民族的百年大计;他们不拿政府的分文津贴,却时时心系中国教育的改革与发展。是"研究学理,介绍新知,发展教育,开通民智"这样一个共同理想和愿景,将这些年龄悬殊、经历迥异、分散在天南海北的传统士人、新型知识分子凝聚在一起,此呼彼应、同气相求,结成团体,组织会社。于是,从晚清最后十年的江苏学务总会、安徽全省教育总会、河南全省教育总会,到民国时期的全国教育会联合会;从中华职业教育社、中华新教育共进社、中华教育改进社,到中华平民教育促进会、生活教育社、中国社会教育社、中华儿童教育社、中国教育学会……在短短的半个世纪里,仅省级以上的和全国性的教育会社团体就先后有数十个,至于以县、市地区命名,以高等学校命名或以某种特定目标命名的各式各样的教育会社团体,更是难以计数。所有这些遍布全国各地的教育会社团体,通过持续不断的努力,从不同的层面,以不同的方式,冲击着传统封建教育的根基,孕育和滋养着现代教育的因素。可以毫不夸张地说,在传统教育变革和现代教育推进的历史进程中,从宏观到微观,到处都留下了这些教育会社团体的深深印记,它们对中国教育早期现代化的贡献可谓功莫大焉!

大约从20世纪90年代开始，中国近代教育会社团体的研究，渐渐进入人们的学术视野，20多年过去了，如今关于这一领域的研究，已经风生水起，渐成气候，取得了相当的成果，并且有着很好的发展势头。说到底，这是当代中国教育改革的需要和呼唤。教育是中华民族振兴的根基和依托，改革和发展中国教育，让中国教育努力赶上世界先进水平，既是中央政府和地方各级政府义不容辞的职责，也必须依靠广大教育工作者的自觉参与和担当。从这个意义上讲，中国近代教育会社团体与中国教育早期现代化研究，既是一个有丰富内涵的历史课题，更是一个极具现实意义的重大问题。中国教育科学研究院储朝晖研究员，多年来在关注现实教育改革的诸多问题的同时，对中国近代教育史有着特殊的感情，并在这块园地上努力耕耘，多有创获，取得了可喜的成果，积累了深厚的知识储备。现在，他率领一批志同道合的中青年学者，完成了"中国现代教育社团史"的课题，从近代以来数十上百个教育社团中精心选择了一批有代表性、典型性、产生过重大影响的教育社团，列为专题，分头进行了深入的研究。我相信，读者诸君在阅读这些成果后所收获的不仅仅是对教育社团的深入理解和崇高敬意，也可能从中引发出一些关于当代中国教育改革的更深层次的思考。

是为序。

田正平

丁酉暮春于浙江大学西溪校区

目录

导论 /1

第一章 中华职业教育社的成立背景 /9
第一节 中华职业教育社成立的时代背景 /11
第二节 中华职业教育社职业教育家的职业教育思想 /21

第二章 应时而生,关注国民生计(1917—1925) /49
第一节 中华职业教育社的成立与运作 /52
第二节 中华职业教育社的早期活动 /70

第三章 顺应时势,提出大职业教育主义(1926—1930) /103
第一节 大职业教育主义 /106
第二节 乡村改进事业的推进 /110
第三节 大规模举办职业补习教育和开展职业指导 /121
第四节 开始参与政治活动 /129

第四章 不懈坚守,积极应对抗日战争而获得新发展(1931—1945) /135
第一节 积极投身抗日战争 /137
第二节 总社的内迁及其工作的转变 /143
第三节 职业教育事业的发展 /150
第四节 积极开展政治活动 /162

第五章　重整社务，迎接新中国(1946—1949) /171
　　第一节　各类机构调整与事业进展 /173
　　第二节　积极参与政治活动 /181

第六章　中华职业学校的发展(1918—1949) /185
　　第一节　中华职业学校的初创与摸索(1918—1926) /188
　　第二节　稳步发展期(1927—1936) /198
　　第三节　全面抗战爆发到新中国建立前的坚守(1937—1949) /216

第七章　中华职业教育社的机关刊物——《教育与职业》 /233
　　第一节　《教育与职业》的创刊 /235
　　第二节　《教育与职业》的发展与运作 /238
　　第三节　《教育与职业》的内容与影响分析 /245

中华职业教育社大事记(1917—1949) /259

附录 /279

参考文献 /311

后记 /319

丛书跋(储朝晖) /321

导 论

职业教育这个称谓是一个历史的范畴,和其形态一样也有其演变和发展的过程。在我国,1903年颁布的《奏定实业学堂通则》和1913年教育部颁布的《实业学校令》使用的称谓均是实业教育。《奏定实业学堂通则》中提到:实业学堂所以振兴农、工、商各项实业,为富国裕民之本计;其求专求实际,不尚空谈,行之最为无弊;实业学堂之种类,为实业教员讲习所、农业学堂、工业学堂、商业学堂、商船学堂;其水产学堂属农业,艺徒学堂属工业。《实业学校令》还规定实业学校教授农工商业必须以增强知识技能为目的。

在近代中国职业教育发展演变的过程中,中华职业教育社一直发挥着重要的作用,其生命历程自始至终都与职业教育相牵连。据史料记载,职业教育一词早在1904年便已出现,当时山西农林学堂总办姚文栋在《添聘普通教习文》中论道,"论教育原理,与国民最有关系者,一为普通教育,一为职业教育"。虽然1904年职业教育这个名词就已经被提出,但是并没有立即被社会所采纳,社会上使用的大多仍是实业教育。这种情状,在一定程度上与当时人们对工业生产的认识有关,晚清开展的工业大都被称为实业,当时晚清政府进行的经济改革中,也是以兴实业为然,可知当时社会大众对职业教育的概念还不甚理解,自然也就不可能立即接受并使用职业教育来替代实业教育。辛亥革命之后,在称谓上职业教育渐趋取代实业教育,黄炎培推动了这一过程。他曾撰文论述实业教育与职业教育的不同,在全国范围使用职业教育的称谓,最明显的表现为中华职业教育社的创立。1917年5月6日,教育界、金融界、政界、实业界、出版界的蔡元培、梁启超、张謇、黄炎培等48人聚集在上海,组织成立了中华职业教育社,其始终以研究、试验、推广职业教育为职志,开启了职业教育在中国的历史征程。1922年,北洋政府颁布的"壬戌学制"是官方第一次正式使用职业教育的称谓,取代了清末以来的实业教育的称谓,在我国职业育发展史上具有划时代的意义。中华职业教育社在1922年新学制中对职业教育内容的制订做出了重大的贡献,在新学制颁布前,中华职业教育社便征求对新学制中职业教育内容的意见,同时还召开社员大会,讨论新学制中的职业教育内容。1926年,中华职业教育社在总结前期的工作时,发现之前所希望的目标百分之七八十没有达到,由此,社员对此进行了深刻的反思,结合当时的社会状况以及职业教育自身的特点,提出了"大职业教育主义",将职业教育不局限在教育领域内,而是联合社会的各个领域,以发挥职业教育的重要作用。在"大职业教育主义"提出之前,中华职业教育社的工作重点为在城市开设职业学校、职业补习学校,而1926年之后,工作重点逐渐转移到农村,设立农村改进区,进行农村改进。1937年抗日战争全面爆发后,中华职业教育社在黄炎培的率领下长途跋涉,历尽艰辛,将总社从上海西迁至重庆。在重庆八年的烽火岁月里,黄炎培和职教社("中华职业教育社"简称)的先辈们积极投身中国职业教育发展大业,投身抗日救亡和中国共产党领导的和平民主运动,成为中国共产党领导下的抗日民族统一战线的重要力量。迄今为止,中华职业教育社已经度过了一百多个寒暑,在我国现有的所有社团中,它是历史最为悠久者,并且仍一直发挥着重要作用。

中华职业教育社是我国职业教育事业的开拓者和引领者,在一百多年的发展历程中,通过理论与实践相结合,逐步形成了以职业学校教育、职业补习教育、职业指导、农村改进四大领域为主体的系统的职业教育体系。同时,还在大学教育、中学教育、小学教育、函授教育等方面均进行了有益的尝试。中华职业教育社所积累的教育经验,尤其是在职业教育领域所留存的丰富的经验,为我国的教育事业提供了宝贵的借鉴,需要我们去传承与发扬。

中华职业教育社是由知识分子与爱国人士所组成的民间教育团体。中华职业教育社的很多社员,如黄炎培、蔡元培、邹韬奋、陶行知、李公朴、黄齐生、刘湛恩、马寅初、沈恩孚、江问渔、杨卫玉、潘序伦等,均为当时著名学者或专家。同时,由中华职业教育社所创办并领导的中华职业学校,也培养出了较多的学有所长并具有一定社会声望的校友。由此,我们从中华职业教育社的社团活动中,能够切身感知老一代知识分子的相同轨迹,认清他们在中国近现代历史中的贡献,从而更准确地理解国家、民族的历史命运和未来发展方向。中华职业教育社是由民族工商界爱国人士所赞助成立与发展起来的民间团体,诸如陈嘉庚、史量才、穆藕初、荣德生、荣宗敬、刘柏生、缪云台、刘靖基等爱国的实业家不仅加入职教社成为社员,而且均担任过社的理监事或赞助人,是职教社稳定发展的基石。而且中华职业教育社所开创的事业,如职业学校、职业补习学校等均为中国民族工商业培养、训练过众多的骨干技术人才,同时民族工商界也慷慨资助过中华职业教育社所开展的事业,如职业学校、职业指导、农村改进、难民救济、伤残重建等,二者之间为互相合作、相互帮助的关系。分析这些活动与这层关系,有助于加深我们对中国民族资产阶级历史地位的了解与认识。

中华职业教育社是因职业教育而结成的一个民间教育团体,不过在当时多灾多难的社会情状之下,其不可能独善其身,全心于职业教育而不顾政治运动,因而它勇立潮头,积极为近代中国的民主革命运动而奔走呼号,希冀挽救民族危亡。中华职业教育社社员在立社之初怀揣着"职教救国"的理想,希冀通过职业教育救国救民,随后"五四"时期积极参与其中,赞助留法勤工俭学运动,创办《生活》周刊,发布正义的言论,表现出其参与社会活动的热情。1931年,抗日战争爆发之后,职教社社员积极参与爱国救亡运动,1937年,全面抗战爆发之后,职教社社员与周恩来、董必武等共产党人积极联系,共同抗日。同时,职教社社员还积极参与中国现代民主政团活动,如1939年参与成立了"统一建国同志会",1940年自主秘密成立了"国讯同志会",1941年参与成立了"中国民主政团同盟",1945年又参与发起成立了"民主建国会"。这些活动表现出职教社在社会活动与政团活动中的不断摸索与努力,由立社之初单纯的民间教育团体转变为教育性、社会性和政治性统一的团体,逐渐成为中国现代民主政团活动中的一股重要力量。

中华职业教育社社员不仅积极努力参与组建政团组织,还开办期刊与书店来宣传正义的政治言论。如职教社先后创办了《生活》《国讯》《宪政》《展望》,成立了"国讯书店"。尤其是"国讯书店"出版了黄炎培延安之行后撰写的《延安归来》一书,此书揭示了共产党一心为民的特质,提升了共产党在民众心中的影响力。在解放战争时期,职教社的社办杂志《国讯》发表了诸多正义言论,揭露国民党独裁统治的本质,宣传共产党的方针、政策,积极呼吁国内民主与和平。这些举动遭到了国民党的痛恨而将《国讯》查封。虽然《国讯》被当局无理查封,但是职教社社员并未放弃爱国、争取和平的信念,而是创办了《展望》来接续《国讯》的事业。当时《展望》的编辑大都为共产党人,由此也体现出职教社与中国共产党的亲密关系,展现出职教社的政治立场。上海解放后,当时还位于上海的中华职业教育社积极配合、协助新政府恢复上海的经济生产和社会秩序等,从而在地方上,积极发挥自己的作用。新中国建立前夕,中华职业教育社的领导人,如黄炎培、孙起孟、冷遹、杨卫玉等人以民主建国会成员的名义参加了新政协,积极为新中国的筹建建言献策,贡献职教社的力量。

新中国成立之后,中华职业教育社仍然在教育领域贡献自己的力量。众所周知,职业教育曾被质疑甚至否定,自然影响到以发展职业教育为主要任务的职教社,不过职教社在新时期,积极发展函授教育,并取得了较大成就。同时,由于一些历史渊源,职教社在新时期还担负一些统战工作,帮助工商界人士认识社会主义、了解共产党,为社会主义建设贡献力量。党的十一届三中全会之后,职教社在胡厥文、孙起孟、王艮仲等人的领导下,继续为发展职业教育而不断努力,同时在统一战线方面也发挥积极作用。

中华职业教育社的发展得到了党中央领导如周恩来、董必武等人的关心。比如周恩来总理在出席职教社建社四十周年纪念会时,曾指出:"职教社是一个知识分子的团体,从职教社所走的道路,也可以看出中国知识分子的历史道路。"[①]李维汉同志也在1982年指出:中华职业教育社的历史,在一个侧面反映

---

① 周恩来:《活到老、学到老、改造到老》,载中共中央统一战线工作部、中共中央文献研究室编《周恩来统一战线文选》,人民出版社,1984,第356页。

导论

了我国社会六十多年的发展变化。[1]由此可见,中华职业教育社在中国近现代史上的重要作用,同时也反映出研究职教社社史有着重要的意义。当前对于中华职业教育社的研究非常丰富,专家学者非常重视,这从一个侧面显示了中华职业教育社重大的历史作用。2017年5月5日,中华职业教育社建立100周年庆祝大会在北京举行。对于这样一个直到现在都还发挥着重要作用的教育团体,习近平总书记发来贺信,他指出:"中华职业教育社是我国成立最早的职业教育社团,在风雨如晦的旧中国,中华职业教育社本着教育救国的宗旨,致力于改革传统教育、推动职业教育发展,参与爱国民主运动,投身民族救亡,成为接受中国共产党领导、追求民主进步的爱国社团。新中国成立后特别是改革开放以来,中华职业教育社紧紧围绕党和国家工作大局,广泛联系社会各界和海内外关心支持职业教育的人士,为发展职业教育、实施科教兴国和人才强国战略、推进祖国和平统一作出了积极贡献。"[2]这凸显出中华职业教育社在百年历程中发挥的作用,得到了国家和人民的广泛称赞,因此,在中华职业教育社百年华诞之际,撰写一本中华职业教育社历史研究的图书就显得必要且有意义。

本书在内容编排上,可视为"一体两翼"。"一体"为中华职业教育社,这是本书的主体内容,主要聚焦于社的教育实践活动与影响;"两翼"为中华职业学校与《教育与职业》杂志,这是中华职业教育社实践、宣传职业教育的两个平台。在内容选取上,本书更加偏重教育领域,因为中华职业教育社是因教育而生,是一个民间教育社团,教育性是其最初属性,也是其本质属性,而政治活动只是其在特殊时期做出的历史选择,政治性是其附带属性。

具体而言,全书分为七章。前五章主要是从纵向的时间维度,对新中国成立前的中华职业教育社的历史做出梳理。而由于中华职业教育社创办的中华职业学校与《教育与职业》杂志在其发展过程中起着举足轻重的作用,与社的命运共沉浮,因而在第六章与第七章,专门介绍中华职业学校与《教育与职业》。第七章后,列有1917至1949年间,中华职业教育社大事记等内容。

---

[1]《李维汉同志祝词》,《中华职业教育社六十五周年纪念刊》,内部刊物,未出版,第15页。
[2] 习近平:《习近平致信祝贺中华职业教育社成立一百周年》,《人民日报》2017年5月6日第1版。

中华职业教育社的成立背景

第一章

第一节 中华职业教育社成立的时代背景

1840年,鸦片战争打开了中国的国门。伴随着国门大开而来的是西方列强疯狂的侵略,当时先进的中国人面对着国破家亡的危局,有感于西方科学文化技术的高度发达,便开始学习西方。同时,西方的文化教育思想如潮水般地涌入中国,职业教育思想便是这股潮流之一。职业教育是现代大工业生产的产物,是与机器大生产相适应的一种教育模式。近代中国是一个后发外生型的国家,这一特点决定了近代中国职业教育不是"内发于"中国社会的政治经济文化之中,而是作为舶来品"外引于"欧美等职业教育发达的国家。

在鸦片战争之后,中国的社会格局发生了彻底的变化,一方面是新的思想、观念及先进科学知识的涌入,另一面是当时的有识之士积极寻求着教育变革的新举措,来应对社会的变化。1917年5月6日,中华职业教育社在上海召开成立大会,标志着近代中国第一个以提倡、研究、试验、推广职业教育为职志的全国性民间教育团体的诞生。这之后,中华职业教育社一直是近代中国职业教育的引领者。而民国时期中华职业教育社的诞生,不是一次偶然的历史事件,而是当时的经济社会、文化心理等多种因素共同作用的结果。具体表现为以下几方面:

一、近代中国民族工业的形成与发展

中国近代民族工业的发展经历了三个发展阶段,即:洋务运动至甲午中日战争的兴起阶段,甲午中日战争至辛亥革命的初步发展阶段,辛亥革命至五四运动的进一步发展阶段。这三个阶段相应地表征着中国近代工业化的三部曲:近代工业化的发轫、进步和高潮。

(一)近代民族工业的发轫期

中国近代民族资本主义是在外国资本主义的入侵,中国开始逐渐沦为半殖民地半封建社会的情况下产生的。特别是在两次鸦片战争之后,国外先进的资本主义生产方式传入中国,日渐瓦解着中国传统的封建经济结构,在这一过程中,外国资本主义在中国的商品市场和劳动力市场不断扩大,中国被迫卷入了世界资本主义市场,客观上促进了近代民族工业的产生。近代中国早期的民族资产阶级是"在外国资本主义侵入的影响与刺激下,从十九世纪七十年代起,中国有一部分商人、地主和官僚开始投资于新式工业"[1]而产生的。当时的新式企业主要分布于缫丝、棉纺织、面粉、火柴制造、造纸印刷、采煤、船舶修造和机器制造、采矿、公用事业等行业,而且这些企业主要分布在上海、江苏、浙江、广东等经济基础较好的省份。自近代民族工业诞生开始,就受到了外国资本主义和本国封建主义的双重压迫,因而表现出了诸如从事的主要是轻工业和小规模的采矿业,企业投资较少,生产工具和生产技术依赖于外国资本主义,工业布局多分布在沿海、沿江,创办人主要是商人、买办、官僚和地主等特征。但是民族资本在当时这样的双重压制下,一面斗争一面又在困难中不断开辟自身的道路,使近代民族资本工业逐渐萌芽滋长,而且"这初步萌芽滋长的民族资本近代工业,在当时的社会历史条件下,代表着一种新生的力量,推动着中国社会向前发展"[2]。据虞和平统计,到1894年,全国共有151家民族资本企业。[3]这也说明虽然当时民族资本工业面临着双重压制,但是仍然有着缓慢的发展。

---

[1] 孙毓棠编《中国近代工业史资料 第一辑 1840—1895年(上册)》,科学出版社,1957,序第39页。
[2] 孙毓棠编《中国近代工业史资料 第一辑 1840—1895年(上册)》,科学出版社,1957,序第54页。
[3] 虞和平主编《中国现代化进程(第一卷)》,江苏人民出版社,2007,第149页。

(二)近代民族工业的进步期

甲午中日战争以中国的惨败而告终,而且《马关条约》的签订进一步加深了民族危机。近代中国民间开办企业获得合法的地位是在1894年中日甲午战争之后,在这之前的近代民族资本企业都未能得到政府的承认与许可,即为不合法的。当时康有为等一批维新人士,以挽救民族危亡为出发点,要求发展资本主义经济,鼓励私人投向除发行货币、邮政事业以外的所有部门,包括一向被官府垄断的军事制造部门,以抵制外国经济侵略,直接推动了清政府对民族资本投资近代工业的承认,对于甲午中日战争后投资热潮的出现,起了重要的促进作用。[①]这一时期,清政府对"商办"的承认、提倡,进一步激发了一部分官僚、地主和商人投资新式工业的积极性。据不完全统计,1895—1898年新创办的商办厂矿企业有58家,资本总额达1200万元,官办和官督商办的企业,只有8家,资本总额不超过400万元,商办企业的投资额几乎相当于官办、官督商办企业投资额的3倍。[②]这表明民族资本主义工业在这一时期有一个很快的发展,出现了一个小高潮。但是随后的戊戌政变、义和团运动以及八国联军侵华,打断了近代民族资本投资近代工业的正常进程,也终结了甲午战后兴起的第一次投资热潮。清政府面对着统治危机,推行了"新政",1903年正式设立了商部,统辖全国工商业,而且"新政"中还涉及商法制定、行业政策、工商奖励等方面,客观上又激发了民族资本投资近代工业的热情。据严中平等人的统计数据,1901至1911年间,全国新设的厂矿数共有340家,资本数额共计1.0185亿元(统计内容不包括年月不详的数据),这10年间新设的厂矿总数和增加的资本总额,均超过了此前30多年的2倍以上。[③]表明这一时期的民族工业在总体上得到了长足的发展。

(三)近代民族工业的高潮期

1911年辛亥革命的爆发,推翻了封建君主专制统治,建立了共和国,中国的

[①] 王相钦主编《中国民族工商业发展史》,河北人民出版社,1997,第197页。
[②] 李侃、李时岳等:《中国近代史(第4版)》,中华书局,1994,第232页。
[③] 数据资料参见严中平等编《中国近代经济史统计资料选辑》,科学出版社,1955,第93页。

民族资本主义经济也迎来了新的历史时代,南京临时政府发展经济的总政策和总目标是大力发展民族资本主义工商业,改变中国的落后状况。

民国成立后,相继颁布了一些保护人民财产条令和促进民族资本主义工业发展的政策法令。从民国初年到1914年第一次世界大战爆发这段时期,涌现出了许多资本主义企业,农商部统计报告显示,辛亥革命前后历年设厂数,1910年为986家,1911年为787家,1912年为1504家,1913年为1373家,1914年为1123家,出现了一个设厂兴业的热潮。辛亥革命至第一次世界大战这一时期,民族资本主义工业不断发展,主要表现为中小企业增设多,发展迅速,而且民族资本企业从沿海大城市向内地中小城市扩展,这一发展过程奏响了民族工业"高潮期"的序曲。1914—1920年,受到国内外各种因素的影响,民族资本主义工业有了进一步的发展,产品数量增加,销路扩大,企业利润丰厚,新厂不断开设,发展速度很快,被称为民族工业的"黄金时期"。1914年到1919年的六年间,中国新设厂矿共379家,设立资本8580万元,平均每年开设63家,新投资本1430万元。[①]这一时期,外国资本增长有限,官僚资本陷于停滞,而民族资本有迅速的发展。

辛亥革命以降,民族资本工业的发展速度异常迅猛,盈利颇丰,生产设备增加迅速,生产率大大提高,资本投资额也大大增加,产业结构逐渐趋向合理,甚至开始出现企业集团等。这一时期是近代民族工业的"黄金时期",也即近代民族工业的高潮期。

二、实业教育和普通教育的困境

教育作为社会的一个子系统,不可能脱离社会的发展而独立发展,而且教育的发展也能够推动社会的发展。近代中国新式教育由实业教育、普通教育和师范教育三者构成,在近代中国社会变迁中,教育被赋予了特殊的职能——"教育救国",然而这一救国愿望却在现实面前走进了困境。

[①] 吴承明:《中国资本主义与国内市场》,中国社会科学出版社,1985,第124页。

(一)是实业教育,还是"失业教育"

近代中国实业教育是伴随着洋务运动而兴起的。从"洋务教育"到"戊戌变法",清政府在大、中、小学均未建立前率先创办各类实业学堂,不仅开了中国近代学校教育的先河,而且开创了中国近现代职业技术教育的新纪元,并为中国近代工业培养了第一批技术人才,为新教育制度的产生起了奠基作用。[1]1902年清政府拟定了《钦定学堂章程》,但是未来得及实施,随即又颁布了《奏定学堂章程》,并且将实业教育分为农、工、商三种,学制分为高、中、初三等。

一般认为实业教育是职业教育的早期形式,实业教育的概念与职业教育既紧密联系又难以完全重合。"职业教育"一词在近代中国最早出现于1904年,由山西农林学堂总办姚文枏在其文牍中使用,但是却直到1922年才在"壬戌学制"中通令使用,此前都是以"实业教育"的名目出现。而对于实业教育的阐释也有所不同,如夏偕复在《学校刍言》中,就用"实业学校"的概念指"中等农、工、商实业之教育"[2],严复1906年在上海高等实业学堂演讲时,指出:"西人所谓实业,举凡民生勤动之事,靡所不赅,而独于树艺、牧畜、渔猎数者,则罕用其字。至所谓实业教育,所苞尤隘,大抵同于工业。"[3]

近代中国的实业教育从其诞生之日起,就被寄予了极高的希望,备受推崇,如经元善认为工艺院教成一艺,则一身一家可温饱。可是愿望总是与现实相差甚远,实业教育的发展和对其原初的希望出入很大。当时教育部第七区视学林锡光等报告:"窃维民国新立,尤以实业为急务,顾实业学校之科学,较难于普通,入学生非英算汉文稍有门径者,对于实业科学多不能理会。查部章高等小学毕业生,得以直入甲种实业科并各中学,而现时高等小学毕业生程度日浅,欲入甲种实业,其英算程度恒苦不足,例须先入补习科;如入各中学,则得直入中学二年级。是小学毕业生,入中学校只须三年卒业,入甲种实业,须先入补习

---

[1] 楼世洲:《职业教育与工业化——近代工业化进程中江浙沪职业教育考察》,学林出版社,2008,第24页。
[2] 夏偕复:《学校刍言》,载璩鑫圭、唐良炎编《中国近代教育史资料汇编·学制演变》,上海教育出版社,1991,第178页。
[3] 严复著,王栻主编《严复集(一)》,中华书局,1986,第203页。

科,反须五年方能卒业。此实业学生之所以不能发达也。光复以后,办理实业尤为困难,以学生自由转学,无可制止,业经咨请教育司禁止,卒归无效,而各学校因学生缺少,愈任意乱收。按满清学部规定转学规程,非同性质之学校,不准转学,如工业二年级,不得转商业二年级,以所习科目不同。现则实业学生,可任意而转入法政矣。中央教育部令,转学生须具转学理由书,经本校认可,给予转学证书,他校得转学书,按该生年级相当程度,而后附入相当学级,现则未经本校认可,不须转学书,他校得以滥收矣,甚至不按学生学级,不察学生程度,有甲种实业第一年级学生,直入中学第四年级,是肄业不满一年,而中学居然卒业矣……学生何知,但择年限较短毕业较易者而趋之。破坏学制,混乱系统,无有甚于此者。"①此报告阐述了当时实业学校的学生情况,以及实业学生在入学、升学、转学等方面非常混乱,没有相应的制度规约,严重影响了学制系统。

　　实业学校旨在增进个人技能,促进社会经济发展,因而这类学校的数量与国民经济的发展情况应成正比。可是当时的实际情况是学校多,却没能产生实际的效用,究其原因,是:"现时各省甲乙种实业学校,设备多不完全,甚至号称实业,而一切校室、校具及其他实习用具、场厂、器械、标本、画图、乐品等事,均付缺如。"②因而,实业学校的毕业生能否将所学运用到实际生活中去,可想而知。而且由于中华民族历来有"学而优则仕"的传统,当时的实业学校的学生都热衷于法政学校,法政学校属于分利的事业,而兴办实业学校是生利的事业,因而也就严重影响了实业学校的专业门类。

　　在上述状况下,当时实业学校、专门学校毕业生的情况为"有以毕业于纺织专科,而为普通小学校图画教员者矣;有以毕业于农业专科,而为普通行政机关助理员者矣;甚有以留学欧美大学校专门毕业,归而应考试于书业机关,充普通编译员者矣"③,实业学校毕业生所学非所用的情况在当时非常普遍,被时人戏谑为"失业教育"。

---

① 《教育部咨各省都督兼民政长、民政长请饬所属实行本部所定入学转学办法毋任疏违文》,1913年《政府公报》第420号,第11—12页。
② 《法令文牍:教育部通咨各省巡按使申明部章并饬甲乙种实业学校认真办理文》,《教育周报(杭州)》,1915年第91期,第23—24页。
③ 《中华职业教育社宣言书》,《东方杂志》,1917年第14卷第7期,第163页。

(二)普通教育的困境

普通教育是教育结构中不可或缺的一部分,是整个教育体系中的基础部分,其发展的好坏关乎整个国民的文化素养高低。近代普通教育在发展变化过程中也遭遇了不同的困境。

黄炎培对当时中国的普通教育感触颇深,他认为:"乃观今之学子,往往受学校教育之岁月愈深,其厌苦家庭鄙薄社会之思想愈烈,扦格之情状亦愈著。而其在家庭社会间,所谓道德身体技能知识、所得于学校教育堪以实地运用处,亦殊碌碌无以自见。"[1]从中说明了当时的普通教育教给学生的知识,对于学生的生活帮助不大,学生无法连贯地写书信,无法辨别各种植物等,学校所学对生活毫无用处。而且他在1915年考察中国教育时,发现了当时中学毕业生的出路问题,即:"依教育统计,全国中学四百有三所,而甲种实业学校,仅九十有四;高等小学,七千三百一十五所;而乙种实业学校,仅二百三十。夫中学毕业,力能升学者,或不及十分之一;高等小学毕业,力能升学者,或不及二十分之一。"[2]这里可以看出当时普通学校的升学率特别低,而且当时很少的一部分学生"虽有业而大都非正当者也",同样说明当时学生所学的知识与生活无关,与学生的工作没有关系。

蔡元培也表达了对当时普通教育的忧虑,他说道:在高小毕业生毕业后,不能悉入中学,其间虽有力不逮者,亦有牵于种种原因,不能入中学者。就他方面观察,有志入中学之人数不少。但中学招生,限于定额,不能悉数容纳,其招考额与投考人数,约为十比二。于是,有志上进而不克获选者,势必一而再,再而三去投考,使青年有为之士,光阴坐废,志愿消磨。[3]这样的教育情状,与清朝的科举教育没有差别,如果这样下去,则会造成一种不信任学校的心理。如果学校都不被社会所信任,那么教育经费将会减少,教育也就无法进展,社会自然也会陷入一种恐慌。

---

[1] 黄炎培:《学校教育采用实用主义之商榷》,《教育杂志》,1913年第5卷第7期,第55页。
[2] 《中华职业教育社宣言书》,《东方杂志》,1917年第14卷第7期,第164页。
[3] 蔡元培:《教育界之恐慌及补救方法——在江苏省教育会演讲词》,载中国蔡元培研究会编《蔡元培全集》第二卷,浙江教育出版社,1997,第482页。

根据上述分析,可以看出当时的普通教育,特别是在中等教育方面,存在着严重的升学率低下和学校教非所用的情况,致使大部分的学生都无法升入高一级的学校学习或学非能用。即使能够升学,学到的知识也与当时社会的需求不相衔接,学生毕业无法在社会上寻求适合的工作,这是当时普通教育的困境。

三、知识界的职业教育救国运动

近代中国职业教育的产生是内外部因素共同作用的结果,这里的内部因素指当时国内知识界的"教育救国""职教救国"思想。而"职教救国"思想的提出不是偶然的,它是近现代中国社会政治经济和文化教育综合发展的必然产物。

众所周知,"职业教育"一词最早于1904年出现在中国,见于山西农林学堂总办姚文栋的文牍中,他说:"论教育原理,与国民最有关系者,一为普通教育,一为职业教育,二者相成而不相背……本学堂兼授农林两专门,即是以职业教育为主义。"[1]虽然他已经认识到了职业教育,但是当时占据统治地位的仍是实业教育,故他的思想并没有被社会所重视。在民国成立后,《教育杂志》的主编陆费逵最早提倡职业教育,他指出:"吾国今日,亟宜注意者有三:国民教育,一也;职业教育,二也;人才教育,三也。"[2]并且他还论证了职业教育的作用,他说:"职业教育,则以一技之长,可谋生活为主,所以使中人之资者,各尽所长,以期地无弃利,国富民裕也……非职业教育兴盛,实业必不能发达,民生必不能富裕。"[3]因此,必须重视职业教育的作用,"无职业教育,则在下者生计艰困,在上者辅助乏才"[4]。他甚至认为无职业教育将无以治国。他从职业教育与普通教育的对比中,看到了职业教育是务求实用、教人获得谋生技能的教育,不仅可以解决人民生计,还关系到国家富强。

---

[1] 黄炎培:《三十五年来中国之职业教育》,载田正平、李笑贤编《黄炎培教育论著选》,人民教育出版社,1993,第239页。
[2] 吕达主编《陆费逵教育论著选》,人民教育出版社,2000,第89页。
[3] 吕达主编《陆费逵教育论著选》,人民教育出版社,2000,第147页。
[4] 陆费逵:《民国普通学制议》,《教育杂志》,1912年第3卷第10期,第5页。

当时费揽澄、马相伯也认为职业教育是中国的"当务之急",因为当时中国的穷困已经达到了极点,生计问题是当时救国救民的根本问题。但中国生计困窘的根本原因在于教育与职业不相联络,因此要救人民,救社会,救国家,非重视职业教育不可。近代中国实践职业教育的代表人物非黄炎培莫属,他对于职业教育的认识可谓切中时弊。他不仅考察了国内的教育实况,还出国了解了国外的教育情状,并且在回国之后积极宣传职业教育,希冀通过职业教育来救国家,救社会。

1917年以黄炎培、蔡元培、顾树森、俞子夷等积极宣传职业教育的知识分子为主体而组成的中华职业教育社的成立,可以说是"职教救国"思想形成的一个标志。作为一个全国性的民间社团,其进行了一系列的职业教育实践,目的是沟通教育与职业,进而达到救国救民的目的。黄炎培后来回忆:我们是有信仰的,唯一的信仰,就是爱国,报国。我们想以生产报效国家,想以科学开发生产,想以人才运用科学。

四、国外先进职业教育理论的传播

职业教育的产生与资本主义社会工业生产的发展有着密切的联系,它的内容和形式随着社会的发展变化而不断发展变化。从世界范围来看,职业教育起源于采用机器的工业生产方式,随着机器工业生产制度的扩展而逐步发展。

近代中国的职业教育不是内发于本国的政治经济文化之中,而是作为舶来品,外引于欧美职业教育发达的国家,这就注定了近代中国职业教育的思想和理论,很多都带有"欧风美雨"留下的印记,尤其是受到美国职业教育思想的深远影响。

国外先进职业教育理论在中国的传播主要通过三种方式:一是留学生的引入;二是国外职业教育专家来华讲演;三是黄炎培的国外考察及国内宣传。

留学生群体在民国职业教育的兴起和发展过程中发挥着十分重要的作用。近代中国最早的留学生群体是容闳等人赴美,他们大都接受了国外先进教育的洗礼,学到了先进的知识。清末留学生对实业教育的引入与倡导也为民国时期职业教育的酝酿与兴起奠定了基础。在民国成立后,大批的回国留学生倡办职业教育,介绍国外先进的职业教育理论,为民国时期职业教育的发展做出了不可忽视的贡献。留学生对国外职业教育理论的引介主要是对国外职业教育基本内容的介绍和对国外职业教育制度的介绍。

20世纪20年代,有两位美国教育专家来华访问,一位是杜威,另一位是孟禄。杜威的实用主义哲学理论对中国职业教育理论的影响很大,当时国内的很多职业教育理论可以说都是源自其思想,如杜威说:"教育之为事不惟训练人之脑,尤当训练人之手。今科学之昌明,皆人类手与脑二者联络发达之成绩也……故手脑二者联络训练,一方增进世界之文明,一方发展个人天赋之能力。"[①]这个观点和职教社"双手万能,手脑并用"的主张是完全一致的。孟禄的到来,更进一步推动了当时中国职业教育的发展。他对当时中国的教育情况进行了较为广泛的调查,并且针对调查中的问题给以相应的建议,如在考察都市的职业学校后,强调职业学校的学生应该到工厂或商店实习,在了解到当时中国中学学生毕业即失业的窘况后,认为必须加大对中等教育的改革力度,在基础文化知识外,还必须开设各种职业教育的社会科目。而且孟禄还对中国的国情有着准确的认识,认为中国应该注重农村的职业教育,这是基于当时中国实情而得出的一种认识,符合中国社会的发展情状。

作为近代职业教育的灵魂人物,黄炎培积极地宣传美国的职业教育理论,这与他去美国进行考察有着密切的关系。在美国,黄炎培考察了各级各类的学校,走访了各地的教育行政部门和教育专家,对美国的教育状况有了一个深入的了解。短短的三个月的考察不仅开拓了黄炎培的眼界,还使他认识到美国的繁荣富裕与其发达的职业教育有着密切的联系。因而回国以后,他不仅撰文介绍美国的职业教育,还积极地组织职业教育研究机构,推广美国的职业教育理论。

---

① 黄炎培:《我之最近感想》,《教育与职业》,1919年第14期,第3页。

第二节　中华职业教育社职业教育家的职业教育思想

中华职业教育社是职业教育家的职业共同体,当时基本上对职业教育有所关注和见解的人都会加入中华职业教育社之中,这可从其社员的人数而知。在中华职业教育社的社员中,有许多对职业教育有见解的专家,比如黄炎培、江恒源、杨卫玉、蔡元培、邹韬奋、陆费逵、潘文安、王志莘、喻兆明、何清儒、陈选善、刘湛恩等。这些职业教育家群体以中华职业教育社为公共平台,发表职业教育见解,实践职业教育观念,开展职业教育活动。可以说一方面中华职业教育社为职业教育家群体提供了平台支撑,另一方面职业教育家群体推动了中华职业教育社的发展,二者相互促进,共同进步。本节选择黄炎培、江恒源、陆费逵三位中华职业教育社的社员,介绍他们的职业教育思想,由于篇幅限制,只能重点介绍,未能进行全面而详细的论述。

一、黄炎培的职业教育思想

黄炎培(1878—1965),号楚南,字任之,笔名抱一,江苏人,中国近代著名的教育家、实业家、民主革命家,在中国近现代职业教育史上有举足轻重的地位。黄炎培的一生经历了三个时期,从晚清到中华民国再到新中国,见证了中国近现代社会的历史变迁,在他身上,有着众多的身份标识,而教育家的身份是其中最为重要的一个。黄炎培出身于清末一个没落的秀才家庭,自小在家塾中接受了旧式的启蒙教育,并且同旧式知识分子一样,他也积极追求科考功名,在24岁时考中举人。但是在晚清变化万端的社会大局中,黄炎培不可能继续旧式的科举应仕之途。在西力东侵和西学东渐的浪潮中,黄炎培深感中华民族之危难和体察人民生活之困苦,因而不断探索着救国救民之路。1917年,黄炎培等48人在上海成立了中华职业教育社,以研究和推广职业教育为宗旨,致力于提倡、实验、推广职业教育。1918年中华职业教育社创办中华职业学校作为实践场所,希望通过职业教育来挽救民族,增进国家的生产力,提高民众的文化知识。

在黄炎培的带领下，中华职业教育社成为当时中国职业教育的先行者与推动者，如直接促成了职业教育在新学制中的最终确立。作为中国现代职业教育的先驱，黄炎培的职业教育思想是其多年办学实践的结晶，其思想体系之完备，内容之广博，哲理之光辉，影响之巨大，足可称为中国近代职业教育的创始人和奠基者。

黄炎培的职业教育思想是在丰富的教育调查的基础上产生的。在1917年成立中华职业教育社之前，黄炎培对国内外教育开展了广泛的考察，如1915年4月，黄炎培随同游美实业团赴美开展实地考察。黄炎培的兴趣主要在教育领域，他遍访所到之地的各个学校，尤其是职业学校，对于美国教育界的理论、学说和新的教育改革动态都有了深入的了解，特别是对美国职业教育的大发展有着非常深切的认识，更为坚定了他提倡职业教育的信念。1917年1月，黄炎培第二次去国外考察教育，这一次考察的对象是中国的近邻日本与菲律宾。特别是在菲律宾考察期间，他深深地感受到职业教育在菲律宾发展过程中的重要作用。在国外考察完毕之后，他又以上海《申报》记者和游美实业团编辑的身份对国内各省市的教育状况进行了实地考察，先后到过安徽、江西、浙江、山东、河北等省，希冀找寻到改革中国教育的良方。黄炎培一方面对国内的教育状况进行考察，"寻病源也"，发现教育问题之根本所在，另一方面考察国外的教育状况，"读方书也"，希冀能够得到解决问题的方法，由此可知黄炎培职业教育思想的产生，有着广泛的实践基础。1916年9月，在黄炎培主持下，江苏教育会职业教育研究会成立。1917年，黄炎培联络蔡元培、张元济、宋汉章等48位教育界、实业界知名人士，成立了第一个全国性的职业教育研究机构——中华职业教育社。黄炎培所作《中华职业教育社宣言书》一文在《东方杂志》上发表，标志着黄炎培职业教育思想的形成。黄炎培的职业教育思想有着深厚的本土渊源，其基于本国实情出发，主张用实用主义教育来改造中国的教育，通过职业教育来发展民族工业。

1926年，黄炎培在《教育与职业》杂志上发表了《提出大职业教育主义征求同志意见》一文，明确提出了"大职业教育主义"的观念。他认为从事职业教育的人应该参加社会运动，到生活中去，不能关起门来办职业教育，由此引发了黄炎培职业教育思想观念的转变。在具体实践中，黄炎培不将职业教育局限于学校，而是扩展到整个社会，同时通过回顾过去已有的活动经验加上乡村建设运动等的推动，他又将视野从城市转移到了农村。在中华职业教育社的不懈努力下，其职业教育事业逐渐形成了职业学校教育、职业补习教育、职业指导与农村改进四位一体的格局。中华职业教育社成立之后，相继出版发行有《教育与职业》《救国通讯》《生活》《展望》等杂志，以此来宣传职业教育的理论与实践。同时，中华职业教育社先后在上海、重庆、云南等地创办了许多职业学校，引领着当时职业教育的发展，到1943年，全国共有职业学校384所，在校学生67227人。新中国成立后，中华职业教育社接受了中央人民政府的改造，曾举办了北京函授师范学校和中华函授学校，继续为新中国的教育事业做贡献。以下对黄炎培的职业教育思想做概述。

(一)黄炎培职业教育思想的内容

1.职业教育的基本内涵

黄炎培在其许多著作中都谈及自身对于职业教育内涵的理解。他认为职业起源于社会分工，"社会生活方式采分工制"，才产生了职业和职业教育，他关于职业和职业教育内涵的一系列论述集中体现在《职业教育的基本理论纲要》《职业教育析疑》《我之人生观与吾人从事职业教育之基本理论》《职业教育谈》等文章中。从这些论述中，可知黄炎培心中的职业包括了"用劳力或劳心换取生活需求的日常工作""一种确定的互助行为"以及"对己谋生，对群服务"的内涵。[①]相应地，职业教育就是"用教育方法。使人人依其个性，获得生活的供给和乐趣；同时尽其对群之义务"[②]。黄炎培从职业的内涵出发，把教育与职业联结起来解释职业教育的基本内涵，可知黄炎培心中的职业教育，教育是方式，职业是目的。

黄炎培所秉持的职业教育的基本内涵与当时中国的教育实际问题密切相

[①] 中华职业教育社编《黄炎培教育文集 第一卷》，中国文史出版社，1994，序言第5页。
[②]《中华职业教育社宣言》，《教育与职业》，1934年第154期，第193页。

关,中国传统的教育是一种仕官的教育,接受教育的目的是进入仕途,这种思想一直持续到中国近代。当时的社会情状是学校教育与社会严重脱离,学生毕业即失业的现象异常严重,黄炎培对此等现象感触颇深,他希望通过沟通教育与职业来促进教育与社会生产和人民生活相连接。因此,他将发展职业教育看作沟通教育与职业的直接的最为重要的途径,他主张普通教育应与职业教育相沟通,在普通学校中,应该开设职业教育的内容,施行职业指导和开办职业科等,同时在职业学校中,应在提升学生职业知识技能的同时,加强其普通文化知识的普及,以使其成为社会国家的健全良好分子。

2. 职业教育的目的

黄炎培对于职业教育的目的有着深刻的理解,同时其职业教育目的更是其职业教育思想体系的核心。一开始黄炎培在《职业教育谈》中指出了职业教育的目的,"职业教育之旨三:为个人谋生之准备,一也;为个人服务社会之准备,二也;为世界、国家增进生产力之准备,三也"[①]。社会上有人认为职业教育是一种技艺教育,不足以发展个性,黄炎培先生不认可,并将为谋个性之发展添加为目的之一,且是第一个目的。黄炎培认为,"自社会生活方式采分工制,求工作效能的增进,与工作者天性天才的认识与浚发,进而与其工作适合,于是乎有职业教育"[②]。这里谈及的天性、天才即包含有人的个性的意味。同时,在职业教育的基本内涵中,黄炎培明确提出用教育的方法,使人人依其个性获得生活的供给和乐趣。这些都显示了职业教育与个性发展有着密切的联系,随后在《中华职业教育社宣言》中,他明确提出了职业教育的四大目的,分别为:一、谋个性之发展;二、为个人谋生之准备;三、为个人服务社会之准备;四、为国家及世界增进生产力之准备。[③]这四个方面体现了为个人发展、社会进步、国家富强三个层面的含义,同时集中反映了黄炎培对于教育本质的认识,其世界观与社会发

[①] 黄炎培:《职业教育谈》,载中华职业教育社编《黄炎培教育文集 第二卷》,中国文史出版社,1994,第254页。

[②] 黄炎培:《职业教育的基本理论纲要》,载中华职业教育社编《社史资料选辑 第3辑》,文史资料出版社,1982,第200页。

[③]《中华职业教育社宣言》,《教育与职业》,1934年第154期,第193页。

展观。黄炎培在实践职业教育的过程中,逐渐加深了对职业教育的认识,并将职业教育目的提炼为"使无业者有业,使有业者乐业",这一目标反映了其对教育本质的认识。因为在他看来,职业是供给生活的手段,教育是发展职业的最好途径,唯有沟通教育与职业,才能达至无业者有业,有业者乐业的状态。

3. 职业教育的实施方针

黄炎培为实施职业教育提出了社会化、科学化、平民化的方针。社会化与科学化的方针集中体现在其"大职业教育主义"思想之中,这一思想的产生是为了改变当时教育与社会现实相脱离的困境,推进职业教育。黄炎培对"大职业教育主义"的解释为,"职业学校的,须同时和一切教育界、职业界努力沟通联络,提倡职业教育的,同时须分出一部分精神,参加全社会的运动",同时,在开展过程中,要"有最高的热诚,参与一切,有最大的度量,容纳一切"。[①]"大职业教育主义"的内涵即体现了实施职业教育过程中的社会化与科学化的方针。在社会化层面,黄炎培认为,"社会是整个的。不和别部分联络,这部分休想办得好,别部分没有办好,这部分很难办的……所以提倡职业教育而单从农工商职业界做工夫,还是不行的"[②]。那么对于职业教育机关而言,"职业学校,有最紧要的一点,譬如人身中的灵魂,'得之则生,弗得则死'。是什么东西呢? 从其本质说来,就是社会性。从其作用说来,就是社会化"[③]。在他看来,"职业学校的基础,是完全筑于社会的需要上"[④],不管是在专业设科、课程设置、招生人数、培养规格,还是在职业道德标准的制定上,都应建立在详细周密的社会调查基础之上。他曾说:"各种教育都应以社会需要为出发点,职业教育尤应如此。所以办理职业教育,事前必须有缜密调查,以决定社会需要,职业趋向,环境要求。事后尤须有详细考查,以占所造就人才是否能适应职业的环境,切合职业界的要求。"[⑤]

[①] 黄炎培:《提出大职业教育主义征求同志意见》,《教育与职业》,1926年第71期,第3页。
[②] 黄炎培:《提出大职业教育主义征求同志意见》,《教育与职业》,1926年第71期,第3页。
[③] 黄炎培:《职业教育机关惟一的生命是怎么》,《教育与职业》,1930年第113期,第3页。
[④] 黄炎培:《职业教育机关惟一的生命是怎么》,《教育与职业》,1930年第113期,第4页。
[⑤] 黄炎培:《断肠集》,生活书店,1936,第54页。

在科学化层面,黄炎培认为,设什么科,要看看职业界的需要,定什么课程,用什么教材,要问问职业界的意见。就是训练学生,也要体察职业界的习惯。[①]这体现出其实践职业教育时的科学化诉求,在设科、课程设置、教材、培养目标方面都需要遵循职业教育界的要求,反映出办理职业教育应以科学方法为基础。在《我来整理整理职业教育的理论和方法》一文中,黄炎培明确提出,"所称新教育,他所表现的特色,只有两点:一是科学化,一是平民化"[②],职业教育的科学化即"用科学来解决职业教育问题"[③]。那么怎样用科学来解决职业教育问题呢?黄炎培将职业教育的事业分为两大类:"一类为物质问题,用科学来解决,如农业、工业、家事应用化学机械学等是,又一类为人事问题,用科学方法来解决,如工厂、商店、学校以及各机关应用科学管理法等是。"[④]并且他特别指出,"因职业的各各不同,与人的天性、天才、兴趣、环境的各各不同,替他分别种类,谁则宜某种,谁则不宜某种,发明所谓职业心理学,以为选择和介绍职业的标准"[⑤],这是极为科学的方法。科学化的方针不仅体现在办理职业教育的具体实践中,同样也体现在其所领导的中华职业教育社的组织与运作上。如中华职业教育社在工作中,非常注重调查、试验、总结,并且还专门设立了研究科学管理问题的机构,组织了事务管理委员会。

在平民化层面,在《办职业教育须下三大决心》一文中,黄炎培指出第一大决心是"为大多数平民谋幸福"[⑥]。他认为:"如果办职业教育而不知着眼在大多数平民身上,他的教育,无有是处,即办职业教育,亦无有是处。"[⑦]本着职业教育为平民服务的方针,中华职业学校的校址选择在上海西南的贫民区,在招生时对贫苦人家的子女实行减免学费,同时中华职业教育社在城市开办职业补习学

[①] 黄炎培:《提出大职业教育主义征求同志意见》,《教育与职业》,1926年第71期,第2页。
[②] 黄炎培:《我来整理整理职业教育的理论和方法》,《教育与职业》,1929年第100期,第829页。
[③] 黄炎培:《我来整理整理职业教育的理论和方法》,《教育与职业》,1929年第100期,第830页。
[④] 黄炎培:《我来整理整理职业教育的理论和方法》,《教育与职业》,1929年第100期,第832页。
[⑤] 黄炎培:《我来整理整理职业教育的理论和方法》,《教育与职业》,1929年第100期,第832页。
[⑥] 黄炎培:《办职业教育须下三大决心》,载中华职业教育社编《黄炎培教育文集 第二卷》,中国文史出版社,1994,第446页。
[⑦] 黄炎培:《办职业教育须下三大决心》,载中华职业教育社编《黄炎培教育文集 第二卷》,中国文史出版社,1994,第446页。

校时,采取了"晨校""夜班"和"送上门"等多种补习教育的形式,方便了广大职工接受职业知识与技术的培训。

黄炎培所秉持的实施职业教育的三大方针中,社会化是针对职业教育的范围而言,科学化是针对职业教育的具体实施而言,平民化是针对职业教育的受教对象而言,可以说在整体上对职业教育做出了一个全方位的把握,是中国职业教育史上的重要探索。

4.职业教育的教学原则

黄炎培所秉持的职业教育的基本教学原则为"手脑并用"和"做学合一"。他认为:"职业教育应做学合一,理论与实习并行,知识与技能并重。"①这是他对职业教育教学提出的最为基本的原则。同时他明确指出:"职业教育目的乃在养成实际的,有效的生产能力。欲达到此种境地,须手脑并用。"②他反复强调:"单靠读书,欲求得实用的知识和技能……是万万学不成的。"③他对中国封建教育中盛行的"劳心者治人,劳力者治于人"等旧有的等级观念所造成的深远影响,有着切身的感触。尤其是在对国内的教育状况进行实地调查后,他发现社会中旧有的观念仍然深厚,读书人大都鄙视劳动,轻视实践,处于死读书的状态。

一般而言,实业教育是职业教育在中国的早期形态,晚清便已开设了众多的实业学堂,而这类实业学堂在办理过程中存在着极大的弊病。黄炎培对此类实业学堂有着深刻的认识,他说:"所谓实业教育,非教以农工商也,乃教其读农工商之书耳。"④同时"毕业于农、工、商学校者,乃至舍而求为官"⑤。这种以培养实业人才为目的的教育类型在形式上与过去的学校教育并无差别,学校课程的设置重理论而轻实践,且学校富于欲望而贫于能力。为此,黄炎培在中华职业学校创办之时,在该校的章程中明确规定:"本校特注重实习,生徒半日受课,半

---

① 黄炎培:《断肠集》,生活书店,1936,第54页。
② 黄炎培:《断肠集》,生活书店,1936,第54—55页。
③ 田正平:《传统教育的现代转型》,浙江科学技术出版社,2013,第145页。
④ 田正平:《传统教育的现代转型》,浙江科学技术出版社,2013,第145页。
⑤ 黄炎培:《职业教育实施之希望》,《教育杂志》,1917年第9卷第1期,第3页。

日工作,务期各种技能达于熟练。"①具体而言,从中华职业学校所设置的铁工、木工、珐琅、纽扣四科的课程表中,可知每周授课时间总数约计48小时,基础课程与实习各占约24小时,有时甚至在休息时间也需要参加实习。在中华职业学校教师的聘用方面,黄炎培要求:"凡职业学校欲聘专门教师,如不易得学校教授与经验并重者,毋宁聘有职业经验者,较之仅受学校教授者必差胜。"②可以看出,他以为聘请职业学校的教师应更加注重其职业经验方面。同时,对于职业学校招收什么样的学生的问题,黄炎培主张招收那些有某种职业经历家庭的学生,且这些学生入学后选择与家庭职业背景相关的学科。职业教育所培养的人才直接与农工商各界相联系,作为一种实践性与操作性都强的教育类型,其所注重的动手能力的培养和基本技能的训练,与普通教育相比更加贴近社会现实需求。

总而言之,黄炎培认为教学工作的每一个环节都应与实际相联系。如在招生方面,职业学校各专业应立足学生家长的职业背景;在课程安排方面,理论课与实践课应同等重要,且学校教材的选编应更偏向于实践;在教学方式方面,职业学校应实行半工半读,半日学习半日工作;在实习方面,职业学校应附设工厂、商店等实习场所,并且学校须规定相应的考核,毕业后在企业实习一年,根据实习情况颁发毕业证书。以上从招生、课程教学、实习到毕业的培养过程,切合职业学校发展的客观规律,突出了职业教育实践性强的特点,具有丰富的理论价值与实践意义。

5.职业道德教育理论

黄炎培非常重视学生职业道德的培养与训练,他认为,"服务社会,德莫大焉"。职业道德的培养与训练本就是职业教育的内容之一,不只是职业技能的教授这一方面,这二者缺一不可。黄炎培所在的中华职业教育社在创办中华职业学校时,就明确指出:"我们的职业学校,不单要培养学生具有一定的知识和

---

① 中华职业教育社:《中华职业学校设立之旨趣》,载中华职业教育社编《社史资料选辑 第3辑》,文史资料出版社,1982,第12页。
② 田正平,周志毅:《黄炎培教育思想研究》,辽宁教育出版社,1997,第242页。

技能,还必须具有良好的思想和品德。"①黄炎培认为职业道德主要包括以下几个方面。

第一,敬业乐群的精神。"敬业乐群"是中华职业学校的校训,也是黄炎培所秉持的职业教育的基本规范。所谓"敬业",指"对所习之职业具嗜好心,所任之事业具责任心";所谓"乐群",指"具优美和乐之情操及共同协作之精神"。②对于国家、社会而言,黄炎培希望学生,人人成为一个复兴国家的新公民,人格好,体格好,同时人人都有一种专长,为国家社会所用。"敬业乐群"作为一条校训,体现了黄炎培对于职业学校学生在职业道德方面的希望与要求,是其职业道德思想的核心。

第二,爱国的精神。"职教救国"是民国时期职业教育家群体基于内忧外患、民族危亡的形势,希冀通过发展职业教育,沟通教育与职业,让社会人人都能有职业,以此挽救国家的危亡。这样一种职教救国的思想具有片面性,因为当时中国的教育问题只是众多问题之一,不管是"教育救国",还是"职教救国",都不可能拯救中国。不过这样一种救国、爱国的思想是需要的,黄炎培将职业道德教育与国家的利益联系在一起,将爱国精神贯穿于其职业教育思想。这一点仍可从中华职业学校得知,该校首先要求的就是学生要热爱自己的国家,之后才是热爱自己的事业,同时在1933年中华职业学校成立15周年的纪念大会上,特别要求:"人人须勉为一个复兴国家的新公民,人格好,体格好,人人有一种专长,为社会国家效用。"③由此可知,在黄炎培心目中,国家兴盛、民族利益始终处于第一位,他将国家民族的兴盛与职业教育的发展联系在一起。

第三,完整的人格。黄炎培非常注重学生人格的培养,一个人的性格、气质和能力等个性特征的总和即为"人格",而学生的人格必须完整。在中华职业学校中,他对学生的人格修养提出了五项基本要求,分别为:高尚纯洁的人格;博

---

① 庞翔勋,金兆祺:《记中华职业学校》,载中华职业教育社编《社史资料选辑 第2辑》,文史资料出版社,1981,第10页。

② 庞翔勋,金兆祺:《记中华职业学校》,载中华职业教育社编《社史资料选辑 第2辑》,文史资料出版社,1981,第10页。

③ 黄炎培:《职业教育该怎么样办——中华职业学校十五周年纪念》,载田正平,李笑贤编《黄炎培教育论著选》,人民教育出版社,1993,第269页。

爱互助的精神;侠义勇敢的气概;刻苦耐劳的习惯;正确进步的思想。[1]他曾两次拒绝出任北洋政府的教育总长一职,多次亲自为职教社募集大量经费,体恤乡民而下乡开展乡村改进运动,为近代中国的职教事业、乡村发展无私地贡献自己的力量。这些都可以显示出黄炎培人格之伟岸。

第四,劳工神圣的精神。"劳工神圣"是黄炎培职业道德教育中的重要内容之一,这是黄炎培在1918年创办中华职业学校时为其所题的词。所谓"劳工神圣"是指每个受教育者均应自食其力,通过做工来养活自己,强调劳动是每个人的职责所在。在黄炎培看来,"作工自养,是人们最高尚最光明的生活","教育与生活、生活与教育不应脱节"。[2]中华职业学校的学生所填写的入学誓约书第一条即为"尊重劳动",在学校具体的生活管理中,提倡学生自治,全校清洁卫生等事宜均由学生划区包干,自行管理,充分发挥学生的主观能动性。黄炎培还大力主张"双手万能"与"手脑并用",他曾将"双手万能"作为中华职业学校的校徽图案,还曾亲笔题书"劳工神圣"匾额悬挂于学校、工厂,希望不管是教师,还是学生都自己动手建造校舍、工场、运动场等,"要使动手的读书,读书的动手,把读书和做工两下并起家来"[3]。这种思想是希冀培养学生的劳动习惯与生产技能,将读书与劳动相结合。

(二)黄炎培职业教育思想的特点

黄炎培的职业教育思想与其职业教育实践密不可分。中国的职业教育一开始为模仿德日模式,借鉴其制度,但是在一定程度上并不适合中国的实际需求,因为这不是基于中国实际的职业种类及其性质而做出的选择。黄炎培通过广泛的国内外教育考察,创立了以发展职业教育为职志的中华职业教育社,创办了《教育与职业》杂志介绍欧美、日本等国发展职业教育的最新动态,并且开办了中华职业学校将国外职业教育理论与中国教育实情相结合,逐渐形成具有

---

[1] 庞翔勋,金兆祺:《记中华职业学校》,载中华职业教育社编《社史资料选辑 第2辑》,文史资料出版社,1981,第11页。

[2] 庞翔勋,金兆祺:《记中华职业学校》,载中华职业教育社编《社史资料选辑 第2辑》,文史资料出版社,1981,第5页。

[3] 庞翔勋,金兆祺:《记中华职业学校》,载中华职业教育社编《社史资料选辑 第2辑》,文史资料出版社,1981,第10页。

中国特色的职业教育思想体系。同时,黄炎培并不只是就教育谈教育,就职业教育谈职业教育,而是逐渐将职业教育与中国社会的实际密切联系。他提出"大职业教育主义",将职业教育与整个社会密切联系,同时将重点转向了占据中国人口大多数的农村,投身于乡村改进事业之中,职业教育是其进行乡村改进的方式之一。在"大职业教育主义"提出后,1926年中华职业教育社在江苏省昆山县徐公桥创办了乡村改进区,下设了总务、建设、农艺、宣传、娱乐、教育、卫生7个部门,教育作为其中的一个部门,教农民识字,指导与发展农村生产,从而改善农民的生活。黄炎培作为徐公桥乡村改进区的设计师,认为:"吾们的理想要把中国治好。无疑地须着重下级政治。最下级乡镇,次之县镇。"[1]他非常重视乡村的发展于国家民族振兴的作用,他说:"把乡村作国家的单位,把一乡村的改进,做全国改进的起点。"[2]由此可知,振兴乡村在黄炎培心目中占据了重要的地位,他希冀通过乡村改进以达到治理好中国的理想,这与其怀抱着浓厚的爱国之情、为民之心息息相关。其实践职业教育的过程,明显呈现出平民化、实用性、社会化的特征。具体而言,如下。

第一,教育对象的平民化。黄炎培一贯主张职业教育应面向平民大众,因为他深知国家的贫困,人民的困苦,而改变这种现实,需要提高人们的生存技能。因此,黄炎培所主张的职业教育以提高生存技能为重点,对象为广大平民阶层,不仅包括城市地区的平民,还包括更为广大的乡村群众。黄炎培希冀通过调查了解社会需要,根据社会需要设置职业学校或是职业科,以此使得民众接受相应的职业训练,获得职业技能,从而生存于社会之中。

第二,教学方式的实用性。实用性是职业教育的本质特征,黄炎培在开展职业教育教学活动时,非常重视实用性。尤其是"大职业教育主义"将职业教育与整个社会联系在一起,更加重视实践性。早在1913年,黄炎培在《中华教育界》上发表的《学校教育采用实用主义之商榷》一文中,即主张小学教育中应采用实用性的教学方法,提出应"打破平面的教育,而为立体的教育","渐改文字的教育,而为实物的教育"。[3]黄炎培所提倡的实用主义教育旨在解决学校学习

---

[1] 张健主编《中国跨世纪教育研究》,浙江教育出版社,2000,第518页。
[2] 张健主编《中国跨世纪教育研究》,浙江教育出版社,2000,第518页。
[3] 黄炎培:《学校教育采用实用主义之商榷》,《中华教育界》,1913年第11期,第159页。

脱离实践的问题,通过学校课程、教材、教法等方面的改革,使小学生在校所学能切近其生活。

第三,办学模式的社会化。职业教育是直接与农工商等产业部门相连接的教育类型,与社会需求密切结合。黄炎培等领导的中华职业教育社在发展职业教育的过程中,积极与工商界联系,如直接向工商界推荐学生,向金融界贷款等。同时,还同大实业家、企业家展开广泛的联系,获得他们的支持,如在学生实习、培训和教学实践等方面。总的来说,黄炎培职业教育思想中的社会化特质,是一个广泛的社会范畴,包括了办学模式、职业教育本质、学生角色等多方面的社会化。

黄炎培是中国职业教育的创始人,是中国职业教育史上不可不提的代表人物。他不仅积极地推进职业教育在中国的创生与发展,而且将理论与实践相结合,努力建构具有中国特色的职业教育体系。黄炎培丰富的职业教育思想与观念在许多方面值得我们学习与借鉴,对于促进当前中国职业教育的发展具有重要的指导意义,对于推动农业和农村发展,建设社会主义新农村也具有重要的现实意义。

二、江恒源的职业教育思想

江恒源(1886—1961),字问渔,别号补斋,江苏人,中国近现代著名的教育家、社会活动家。在1928年之前,他曾任政府要员,1928年7月,他毅然辞去官职,加入到中华职业教育社中,先后担任办事部主任、总干事、评议会评议长、副理事长等职务,同时还兼任上海光华大学与大夏大学、南京中央大学的教授。可以看出,江恒源不仅具有丰厚的学术涵养,还有热忱的实践情怀。比如自1932年至1950年间,江恒源先后就任中华职业学校、中华职业补习学校、中华工商专科学校、比乐中学等学校的校长,积极推动这些学校的稳步发展。另外,江恒源还积极参与到社会政治活动中,如任重庆国民参政会参政员、参与建立中国民主政团同盟并担任中央委员、出席中国人民政治协商会议第一届全体会议等。需要强调的是,自其1928年就任中华职业教育社的职务始,在随后的33

年之中,其间虽有参与政治活动,但是江恒源的主要活动中心在职业教育领域,他积极创办中华职业学校、女子职业学校、职业补习学校、职业指导教育机构等,一心扑在了中华职业教育社的各项事业上,是长期主持中华职业教育社社务工作的卓越领导人之一。作为近代中国职业教育界和中华职业教育社的一员,他和黄炎培、杨卫玉并称为中华职业教育社的"三老",其积极开展职业教育事业,研究职业教育理论,总结职业教育经验,为后人留下了大量的职业教育著述。

江恒源的职业教育思想是一个丰富的理论体系,如职业教育与生产教育的关系、农村改进理论、职业指导、职业道德教育、职业补习教育、女子职业教育思想等,而且其很多思想来自其具体的职业教育实践活动。鉴于其丰富的理论,限于篇幅,不可全部详述,故而选取其职业指导思想、职业补习教育理论与农村改进理论三个方面进行介绍。

(一)职业指导

职业指导是职业教育的重要内容之一,根据已有史料可知,职业指导最早于1916年由清华学校校长周诒春在清华学校实行。中华职业教育社建立之后也重视开展职业指导活动,如开展"一星期职业指导"活动,不仅帮助学校的学生,还帮助社会人员进行职业指导。作为中华职业教育社的领导人之一,江恒源同样非常重视职业指导,他对职业指导的内涵做了精准的解释,他说:"所谓职业指导,乃'本客观的态度,用科学的方法,本协助的精神,用深厚的同情,依精密的考察,指示青年从事于职业'之谓也。"[1]而为什么要开展职业指导,其目的是什么,江恒源给出了自己的答案,他说:"职业指导我们可以说,是在供给事实、经验及意见,去帮助个人选择职业、预备职业、获得职业、及改进职业,其目的在使无业者有业,有业者乐业,使人人能得到与其能力、兴趣、个性相称的职业。"[2]

关于职业指导的效用,江恒源具体从青年、学校、职业界三个方面进行了阐

---

[1] 江问渔:《民众职业指导》,《教育与民众》,1930年第1卷第9期,第3页。
[2] 江恒源、沈光烈:《职业教育》,正中书局,1937,第123页。

述,他认为:"职业指导,既以引导青年各竭其所长,使尽量贡献于世为职志,则社会之蒙其利益可知。"①进而江恒源针对如何有效地实施职业指导,提出了九大原则,具体为:(1)职业指导应以教育为基本,对于各职业,要一律平等,不能预存高下贵贱的观念。(2)职业指导的需要是普遍的,职业既是人人所应有,所以职业指导也是人人所需要。(3)职业指导是社会国家的事业,不是学校或其他任何团体独有的事业。(4)职业指导是合作的事业,不是任何团体可能单独办理的。(5)职业指导是一种持续的长时期的工作,不是一时的或短时期的。(6)职业指导的施行,应以事实为根据,不是武断的,盲目的。(7)职业指导是处于辅导地位,非处于代决地位。(8)职业指导,应顾到一种重要事实,就是人是有可塑性的,他的能力在相当限度以内是可以增加的。他的品格、兴趣、志愿是可以变更的。(9)担任职业指导者,须对于职业指导有专门的研究,有深切的兴趣。②这九大原则全面而深刻地总结了职业指导所应具有的特性,确定了职业指导在社会中应具有的角色,反映出江恒源对于职业指导深刻的认识,并指导着其开展职业指导事业的方向。

在如何具体开展职业指导方面,江恒源基于九大原则制定了一系列的办法。首先是设立专门的机构,培养专门的从事职业指导的人才。设立机构专门负责职业指导,由职业指导专家主持,同时须保持与各界的联系沟通。关于职业指导机关的设立,按照其种类,主要分为五种:(1)就机关之任务说,有协议机关与执行机关;(2)就机关之性质说,有独立机关与附属机关;(3)就机关之立场说,有社会机关与学校机关;(4)就机关之主体说,有公立机关与私立机关;(5)就机关之组织方式说,有独立机关与联合机关。③对于训练实施职业指导人才的途径,江恒源认为:"不外大学校内设立职业指导专科以养成顾问人材,师范学校内添授关于职业指导之功课,此外更设短期之训练班,于学理技能,双方并重。"④这种途径于当时的社会条件来说,可谓理想化,连江恒源自己都说:"但此

---

① 江恒源、沈光烈:《职业教育》,正中书局,1937,第126页。
② 江恒源、沈光烈:《职业教育》,正中书局,1937,第126-129页。
③ 江恒源:《民众职业指导》,载刘旭光主编《江恒源教育文集》(2),群言出版社,2020,第508-509页。
④ 江问渔:《民众职业指导(续)》,《教育与民众》,1931年第2卷第2期,第5页。

在今日之中国,尚未能即日办到。"①其次是调查工作。江恒源特别强调调查,他说,"调查乃一切事业之入手方法与基本工作也"②,"吾人从事于职业指导之实施,对于调查工作,必不可忽视"③。江恒源提出了一系列关于调查工作的原则、种类、效用、调查表的具体内容等,如关于调查工作的原则,他提出六大原则,为划定区域、规定时间、规定目标、注重实际、注重结果、注重应用,调查的种类可分为职业调查、学校调查、青年调查、家庭调查。可以说,江恒源的调查工作是一项有计划的非常系统的工作,他之所以如此重视调查,是因为他认为调查是职业指导的基础与前提。最后是职业指导与介绍。江恒源职业指导思想是一种大职业指导观,不只限于在学校开展职业指导,还包括家庭、社会等,面对不同的对象,在不同的场合,有针对性地开展指导工作。而且即使是在学校开展的职业指导工作,也不止包含教师与学生两方面,教师担任职业指导工作,须对学生家庭进行调查与访问,同时还应请实业界人士演讲,了解实业界的人才需求,使学生能将教员的指导同实业界的实际需求结合起来做出合理的职业选择。在江恒源看来,职业指导是长的、深的、精的,社会应提供职业指导发展的空间,实业界的团体应提供职业人才的需求量,学校、社会、实业界应相互沟通,发挥职业指导的效用。

江恒源对职业的特性有着丰富的理解,他认为,职业二字之真义,当具有下列之五种性质:普遍性、平等性、互利性、受酬性、进化性。④只有具备了这五种性质的职业才算是真正的职业。职业指导的内容丰富,并不只局限于职业介绍,还有职业选择、职业预备、职业获得、职业改进等方面,同时它还是长时段的指导,涉及面广,在时限上,贯穿人的一生。比如,就纵的方面说,每一青年自小学至大学毕业而服务社会;就横的方面说,每一青年之父兄之家庭以及所求学之学校所服务之职业界,这些都与职业指导有关系,理应都属职业指导的范围。

综上所述,江恒源的职业指导思想是一个丰富的理论体系,它有自身的理论、原则、方法,它不只是学校的事情,还需要社会及实业界的广泛配合。这一

---

① 江问渔:《民众职业指导(续)》,《教育与民众》,1931年第2卷第2期,第5页。
② 江问渔:《民众职业指导(续)》,《教育与民众》,1931年第2卷第2期,第5页。
③ 江问渔:《民众职业指导(续)》,《教育与民众》,1931年第2卷第2期,第5页。
④ 江问渔:《民众职业指导》,《教育与民众》,1930年第1卷第9期,第2—3页。

丰富的职业指导理论,在江恒源执掌中华职业教育社期间得以充分展开,推动了当时职业教育事业的发展,即使对当今的职业指导也具有一定的借鉴意义。

(二)补习教育

职业补习教育是职业教育的重要内容之一,江恒源非常重视职业补习教育,并且开展了一系列补习教育的实践活动。江恒源对于补习教育的内涵,做出了自身的思考,他说:"凡对于就业青年或成人,利用其工作余暇,予以知识、技能、品性、体格各方面之相当训练者,谓之补习教育。"[①]补习教育在性质上更加偏向于社会教育的范畴,即是对学校教育不足之补充,而对于补习教育的目的,江恒源认为:"所谓补习教育,大概皆是为小学毕业,无力升学,现正从事于农工商职业之青年而设。目的在利用工作余时,补授以职业上必要的知能,及与职业有关系的科学常识,又于青年立身处世的公民道德服务道德,亦同时加以相当的训导。"[②]这里明确地显示了补习教育是为无力升学而正从事职业工作的青年所开设的,帮助他们提升职业知能、职业常识、职业道德,是一种学校外的教育形式。

在明确了补习教育的内涵和目的之后,江恒源又提出了四个具体的目的及其相应的途径。这四大目的及途径分别为:"(一)使受补习教育的成人(凡未成年的十四岁儿童,和成年人一同受补习教育,应以成年人论),能识字,读书,进而能作文,写信,凡吸收知识经验的工具,比较一班不识文字的人,格外完全。——这是要用'文字教育'。(二)使受补习教育的成人,能明了党义,运用四权,爱国家,重法律,急公义,略识中外大势,宇宙自然现象,社会进化情形,近代文化要素,具有判别是非的理智,辅助公益的热情。——这是要用'公民教育'及'科学教育'。(三)使受补习教育的成人,能感觉到一己所执之业,有弥补缺憾的必要,改良固有的需求,因此得着较高深职业知识的补充,较优良职业技能的练习,可以增加工作收益,解决生计困难。——这是要用'生计教育'。(四)使受补习教育的成人,因种种指导,暗示,提倡,能感觉到以往健康方法的不讲

[①] 江恒源、沈光烈:《职业教育》,正中书局,1937,第80—81页。
[②] 江问渔:《补习教育的效用在那里?》,《教育与职业》,1932年第133/134/135期,第195页。

求,娱乐方法的太卑陋,由此注意到身体锻炼,疾病预防,衣食住的清洁,迷信的祛除,公共游息娱乐方法的改良,与场所的设备,遂得身体健康,精神活泼,个人工作效能,日益增加,群众互爱互助精神,日益显著。——这是要用'康乐教育'。"① 由此可以看出,江恒源对于补习教育的目的提出了相当具体的要求,主要集中在文字教育、公民教育及科学教育、生计教育、康乐教育四大方面,他希望通过这四大教育方式来发挥补习教育的作用。

江恒源重视补习教育,是因为他认为补习教育有四大优点。他曾在《青年生活》杂志上指出了补习教育对于职业青年的四大好处,也是补习教育的四大优点。他说:"补习教育有四个特点,也可以说是功效。""第一是活动而省费。""第二是不论程度资格。""第三是做学合一。""第四是学习与生活合一。"② 在具体论述了补习教育的四大功效之后,他又说:补习教育"没有浪费时间与金钱的毛病,同时也不至造出书呆子来,虽不敢说尽善尽美,也可以当得专精两字"③。可以看出,补习教育是一种非常灵活的教育类型,其教学内容和方式都可以随时改变,且补习教育的对象没有严格的限制,它将学生的生活与学习融合在一起,将理论与实践相结合,把学生的知识学习与职业要求密切结合在一起,真正做到学以致用。

江恒源依据补习教育的目的,将补习教育分为普通补习教育和职业补习教育两种类型,并且对这两种类型做出了解释,他说:"前者为对于未毕业义务教育而从事职业的儿童,令其分执业时间的一部分,补足其应受的义务教育,后者为对于已毕业义务教育而入职业界之青年,于执业之余暇,或分执业时间之一部分,授以职业上之专门知识和技能。"④ 根据补习教育的两种类型,相应地有普通补习学校和职业补习学校,普通补习学校是为一般教育而设立的,而职业补习学校则是专门为改进职业所设立的。在江恒源的眼中,他更加注重的是职业补习教育与职业补习学校的设立。江恒源认为办理职业补习教育一方面可以参考欧美职业补习教育者所提出的理念,但是另一方面也应根据中国的实际需

---

① 江恒源:《对于成年补习教育的意见》,《教育与职业》,1929年第109期,第1455-1456页。
② 江问渔:《职业青年与补习教育》,《青年生活(重庆)》,1939年第7期,第1页。
③ 江问渔:《职业青年与补习教育》,《青年生活(重庆)》,1939年第7期,第1页。
④ 江恒源、沈光烈:《职业教育》,正中书局,1937,第81页。

要设立职业补习学校。在当时,一般的职业补习教育专家对于职业补习学校的设科问题,主要有学年制与学科制两种主张,这两种主张各有所长,应根据环境情形而做出适宜选择。对于当时职业补习教育的设科问题,虽然江恒源没有明确说采取何种形式,但是他提出了职业补习教育的设施应注意三条重要的原则,他说:"(一)一切设施应当富有弹性,切忌有一律的规定。如程度、年限、设科、授课时间,均应根据地方情形、学员需要酌定之。(二)对于文字教育、公民训练、品格陶冶等固不能忽略,而尤当以生计教育为重心。消极方面,使所施教育对于学生本来从事的职务,不发生阻碍;积极方面,对于学生的生计问题,多少能发生些影响,获得效益。(三)因时间上的限制,所以教材务必审慎选择,要注意采取精华,注重实际。"①据此可以看出,江恒源所认为的职业补习学校应该从当地实际出发,灵活设置学校,依地方实际情况而定年限、科目、教材、授课时间等,而且学校内容更加注重生计方面。

综上所述,江恒源是近代中国重要的职业教育家之一,在其长期的职业教育理论研究和办学实践中获得了丰富的经验。在补习教育方面,他深刻地体会到当时社会对于补习教育的认识和重视不够,同时他又发掘了补习教育的优点以及其对于社会发展的重要功效。由此,江恒源基于对国外职业补习教育理论的总结与研究,结合自身在实践职业教育中的经验,全面地论述了补习教育的定义、目的、类型、功效和师资等方面,形成了较为系统的补习教育思想。他的这些见解,对于当前的职业补习教育、成人教育和职业培养均具有一定的现实意义。

(三)农村改进

20世纪二三十年代,当时中国的社会掀起一场轰轰烈烈的乡村建设运动,中华职业教育社也是这场运动中的一分子。作为中华职业教育社领导人之一的江恒源,自然也被乡村建设运动所吸引,他说:"农村改进,是就一个农村或数个农村,划成一个适当的区域,依照理想的能实现的预定计划,用最完美的最经

---

① 江恒源、沈光烈:《职业教育》,正中书局,1937,第93页。

济的方法技术,以化导训练本区以内的一切农民,使全区农民整个生活,逐渐改进,由自给自立以达于自治,俾完成农村的整个建设。此种区域,通常称做'农村改进区',改进区所办的各种事业,通常称做'农村改进事业',从事农村改进事业的人,通常称做'农村改进者',或'农村服务者',亦有称做'农村导师'或'农村指导员'的。"①这是江恒源对农村改进做出的较为具体的阐述,也是中华职业教育社实施乡村改进时的理论指导。关于农村改进区的设施,江恒源提出了"三大纲",分别为"一曰文化的,全区普及教育改良风化以及清洁卫生健全体魄之事属之。二曰经济的,全区改善生计之事属之。三曰政治的,全区团体组织公共治安、公共建设之事属之"②。而改进区进行改进的目的则是"教富政三端",具体而言,则是"教所以救其愚,富所救其穷,政则化其私医其散,不私不散,乃可结合团体,从事于农村整个建设"。③这三种方式是并重、并行、连锁的,不能有所偏倚,不能有先后之别,也不能有所隔断,是一个整体。

　　江恒源了解到当时中国社会存在愚、穷、弱、散四大危症,认为只有从乡村教育与乡村改进下手,才是救国的根本办法,因而他积极开展乡村改进工作,而施行乡村改进需要相应的人才。因此,他提出了乡村改进人才必须具备四种知能,具体为:"(1)关于教育方面的知能　他能去办理乡村的各种教育,以提高民众知识,增进民众能力。(2)关于政治方面的知能　他能指导农民怎样去组织团体,怎样去开会。农民有争执,他能去代为调解;农民有不满意的事,他能代为疏通解释。(3)关于生计及建设方面的知能　他能指导农民改良种种农事;他能指导农民,去修桥、筑路;他能指导农民,组织种种合作社。(4)关于卫生娱乐及消防的知能　他能指导农民,讲求公私卫生,改良公共娱乐,组织消防队,使一般民众,日进于康乐之境。"④这是江恒源对从事乡村改进工作的人提出的具体要求,而如何培养这样的人才,江恒源又进一步提出了人才培养的两种方式:"(一)是专门训练。如无锡教育学院,定县乡村师范,本社所设乡村改进讲习所……(二)是扩大训练。如中等农校,于学生将毕业时,加以乡村教育一门课

---

① 问渔:《农村教育与农村改进》,《教育与职业》,1932年第140期,第525-526页。
② 问渔:《农村教育与农村改进》,《教育与职业》,1932年第140期,第526页。
③ 问渔:《农村教育与农村改进》,《教育与职业》,1932年第140期,第526页。
④ 江问渔:《关于乡村改进问题的解答》,《教育与职业》,1931年第122期,第197页。

程,施以特别训练,专注重在教育及政治两方……"①这两种方式,一种是专为培养乡村改进人才而设,另一种是更大范围地选拔适宜人才而培养,弥补了专门训练人才量上的不足。就乡村改进人才的培养机构而言,江恒源特别推崇专门训练乡村改进人才的机关,并主张以这类机关为主体,辅之以乡村师范、中等农校等机关。

江恒源对当时的中国乡村有着深刻的认识,认为当时乡村存在着一个根本问题,就是当时各处乡村改进事业,都不是农民自动去办,自动去改进。鉴于此,他提出创设特殊的乡村中学,目的是培养农民能力,使他们能自动去改进他们的事业。这所特殊的乡村中学不同于一般学校,江恒源赋予其特殊的目的、特殊的使命,以及十种特殊的性质,具体为:"1.要简易 因为简易,才可以推广。2.要经济 因为经济,才可以多设。3.要教书与教人,同时并重。4.要做与学,同时并重。5.要以养成生产能力,和政治能力,为两大主要目标。6.要注重发挥本国文化,同时不背世界潮流。7.要所学所习,皆切于乡村生活。8.要养成知情意三方健全,德与才同时兼备的人物。9.要使此种教育,完全中国化。10.要打破虚荣心的升学观念。如确有升学的必要,当然不在此例。"②既然这所中学有不同于一般学校的特性,那么此种学校的一切设备、课程、训练等都应不同于普通中学,这是江恒源在具体实践中的创造。

江恒源对当时中国农村和农民进行了深入的调查与分析,认为当时中国农村破产的重要原因是中国农民的愚、穷、弱、散,因而他提出在农村改进中应坚持"富教合一"主义。关于"富教合一"主义,他说:"古人有'先富后教'的说法,这自然是不错的。但是,我还杜撰了一个主义叫'富教合一'主义,略释其义,便是一面教他致富的方法,同时使他得着了许多人生实用知识,和道德行为的最好训练,这种教育,是跟着致富方法走的,是以物质为基本的,不是谈空话,强迫人家不吃饭去做好人的。"③江恒源对江苏省十七县的农民生活状况进行调查后,深感当时中国农民的生活贫穷,认为中国农村问题的根本在于一个"穷"字,

---

① 江问渔:《关于乡村改进问题的解答》,《教育与职业》,1931年第122期,第197-198页。
② 江问渔:《理想的乡村中学》,《教育与职业》,1931年第123期,第262页。
③ 江恒源:《"富教合一"主义》,《教育与职业》,1929年第108期,第1365页。

如若"穷"不解决,一切都是枉然,而教育对于改变贫穷有重要作用。因此,他对"富教合一"主义寄予厚望,他说:"'富教合一'主义,我极希望你能拯救全国三万万的贫穷农民,我极希望你在五千年古农国放一些惊人的异彩,我极希望你能在一切教育主义中首先建立的一个大功。"①在"富教合一"主义的指导下,江恒源认为要进行农村改进,必须坚持三个标准:一是简而易行,即"不要专重形式不要好大喜功";二是事事求经济,即"要用最少的劳力资财,可以获得最大的效果";三是力求普遍,即"能使改进事业,普及于全国乡村"。②

江恒源对农村教育与农村改进两个概念进行了解释,他认为农村教育有狭义与广义之分,农村改进属于广义的农村教育,当属其一部分。他说:凡是农村改进,无论用何方式,属何种类,皆可以"广义的农村教育"③概括之,而狭义的农村教育则是对农村小学而言,二者的不同在于所面向的对象与范围的差别,农村改进的对象与范围远大于农村小学,是学校之外的一种更为广阔的改进形式。1930年代,中华职业教育社在江恒源"富教合一"主义理论指导下,成功开办了徐公桥、黄墟、善人桥等农村改进试验区,改善了当地农民的生活,在一定程度上促进了职业教育的发展。当前,党和国家非常重视农村的发展,而江恒源的农村改进的理论,在一定程度上可为当前社会主义新农村建设提供有益的启发。

三、陆费逵的职业教育思想

陆费逵(1886—1941),浙江人,中国近代著名的教育家、出版家、中华职业教育社的创始人之一、中华书局的创办人。1908年秋,他进入商务印书馆工作并兼任《教育杂志》的主编、记者;1912年中华民国成立时,他在上海创立中华书局,出任局长,后改为总经理,同年创办《中华教育界》月刊;1914年发表《论人才教育职业教育当与国民教育并重》一文,其中对职业教育的概念和含义都做了

---

① 江恒源:《"富教合一"主义》,《教育与职业》,1929年第108期,第1367页。
② 崔军伟、徐保安:《江恒源农村改进理论述略》,《西华大学学报(哲学社会科学版)》,2006年第5期,第59页。
③ 江问渔:《关于农村教育的三个重要问题》,《教育杂志》,1935年第25卷第3期,第42页。

较为清楚的说明。1917年5月,他同蔡元培、黄炎培等48人共同发起成立了中华职业教育社,并曾担任职教社议事部议事员,1929年创办了中华教育用具制造厂。他在中国教育发展史上第一次明确提出了国民教育、职业教育与人才教育并重,堪称近代职业教育理论界的先驱。陆费逵一生丰富的教育活动,在学制改革、职业教育、女子教育、语言文字教育改革、教科书等方面形成了自己丰富而又独特的思想体系,产生了深远的影响。

陆费逵是中国近代职业教育的最早倡导人之一,对于民国初年职业教育的发展提出了许多宝贵的建议,并为此做出了一些成功的实践,是中国职业教育发展史上的先驱之一。具体而言,其职业教育思想主要表现在实利主义教育方针与职业教育的注重,职业教育与人才教育、国民教育并重,女子职业教育,职业道德等几大方面。

(一)实利主义教育方针与职业教育的注重

陆费逵在其《民国教育方针当采实利主义》一文中全面而系统地论述了实利主义教育方针,他说:实利主义,非惟乐贫,实足以增进国力,高尚人格,[①]"教育宗旨,以养成'人'为第一义。而人之能为人否,实以能否自立为断。所谓自立者无他,有生活之知识,谋生之技能,而能自食其力,不仰给于人是也。欲达此目的,非采实利主义为方针不可"[②]。基于实利主义的教育思想,陆费逵大力提倡职业教育,希望大家通过职业教育获得谋生的技能,能够在社会上自食其力,他是民国早年重要的职业教育思想家之一。

陆费逵在实利主义教育方针的指导下,为民初发展职业教育提供了颇多建议。民国初年,普通中学教育严重脱离社会的实际生活,加之以职业训练为首要目标的实业学校也因偏向于普通教育而与实业界相脱离,从而导致不管是普通学校,还是实业学校的毕业生均就业困难,甚至出现毕业即失业的现象。此时中等教育的问题已经积重难返,改革势在必行。面对如此严峻的中等教育问题,陆费逵提出了国民教育、人才教育、职业教育三者并重的观点,从而提升职

[①] 陆费逵:《民国教育方针当采实利主义》,《中华教育界》,1912年第1卷第2期,第3页。

[②] 陆费逵:《民国教育方针当采实利主义》,《中华教育界》,1912年第1卷第2期,第4页。

业教育在整个国民教育体系中的地位,凸显发展职业教育的重要性。在具体的操作层面,陆费逵根据已有实业学校的实际情况,指出职业教育的重要特征为实用性,因而各地职业学校的设立不可千篇一律,也不可流于普通教育的形式,而应该根据各地经济社会的实际需求而设立职业学校。职业学校的设置与地方经济社会的发展息息相关,而当时中国社会的实业还不甚发达,因此陆费逵提出设立"职业传习所",相当于后来的职业补习教育类型之一种,帮助民众谋生,同时也有利于工农业的发展。职业传习所根据当时实业界的实际情况而设,一切均以实业界的需求为首要,而培训的方式与时间则是灵活多样的。由此可以看出,陆费逵的这些建议不仅具有强烈的实用性,同时也反映出其职业教育思想的前瞻性,而这些离不开他对当时教育界与实业界现状的深入了解与思考。

(二)职业教育当与人才教育、国民教育并重

陆费逵对于职业教育概念与内涵的深刻认识集中体现于其1914年在《中华教育界》上发表的《论人才教育职业教育当与国民教育并重》一文。在文中,他指出了职业教育的重要性,他说:"夫国民教育,以水平线行之,所以使全国之人,具有人生必不可少之智识,以为国家之基础也。人才教育,则以出类拔萃为宗,所以使天才卓越之人,习高等专门学问,以为国家社会之中坚也。职业教育则以一技之长可谋生活为主,所以使中人之资者,各尽所长,以期地无弃利,国富民裕也。"[1]陆费逵深悉中外教育发展状况,认为职业教育若不兴盛,实业则不能发达,人民则不能富裕,因而他提出职业教育是挽救危亡的重要途径之一。他说:"故吾以为今日欲救危亡,第一须有人才,第二须有款项。"[2]在陆费逵看来,不管是款项的筹集,抑或是民族的救亡,都舍职业教育而别无他途,如果离开职业教育,"他国之实业,将充牣于吾国",结果则是"非以教育救亡,直以教育促亡矣"[3]。

---

[1] 陆费逵:《论人才教育职业教育当与国民教育并重》,《中华教育界》,1914年第13期,第2页。
[2] 陆费逵:《论人才教育职业教育当与国民教育并重》,《中华教育界》,1914年第13期,第3页。
[3] 陆费逵:《论人才教育职业教育当与国民教育并重》,《中华教育界》,1914年第13期,第6页。

陆费逵主张国民教育、职业教育与人才教育三者应该并重,他曾在1911年自己编著的《世界教育状况》的序言中说道:"吾国今日,亟宜注意者有三:国民教育,一也;职业教育,二也;人才教育,三也。国民程度之高下,恃国民教育。国民生计之赢绌,恃职业教育。而国势之隆替,教育之盛衰,厥惟人才教育。"[1]由此可见他明确提出了职业教育对于解决国民生计问题具有重要的作用,他说:"无职业教育,则生活维艰。"[2]陆费逵对于国民教育、职业教育与人才教育三者的关系做了进一步的阐释,他说:"故吾以为今日欲救危亡,第一须有人才,第二须有款项。有此二者而无国民教育,犹可力支危局,徐图补救。无此二者,即使国民教育真能普及,而国无栋梁之恃,民有破产之忧,国已不国,则彼普及之教育,亦昙花之一现而已。况主持学务,必需人才,维持学校,尤恃款项。无人才,无款项,国民教育决无由普及。而无人才教育、职业教育,则国民教育即使普及,亦不过增无数识字之游民而已。"[3]而且"人才教育、职业教育所费不多,收效至弘且速"[4]。因而有鉴于此,陆费逵针对当时的款项,认为"当以六成办普通教育,二成办人才教育,二成办职业教育"[5],显示出陆费逵"三轨制"的教育构想。陆费逵非常重视职业教育的作用,他认为:"无职业教育,则在下者生计艰困,在上者辅助乏才。"[6]

(三)女子职业教育

中国古代有男尊女卑的传统,认为"女子无才便是德",不重视甚至限制女子接受教育,不过在民国鼎革之后,这一传统出现了改变。伴随着西方民主、自由、科学等观念的涌入,女子要求接受同样的教育,在冲击传统的过程中,陆费

---

[1] 陆费逵:《〈世界教育状况〉序》,载吕达主编《陆费逵教育论著选》,人民教育出版社,2000,第89页。
[2] 陆费逵:《〈世界教育状况〉序》,载吕达主编《陆费逵教育论著选》,人民教育出版社,2000,第89页。
[3] 陆费逵:《论人才教育职业教育当与国民教育并重》,《中华教育界》,1914年第13期,第3页。
[4] 陆费逵:《论人才教育职业教育当与国民教育并重》,《中华教育界》,1914年第13期,第4页。
[5] 陆费逵:《论人才教育职业教育当与国民教育并重》,《中华教育界》,1914年第13期,第5页。
[6] 陆费逵:《民国普通学制议》,《教育杂志》,1912年第3卷第10期,第5页。

逵非常重视女子教育,他认为女子接受教育,有四项目的:"第一,健全女子的人格;第二,养成贤母良妻;第三,在男子能养家的时代,从事无害生理、无妨家庭的职业;第四,预备充足的实力,于必要的时候代男子做国家社会一切的事。"[1]虽然陆费逵重视女子教育,但他也承认男女因生理的自然差异而导致一定的不同,如男女职业分工的不同。但是不同不代表全部,在做人的条件上,男女都应具备相同的六个条件,"才(才干)、德(德性)、学(学问)、识(识见)、气(气度)、体(体魄)"。而要具备这些条件,必须依靠教育而获得,由此体现出中国女子教育的迫切性。

陆费逵指出女子接受职业教育的目的是"授以谋生之能力,而为自立计者也"[2]。因此,基于女子自立的目的,他认为女子应该接受"如农家之养蚕,工业之裁缝、刺绣、纺纱、缫丝、订书,学校之教员,以及图画家、音乐家、著作家等"[3]方面的教育,这些方面的教育符合女子身心特征,能够有效地发挥女子职业教育的作用。由于陆费逵当时身处中国近代社会的大变革时期,加之他本人受传统文化观念的习染,由此他的教育思想不可避免地会带有一定程度的保守性,就其女子职业教育观而言,一方面具有可操作性,同时也有一定的局限性。陆费逵指出各级学校女子职业教育的主要内容为:"(甲)高等小学,加家事科,中学第一、二年亦然,并注重裁缝、烹饪之实习。(乙)中学加教育大意。(丙)多设女子职业学校,裁缝、蚕桑、美术尤要。"[4]这些内容的设置是因为陆费逵认为:"女子因为生理的关系比男子弱"[5],"女子之性质,柔弱而优美,限于生理的作用"[6]。因此女子职业教育应该是"以妻之教育,母之教育,适宜职业之教育,为女子教育之主义"[7]。陆费逵依据男女间的生理差异来决定职业学校的教学内容有一定的道理,但是仅仅据此来规定相应的内容则又带有一定的局限性。陆费逵认

---

[1] 陆费逵:《女子教育的急务》,《中华教育界》,1920年第9卷第1期,第6页。
[2] 陆费逵:《新学制之要求》,载吕达主编《陆费逵教育论著选》,人民教育出版社,2000,第131页。
[3] 陆费逵:《女子教育问题》,《中华教育界》,1933年第5期,第58页。
[4] 陆费逵:《新学制之要求》,载吕达主编《陆费逵教育论著选》,人民教育出版社,2000,第131页。
[5] 陆费逵:《女子教育的急务》,《中华教育界》,1920年第9卷第1期,第2页。
[6] 陆费逵:《女子教育问题》,《中华教育界》,1933年第5期,第58页。
[7] 陆费逵:《女子教育问题》,《中华教育界》,1933年第5期,第59页。

为:"现在最要紧的有三个问题。第一,高等普通教育。第二,高等专门教育。第三,职业教育。"①其中,职业教育问题的解决则"应当看各地情形,多设许多传习所",因为传习所"费用既不大,学生程度不要限制太严",入学的人数可以很多,且"本地需要的职业,学会了就可以有用处"。②陆费逵深知传习所的优点,并结合当地经济社会发展的实际情况而推行,具有较强的实操性。

陆费逵认为某些职业女子不一定适宜的思想具有一定的时代局限性,体现了其思想中传统的保守性。但是他的女子职业教育观中,反对将女子完全培养成贤妻良母,又反对男女教育无差别式的平等,主张应该采用家庭主义、教育主义、职业主义三者共同来进行女子教育,在新旧交替的民国初年确实具有很大的进步性。时至今日,陆费逵关于女子教育的诸多论述仍具有现实意义。

(四)职业道德

职业道德是职业教育的重要组成部分,陆费逵十分重视职业道德教育,这与他自身的诸多身份息息相关,同时他对于职业道德教育的相关论述,也主要是针对他所身处的出版业、实业和工商业领域,在一定程度上,可以说陆费逵的职业道德教育的思想来自其自身的实践活动。

在担任上海书业公会主席期间,陆费逵曾发表了《书业商之修养》一文,在文中,他说:"书业商的人格,可以算是最高尚最宝贵的,也可以算得是最卑鄙最龌龊的。此两者之判别,惟在良心上一念之差。譬如,吾人用尽脑筋和心血,出一部有价值的书籍贡献于社会,则社会上的人们,读了此书之后,在无形中所获的利益定非浅鲜;反是,如以诲淫诲盗的书籍贡献于世,则其比提刀杀人还要厉害。"③也就说,出版商应该怀揣高尚的人格与道德,用真心出版有价值的书籍,这样才有益于社会,有助于读者,同时他还对书的作者提出了职业道德方面的要求。为此,陆费逵认为应加强对实业家和工商业者的职业道德教育。民国初

---

① 陆费逵:《女子教育的急务》,《中华教育界》,1920年第9卷第1期,第11页。
② 陆费逵:《女子教育的急务》,《中华教育界》,1920年第9卷第1期,第14页。
③ 陆费逵述,许瘦鹤整理:《书业商之修养》,载吕达主编《陆费逵教育论著选》,人民教育出版社,2000,第313页。

年,资产阶级新政府在经济方面鼓励发展实业,人们也认识到了发展实业的重要性,当时实业救国与立国的呼声高涨,但是真正有志于实业者,为数不多,即使从事实业者也是成功者少、失败者多。对于此种现象,陆费逵认为是实业家缺乏职业修养所致,因此为了提高实业家的职业修养,从1915年起,他先后发表了《实业家之修养》《工商界做人的条件》及《我对于商业人才之意见》等一系列文章,呼吁加强对工商业者的职业道德教育。同时,实业家应具有的职业道德修养,陆费逵曾说:"以余所见,勤俭也,正直也,和易也,安分也,进取也,常识也,技术也,经验也,节嗜欲也,培精力也,殆无一可以或缺。"[①]由此可知,陆费逵对实业家的职业道德修养有着深刻的认知,他还经常在其他杂志,如《中华实业界》《进德季刊》等,介绍当时工商业界的成功案例,阐述提升他们职业道德修养的重要意义以及相应的教育方法。

陆费逵的一生致力于教育事业,其在学制改革、职业教育、女子教育、教科书和教育出版业、语言文字教育改革等方面都有所贡献。虽然他的教育思想不可避免地受到传统思想的影响,存在着保守的一面,但是他对近代中国教育所做的贡献是不可否认的。陆费逵的教育思想以"人"为核心,他提出了在民初开风气之先的职业教育理念,指引着中国近代职业教育发展的方向,是中国职业教育的先驱者。陆费逵的有些教育思想对当前的教育活动仍然有着指导意义。

---

① 陆费逵:《实业家之修养》,载吕达主编《陆费逵教育论著选》,人民教育出版社,2000,第156页。

应时而生,关注国民生计
(1917—1925)

第二章

1917年4月,《教育杂志》刊发了黄炎培、梁启超、蔡元培、范源濂、张謇等人的《中华职业教育社之发起》一文,5月6日,中华职业教育社在江苏省教育会召开成立大会,通过了《中华职业教育社章程》,7月由伍廷芳、梁启超、张謇、范源濂、蔡元培、黄炎培等48人具名的《中华职业教育社宣言书》在《东方杂志》上发表,由此开启了中华职业教育社的生命历程。中华职业教育社发起的动机有二:一、鉴于各级学校毕业生之无出路,以致学校毕业生愈多,社会失业之人愈众;二、鉴于社会不知注重新技术、新人才,以改善职业,致职业与教育距离甚远,无从沟通。[①]针对当时这两种有害于教育,大不利于职业的现象,黄炎培等人乃发宏愿,谋求教育与职业的联络,应先从教育下手,故决定结社以研究、提倡、试验为方法。

　　伴随着中华职业教育社的诞生,一系列的实践活动也相继展开。早期中华职业教育社基于"教育救国""职教救国"的思想而展开了一系列教育实践活动,是当时中国职业教育的发起者与推动者,对近代中国职业教育的发展有着重要的历史作用。

[①] 江恒源:《十六年之中华职业教育社(节录)》,载中华职业教育社编《社史资料选辑 第3辑》,文史资料出版社,1982,第23页。

第一节　中华职业教育社的成立与运作

1917年5月6日,中华职业教育社在上海成立,标志着近代中国职业教育的发展有了实实在在的推手,呈现组织化、体系化的发展趋势。成立后的职教社,不断完善组织架构,丰富经费来源,扩大社员人数与类型,自建了独立、专门的社所,精心设计了社徽、社旗和社歌。经过一系列的努力,职教社不管是内部结构,还是外在形象,都呈现稳固、向好的状态,从而有效地推动了职教社在职业教育领域开展相关工作,进一步推动了职教社自身的发展。

一、中华职业教育社成立时的概况

1917年5与6日,中华职业教育社假借上海江苏教育会三楼的会场召开成立大会,与会人员共计140余人,其中101人为职教社社员。在成立大会的开幕仪式上,主席萨鼎铭首先致开幕词,之后由沈恩孚报告成立缘由。在阐述了理应提倡职业教育和成立缘由之后,中华职业教育社的实际负责人黄炎培报告了职教社成立的过程、菲律宾华商的捐助情况,以及中华职业教育社在工作过程中注重调查研究的理由等。随后由各界人士自由发表演说,完毕后,与会社员对会前拟定、提交的组织大纲进行讨论并提出修改意见,最终确定、通过了中华职业教育社第一部章程。对于中华职业教育社成立大会的概况,《申报》《民国时报》等报刊均有连续性的专题报道。

在成立大会之后,中华职业教育社根据当时政府的要求依照程序呈报江苏省省长公署和民国政府教育部鉴核备案。《呈教育部及江苏省省长公署请予备案文》指出"呈为组织中华职业教育社。敬祈鉴核备案事,维世界文明各国之教育,莫不适应于社会经济之趋势,十稔以还经济之竞争日烈,益思借教育为根本之解决"[1],表明了中华职业教育社认识到经济与教育之间的相互关系,由此产生施行职业教育的想法。当局认为中华职业教育社"事伟愿宏,目标明确,手续

---

[1]《上海中华职业教育社志》编纂委员会编《上海中华职业教育社志》,上海古籍出版社,2007,第54页。

齐备",均表示"应准备案",分别在1917年12月3日由江苏省省长齐燮元签署了江苏省省长公署第1768号文,在1918年1月15日由教育部部长范源濂签批了教育部第899号文,由此中华职业教育社正式获得政府的核准,取得了合法的地位。

中华职业教育社的发起人覆盖了政界、教育界、文化界、出版界、金融界、工商企业界等知名人士,48位发起人具体名录及职衔如表2-1:

表2-1 中华职业教育社发起人名单及职衔/曾任职衔

姓名	职衔/曾任职衔	姓名	职衔/曾任职衔
伍廷芳	外交总长	梁启超	司法总长、军务院抚军兼政务委员长
张謇	江苏省教育会会长、农商总长	蔡元培	大学校长、教育总长
严修	清学部侍郎	唐绍仪	国务总理
范源濂	教育总长兼署内务总长	汤化龙	众议院议长、教育总长
王正廷	参议院副议长、中国基督教青年会总干事	袁希涛	教育次长
张元济	商务印书馆经理	江谦	南京高等师范学校校长、江苏教育司长
陈宝泉	北京高等师范学校校长	宋汉章	上海中国银行行长
陈辉德	上海商业银行行长	陆费逵	中华书局局长
张嘉璈	上海中国银行副行长	穆湘瑶	上海德大纱厂总经理
张寿春	天津南开学校校长	周诒春	北京清华学校校长
杨廷栋	众议院议员、农商部矿政局局长	史家修	上海申报馆总经理
刘垣	农商次长	穆湘玥	上海德大纱厂经理
蒋维乔	教育部参事	龚杰	江苏财政司长
刘以钟	教育部视学	邓萃英	北京高等师范学校教员
于定一	巴拿马赛会江苏出品协会主任	朱友渔	上海约翰大学教务长
庄俞	上海教育杂志社编辑员	刁信德	上海同仁医院医生
朱庭祺	沪杭甬铁路局书记	朱胡彬夏	上海妇女杂志社编辑主任

续表

姓名	职衔/曾任职衔	姓名	职衔/曾任职衔
贾丰臻	上海江苏省立第二师范学校校长	朱叔源	上海浦东中学校校长
聂其杰	上海恒丰纱厂总经理	陈容	南京高等师范学校学监主任
蒋梦麟	美国哥伦比亚大学硕士	顾树森	《中华教育界》编辑主任
余日章	中国基督教青年会署理总干事、湖北外交司司长	沈恩孚	江苏省教育会驻会干事、江苏民政司副司长、江苏省公署秘书长
郭秉文	南京高等师范学校教务主任	黄炎培	江苏省教育会副会长、江苏教育司司长
张渲	武昌高等师范学校校长	汤松	湖南公立商业专门学校校长
韩振华	盐业银行北京分行经理	朱少屏	寰球中国学生会总干事

表2-2 中华职业教育社发起人员类别、人数及比例[①]

人员类别	人数	占总人数的比例
政界	20人	41.7%
学界	17人	35.4%
实业界	10人	20.8%
其他	1人	2.1%
总计	48人	100%

注：学界，如蔡元培、江谦之前分别担任过教育总长、江苏教育司长，而他们作为中华职业教育社发起人时是担任大学校长，因而就归类为学界。

从表2-2中，可以看出政界人数最多，占41.7%，其次是学界，占35.4%，实业界占比20.8%，其他为2.1%，表明在这一群体中，非政府官员占据主体地位。虽然在这一群体中，存在着政府官员，但他们都对当时的教育有着很深的感触，并且是教育研究者或是实践者，在创办群体中还存在银行行长、公司总经理、医生、杂志社社员、大学教授等，他们都是一些在思想上开明进步的人，对于教育与社会衔接的问题，深有体会或认识。

[①] 陈梦越，楼世洲：《公共领域：民国民间教育团体的生存样态——以中华职业教育社为个案解读》，《职教论坛》，2015年第25期。

二、从最初的临时干事会到最后的理事会、监事会：组织架构不断发展

中华职业教育社在立社之时设立了临时干事会处理社务。临时干事会是职教社初创时的最高权力机关，由沈恩孚担任临时干事会主任，临时干事由上海恒丰纱厂总经理聂其杰、商务印书馆经理张元济、上海申报馆总经理史家修、众议院议员杨廷栋、王正廷、郭秉文、沈恩孚、朱葆康、黄炎培9人组成。临时干事会总计开会6次，全权负责处理社务工作。

1917年7月临时干事会取消，改设议事部和办事部。根据中华职业教育社章程规定："议事部议事员由特别社员互举，至少以七人为限，多以三十五人为限。(暂定十五人举一人)议事员皆名誉职，任期三年，连举者连任。"[1]议事部的主要职权有四："公举本社主任"，"公举基金管理员"，"审核预算决算"，"议决本年度办事方针"。[2]议事员会"以一、四、七、十月十八日下午三时为常会期，遇必要时得开临时会"，议事员会的主席"于到会议事员中临时推定"。[3]需要指出的是，临时干事会主任沈恩孚曾长期担任议事员会常会或临时会议的主席。议事员会共举行了四届，分别在1917年、1920年、1923年和1926年，不过在1926年中华职业教育社第九届年会上修改了社章，改议事部为董事部，同时还增设了评议部。议事员会共存在了9年，依据社章的责权，完成了一系列的重要事项，诸如：征集海内外社员，通过申请政府补助、个人捐助等形式募集资金，改《社务丛刊》为《教育与职业》，创立中华职业学校，设立各地通讯处，设立研究部，决定提交每届年会议决的大会提案，决定重要人事任免等。[4]

根据社章第十四条规定：办事部主任由议事部于特别社员中选举产生，总书记以下各办事员由办事部主任延聘，总书记协助主任办理办事部事务，遇主任有事不在时由总书记代理。主任负办事部完全责任，其任期及薪金额由议事

---

[1]《中华职业教育社章程》，《教育与职业》，1917年第1期，该文第5页。
[2]《中华职业教育社章程》，《教育与职业》，1917年第1期，该文第5页。
[3]《议事员会会议细则》，《教育与职业》，1917年第1期，社务丛录第2页。
[4]《上海中华职业教育社志》编纂委员会编《上海中华职业教育社志》，上海古籍出版社，2007，第110页。

部决定,主任及总书记在议事部议事时有出席报告或者陈述意见的义务,办事部办事员中兼任议事员的,其议事员的资格仍然存在。①从办事部设立起,黄炎培一直担任办事部主任,直到1928年请辞,共11年之久,后蒋梦麟担任总书记一职,但由于其之后北上履任北京大学教授,总书记一职曾空缺多时,全面抗日战争期间由孙起孟担任。1924年,议事员会推举杨卫玉为办事部副主任,襄助主任处理社务,在1928年黄炎培请辞主任后,由江恒源接任办事部主任,杨卫玉仍为副主任。

1926年第九届年会时,社员对社章进行了修改,改议事部为董事部,增设了评议部。新修订的社章规定:董事部董事均为名誉职,由永久社员互选,董事名额暂定9人,董事任期4年,每2年改选半数,再被选者得连任,第一届选出之董事应有半数为2年任期,抽签决定,依照1923年5月修正的章程在1926年5月选出的议事员准改为董事,3年任期终止后,再选举为正式董事。②董事部的职权有五:管理社的资产并筹划社的经费;审核每年经费预算决算;核定社的大政方针;聘任社的办事部主任、副主任;提出评议会评议员的候选人。③董事会的主席由董事互选产生,历届董事会主席为黄以霖、钱永铭等。1926年的年会上还增设了评议部。新修订的章程第十一条规定:评议部评议员均为名誉职务,暂定每一百名社员中选举一人,但至少11人,至多以35人为限,由董事部按应选名额加倍提出候选人经全体社员选举产生,评议员的任期为2年,每年改选半数,再被选者得以连任,第一届选出之评议员应有半数为一年任期,通过抽签决定,凡评议员有以董事兼任者其董事资格仍然存在之。④评议部的职权有三:研究并规划每年应办事业纲要;推举办事部主任、副主任于董事部;协助办事部推行社务,评议部得推代表于董事部会议时,出席报告或陈述意见。⑤评议部根据实际情况的需要,互推常任评议员,名额与规则由评议部自定,历届评议会主

---

① 《中华职业教育社章程》,《教育与职业》,1917年第1期,该文第6页。
② 《中华职业教育社章程》,载《上海中华职业教育社志》编纂委员会编《上海中华职业教育社志》,上海古籍出版社,2007,第157页。
③ 《中华职业教育社董事会议事规则》,载《上海中华职业教育社志》编纂委员会编《上海中华职业教育社志》,上海古籍出版社,2007,第112页。
④ 《中华职业教育社章程》,《教育与职业》,1930年第116期,第56页。
⑤ 《中华职业教育社章程》,《教育与职业》,1930年第116期,第56页。

席为江恒源、王云五、蔡元培。

1943年，职教社根据当局的相关规定，将董事会、评议会改为理事会和监事会，由全体社员用通讯选举方式，选出钱永铭等20人为理事，王云五等7人为监事，并经第一次理监事联席会议推定钱永铭为理事长，黄炎培、沈鸿烈、冷遹、江恒源、潘公展、康心如为常务理事①，同时，根据理事会的议决，将办事部主任改为总干事，推举杨卫玉为总干事。

中华职业教育社设有直辖于董事部的两个委员会，分别是资产管理委员会和百年基金管理委员会，这两个委员会是固定永久的。除此之外，还依据当时实际情形的需要，临时设立其他各种委员会，如经济委员会、扩充补习教育委员会、女子职业教育委员会，还有联合各方公司共同设立的，如医学教育促进会、国货指导委员会，另有一些为暂时设立的，如社所建筑委员会等。

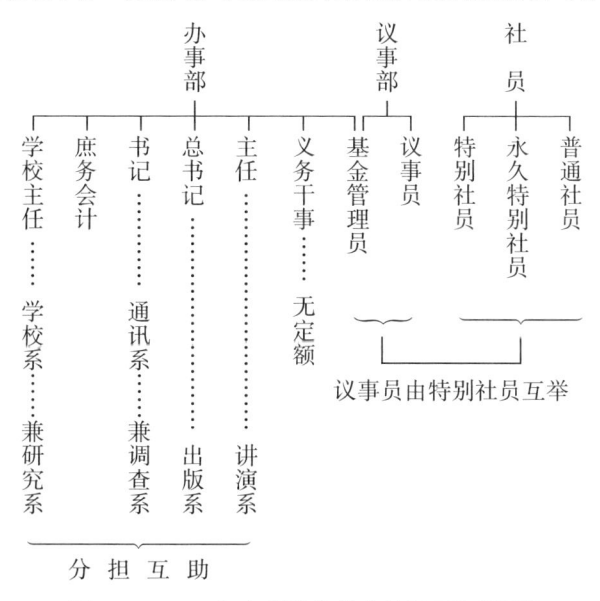

图2-1　1918年中华职业教育社组织系统图②

---

① 吴长翼：《中华职业教育社八十年(1917—1997)》，内部资料，未出版，第7页。
② 吴长翼：《中华职业教育社八十年(1917—1997)》，内部资料，未出版，第8页。

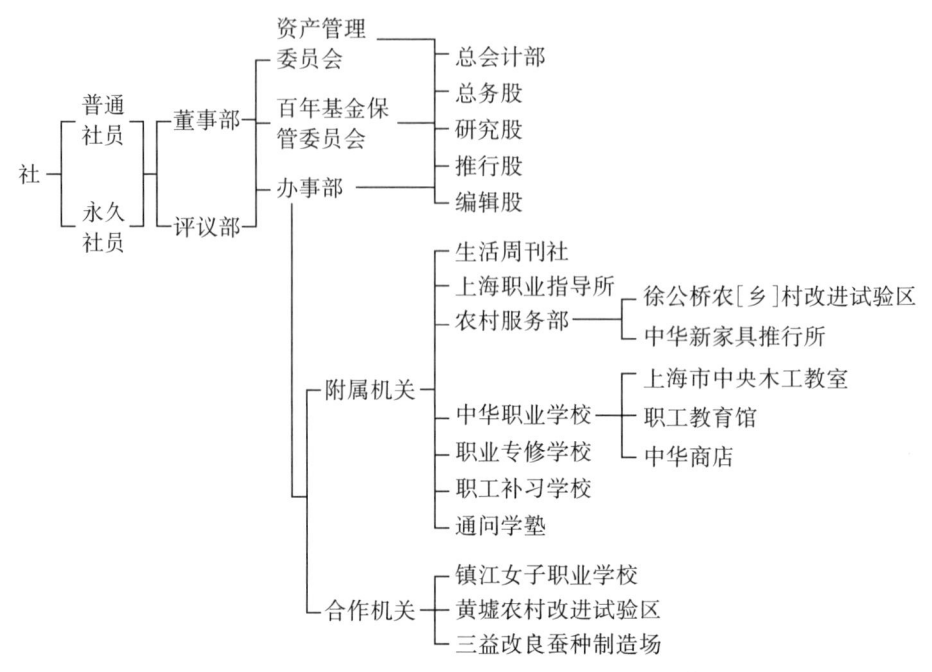

图2-2 1930年中华职业教育社组织系统图①

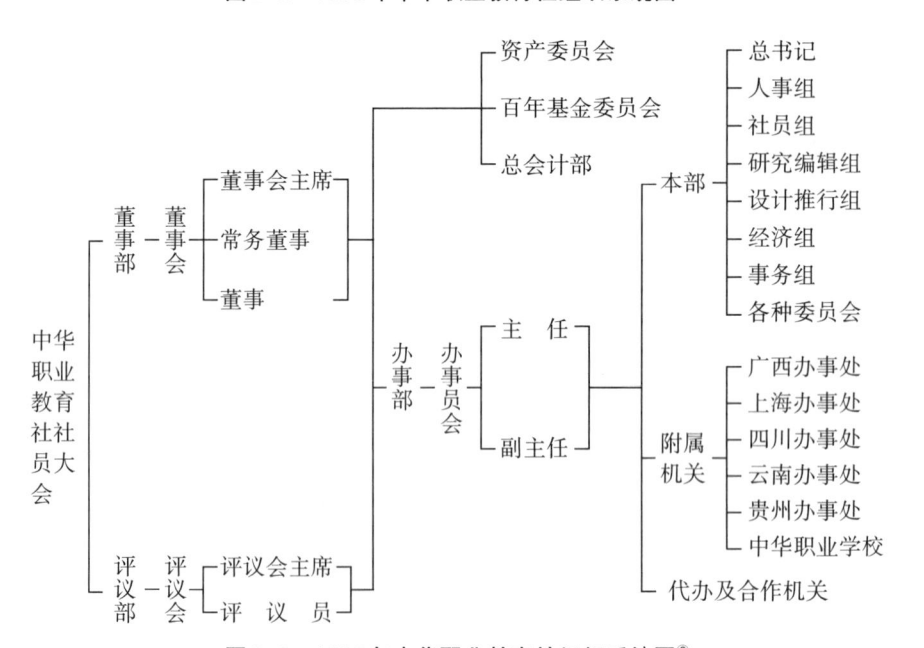

社
- 普通社员
- 永久社员

董事部
- 资产管理委员会
- 百年基金保管委员会
- 办事部
  - 总会计部
  - 总务股
  - 研究股
  - 推行股
  - 编辑股
- 评议部

附属机关
- 生活周刊社
- 上海职业指导所
- 农村服务部
  - 徐公桥农[乡]村改进试验区
  - 中华新家具推行所
- 中华职业学校
  - 上海市中央木工教室
  - 职工教育馆
  - 中华商店
- 职业专修学校
- 职工补习学校
- 通问学塾

合作机关
- 镇江女子职业学校
- 黄墟农村改进试验区
- 三益改良蚕种制造场

图2-3 1939年中华职业教育社组织系统图②

中华职业教育社社员大会
- 董事部
  - 董事会
    - 董事会主席
    - 常务董事
    - 董事
  - 办事部
    - 办事员会
      - 资产委员会
      - 百年基金委员会
      - 总会计部
      - 主任
      - 副主任
        - 本部
          - 总书记
          - 人事组
          - 社员组
          - 研究编辑组
          - 设计推行组
          - 经济组
          - 事务组
          - 各种委员会
        - 附属机关
          - 广西办事处
          - 上海办事处
          - 四川办事处
          - 云南办事处
          - 贵州办事处
          - 中华职业学校
        - 代办及合作机关
- 评议部
  - 评议会
    - 评议会主席
    - 评议员

---

① 吴长翼：《中华职业教育社八十年(1917—1997)》，内部资料，未出版，第9页。
② 吴长翼：《中华职业教育社八十年(1917—1997)》，内部资料，未出版，第10页。

三、多样化、多途径的经费来源

中华职业教育社作为一个民间教育团体,其经费来源呈现不同的形式,主要可分为:社员缴纳的社费、实业界的捐助、各级政府和公办团体的补助、发行的债券以及创设的营利性企业等。中华职业教育社在成立之前,就曾发布募金通启,决定在1917年1月开始募集社员并筹社费,以上海中国银行及上海商业银行为收款机关。

(一)社员岁费

中华职业教育社成立的早期,社员岁费是中华职业教育社主要的经费来源之一,社员岁费主要由普通社员岁费和特别社员社费构成。立社第一年度,1917年5月至1918年4月间,共收社员岁费4326元,占同期社总收入8291.26元的52.18%。第二年度收3530元,占同期社总收入7997.87元的44.14%。第五年度收9768元,占同期社总收入48999.76元的19.93%。第六年度收1984元,占同期社总收入21528.57元的9.21%。第七年度收20000元,占同期社总收入46256元的43.24%。第八年度收6274元,占同期社总收入56841.61元的11.04%。第十年度收5000元,占同期社总收入39494元的12.66%。粗略来看,社成立之初,社员岁费是社的主要经费来源,但是随着社的各项事业的展开以及政府与各公办团体的补助、社会的捐助等经费来源渠道的多样化,加之社员岁费受社员人数多少的影响,社员岁费在社的经费来源中所占比例逐渐降低。

(二)捐助

早期的中华职业教育社,捐助也是其筹措经费的主要方法之一,捐助的类型分为一般捐助和专项捐助两类,捐助的内容分为现金和实物两种。1917年在中华职业教育社第一份章程第七条中规定:凡一次纳特别捐200元以上者为永久特别社员。[①]简要而言,当时的现金资助情况为:1917年10月公布了第一批永久特别社员35人,共捐助国币600元,由黄炎培与清心实业学校校长郭秉文

---

① 《中华职业教育社章程》,《教育与职业》,1917年第1期,该文第4页。

合募而得斐银（菲律宾币）20000元，由华侨陈嘉庚捐助每年2000元，共5年10000元叻银（新加坡币），12月商务印书馆高翰青等4人捐助给中华职业学校印刷费及本版图书两项共600元，分两年缴付，张謇等12人捐10500元给中华职业学校，曹汝霖等11人共捐1780元。1918年9月，为解决中华职业学校经费不足的问题，特组织募金团，共募得国币66785.5元，俄币22000元，南洋烟草公司简英甫兄弟捐助3000元。[①]诸如这类团体捐助、个人捐助以及社和中华职业学校募捐到的现金是早期职教社经费的主要来源。除此之外还有实物捐助，如1918年2月江苏省教育会等7个单位捐赠图书53册，顾树森、蒋梦麟、黄炎培等人捐助图书11册，7月北京教育会等6个单位捐赠图书9册，刘芸生赠书16册、潘吟阁赠书6册，1919年农商部等两个单位捐书11册，湖南省实业厅等9个单位捐书14册，等等。[②]由此可以看出，当时实物捐助也很多，不仅有政府及各大团体捐助，还有私人捐助。需要特别指出的是，1925年5月，在中华职业教育社第八届年会上提出了设立储备特别基金，以银10000元为本金，以100年为存满期限，同时设立特别基金委员会和保管委员会，分别负责特别基金的筹集和议决部分息金的使用情况。特别基金委员会由朱琛甫担任委员长，黄炎培、沈恩孚等21人为委员，经过委员会成员们的共同努力，最终募得基本基金10245.25元。

（三）各级政府和公办团体的补助

中华职业教育社在成立之初，为了有效地开展各项事业，向各级政府呈请补助，同时还请求各公办团体的帮助。简要而言，当时职教社获得各级政府和公办团体补助的简要情况是：1917年11月，请求财政部补助经费用以建设中华职业学校，经准补助5000元，同时呈请教育部、江苏省长给予补助，经准教育部补助500元，江苏省长补助3000元。1918年4月，为中华职业学校呈请教育部补助，经准补助800元，呈请江苏省补助，经准补助3000元。7月，上海县拨款1200元补助中华职业学校（为建设费）。1920年，应中华职业教育社的请求，江

---

① 《上海中华职业教育社志》编纂委员会编《上海中华职业教育社志》，上海古籍出版社，2007，第266-267页。

② 《上海中华职业教育社志》编纂委员会编《上海中华职业教育社志》，上海古籍出版社，2007，第266-267页。

苏省公署补助中华职业学校15000元。1922年2月中华职业教育社函请教育部将法国退还庚子赔款用于教育部分之一半拨充职业教育基金。1923年2月,应中华职业教育社的请求,经财政、教育两部会同国务院决议,自1923年1月起,每月由江苏财政厅在国库项下拨付2000元补助中华职业教育社,4月就收到国库补助8000元。1926年6月,中华教育文化基金会自当年起,每年拨款15000元,计三年,另外一次性拨款5000元补助中华职业教育社。1929年7月,中华教育文化基金会补助中华职业教育社10000元。[1]由此可以看出,当时各级政府和各类团体都对中华职业教育社予以了一定的经费支持,显示了对于中华职业教育社的重视。

(四)发行债券

中华职业教育社主要通过中华职业学校来发行债券,以此获得银行相应的经费支持。当时中华职业学校发行债券的主要情况为:1920年8月,中华职业学校发行学校债券50000元,作为扩充附设工厂之用,债券年息8厘,每年付息,逐年还本,4年还清,由穆梓斋认购10000元,中国银行认购10000元,交通银行认购10000元,劝工银行认购5000元,穆藕初认购5000元,陈光甫、徐静仁、史量才等人合购10000元。1923年8月,中华职业学校为了扩充校舍等用途,再次发行债券10万元,以一部分换回尚未偿还的旧的债券,其余共售出89470元,债券面值有100元、10元两种,年息8厘,分10年还清,从1924年开始每年还本十分之一。[2]这些债券的发行有效地弥补了中华职业学校经费的不足,同时也为中华职业教育社提供了经费。

(五)创设营利性企业

营利性企业不是中华职业教育社主要的经费来源,但是在一定程度上有助于社的各项事业的开展,比如1930年中华职业教育社与中华职业学校、镇江女

---

[1]《上海中华职业教育社志》编纂委员会编《上海中华职业教育社志》,上海古籍出版社,2007,第268页。

[2]《上海中华职业教育社志》编纂委员会编《上海中华职业教育社志》,上海古籍出版社,2007,第268-269页。

子职业学校及个人合资创立的三益改良蚕种制造场（也称三益蚕桑制种场等），直到抗日战争全面爆发才停办[①]，对社的经费有所助益。

四、社员数量扩增且类型多样，职责明确

中华职业教育社的成员称为社员，需进行申请才能成为。申请人须在一定资质的基础上，完成社所规定的手续，才能成为社员。社员享有社章赋予的相应权利的同时，须履行规定的义务。职教社对于社员的征集和发展非常注重，根据社章对社员的相应规定，社员的发展主要为一开始由发起人广为介绍，继而由热心分子扩大宣传，再通过有关教育团体建立起发展网络[②]，同时在职教社的历届年会上也会有专门征集社员的活动。职教社多途径征集社员，使得社员的人数不断增加，组织得以巩固，推动了中华职业教育社各项事业的有效展开与社的发展。

（一）入社条件和社员类别

中华职业教育社成立之初，在其第一部章程中对社员的条件有明文规定：凡办理职业教育者、或有志研究职业教育者、或热心提倡职业教育者，满足其中之一，经社员二人以上之介绍，得以其志愿为普通社员或特别社员。[③]一开始，社员均为个人社员。普通社员和特别社员的区别仅在于每年缴纳社费数额不同，如普通社员每年纳社费2元，特别社员每年纳社费20元，特别捐费无定额。另外还规定，凡一次纳特别捐费200元以上者为永久特别社员，其一次纳2000元以上者，并赠以永久特别社员金质徽章。[④]当时来自教育界、实业界、政界、军界以及海外华侨的热心人士多申请成为特别社员，这就为早期中华职业教育社的创立及发展提供了可靠的经费保障，推动了社的产生及发展。

[①]《上海中华职业教育社志》编纂委员会编《上海中华职业教育社志》，上海古籍出版社，2007，第269页。

[②]《上海中华职业教育社志》编纂委员会编《上海中华职业教育社志》，上海古籍出版社，2007，第60页。

[③]《中华职业教育社章程》，《教育与职业》，1917年第1期，该文第4页。

[④]《中华职业教育社章程》，《教育与职业》，1917年第1期，该文第4页。

随着社的不断发展,社员的入社条件也有了相应的调整。1926年,中华职业教育社在苏州专家会议上便对社员的条件进行了讨论,提出:"事实上特别社员纳费按时甚少,本社以后对于社员须注意吸收确能热心研究职业教育并能对本社增加助力之同志,入社之先须有人介绍并审查其资格,建议取消特别社员,改将普通社员中愿纳费200元以上者称为永久社员。"[1]这一讨论建议被写入了第九届年会上所修订的社章之中,从而有效保障了社费的收纳。而且,新修订的社章第四条还规定:"凡有正当职业之个人及农工商业或教育团体,愿研究并提倡职业教育者,得以社员二人以上之介绍并经审查及格后为本社社员。"[2]由此,中华职业教育社不仅接受个人社员,还接受团体社员,改变了之前仅接受个人社员的状况。而且章程还规定:"凡表同情于职业教育之个人或团体愿以经济赞助本社者推为赞助员。"其中,一次纳捐者为临时赞助员;每年纳捐有定额者为常年赞助员;一次纳捐200元以上者为永久赞助员。社员亦可兼充赞助员。[3]

在1928年修订的章程中,职教社将社员分为三种,除了普通社员和永久社员外,提出:"凡于职业教育有专门之研究或对于职业教育有实在之赞助者,得由社员提出,经评议会之通过,请为本社特约社员。"[4]其中普通社员又根据所纳社费的不同而分为甲、乙两种,且这两种是社员享受的权利区别在于领受社的期刊数量。而且还规定,"凡现任职业学校教职员,得依其志愿自由加入本社,不必经介绍手续"[5]。这些规定丰富了职教社社员的来源与类型,从而推动社的发展。

(二)社员的权利和义务

立社之初,在中华职业教育社章程中,就对社员的权利和相应的义务进行了规定,指出:"凡社员皆有参与会集研究、通信研究并领受定期出版物或本社特别赠与临时出版物之权。"[6]一开始,议事部议事员由特别社员互举产生,后来

---

[1] 《上海中华职业教育社志》编纂委员会编《上海中华职业教育社志》,上海古籍出版社,2007,第60页。
[2] 《中华职业教育社章程》,《江苏教育公报》,1926年第9卷第6期,第11页。
[3] 《中华职业教育社章程》,《江苏教育公报》,1926年第9卷第6期,第11页。
[4] 《中华职业教育社章程》,《教育与职业》,1930年第116期,第55页。
[5] 《中华职业教育社章程》,《教育与职业》,1930年第116期,第54页。
[6] 《中华职业教育社章程》,《教育与职业》,1917年第1期,该文第4页。

修正为普通社员有选举及被选举为评议部评议员之权利,永久社员有选举及被选举为董事部董事、评议部评议员之权利。①

对于社员义务的规定,在最初社员条款中虽然仅仅规定了岁纳社费,但是在章程第一条中明确提出"矢愿相与始终之",要求每位社员必须遵守社的章程,并为立社的目标去努力奋斗,终生奉献,这是每位社员的最根本的义务。②此后,虽然社章经历过多次修改,但是有关社员权利和义务的内容都没有多大的变化。

(三)社员人数和分布状况

中华职业教育社社员的人数,从少到多,不断增加,先主要来自东南各省,后遍及全国各地,变化甚大。职教社在复员之前每年征求社员一次,但是在复员后,改为不定期征求。表2-3为1917—1947年中华职业教育社社员人数统计表。

表2-3　1917—1947年中华职业教育社社员人数统计表③

年份	人数	年份	人数	年份	人数
1917	786	1926	7201	1935	19700
1918	1429	1927	7357	1936	21477
1919	3000	1928	7533	1937	23114
1920	3085	1929	8666	1938	23214
1921	4767	1930	10235	1939	25148
1922	5561	1931	10686	1940	25808
1923	6220	1932	14135	1943	3237
1924	6237	1933	16103	1946	1424
1925	7658	1934	17874	1947	2661

注:表中人数包括普通、特别和永久三类社员,1946和1947年还包括了有领受定期刊物权利的赞助员各15和120名。

---

①《中华职业教育社章程》,《教育与职业》,1930年第116期,第55页。
②《上海中华职业教育社志》编纂委员会编《上海中华职业教育社志》,上海古籍出版社,2007,第61页。
③《中华职业教育社三十周年纪念特辑:历年来社员的联络与活动》,《教育与职业》,1947年第202期,第8-9页。

由表2-3可以看出,从1917年到1940年间中华职业教育社的人员呈现显著增长的趋势,这是社不断努力征求社员的结果。同时也从侧面反映出社会人员对中华职业教育社的认可,对职业教育的认识不断深入。1941年、1942年、1944年和1945年四年的社员数字,因为战时重庆被频繁轰炸,未有统计,1943年以后,社员数字骤减,是因为受战争的影响,各地社员住址变化甚大,而且无法通信,失去了联络。

从整体上观之,社员分布广泛,当时全国二十个省份均有,而且在国外也有职教社社员。1918年的具体社员分布情况,如表2-4所示。

表2-4 各地社员分布一览表(1918年5月统计)[1]

国内各省

地区	江苏	直隶	山东	福建	安徽	湖南	浙江	江西	奉天	吉林
人数	558	92	19	19	16	11	10	9	6	5
地区	河南	湖北	黑龙江	甘肃	山西	京兆	四川	广东	陕西	贵州
人数	5	4	3	3	2	2	1	1	1	1

国外

地区/国别	英国	海峡殖民地	马来半岛	美国	菲律宾	爪哇岛	苏门答腊
人数	1	1	3	20	31	11	1

从表2-4中可以看出职教社第一届年会时,在册社员的分布情况,总人数为836人,其中国内省份主要分布在江苏省,占据了绝对的比例,这与当时江苏省的职业教育发展状况相匹配。其次是直隶省,其他各省只是零星分布一些人,但也可说明职业教育在全国的发展趋势。社员主要分布在江苏,这与江苏省的经济、文化、教育、历史等因素息息相关,职教社的前身即为江苏省教育会的职业教育研究会,也说明了当时江苏省的职业教育走在了前列,是推动中国职业教育发展的策源地。在国外则主要分布于菲律宾和美国,因菲律宾的华商较多,与国内商界联系紧密,为了促进其自身经济的发展,而愿意赞助中国的职业教育。来自美国的社员则多是因为当时很多留美学生,对美国的职业教育有着深刻的体会,故而热衷于在国内提倡职业教育。

---

[1]《上海中华职业教育社志》编纂委员会编《上海中华职业教育社志》,上海古籍出版社,2007,第64页。

职教社在多届年会上集中一段时间征求新社员,公开发布通启或通告及具体征求社员办法。如在1921年6月的职教社第四届社员大会开幕大会上议定了第五年度征求社员的计划,并分立国内外各队,设队长进行征集。职教社广泛征集社员,一是为了集合同志,二是为了筹措经费,最终目标是发展职教社的事业,而职教社年会便是一个很好的契机、平台。

从职教社与会人员群体中,可以发现,不仅有社员,还有政府官员、教育家、实业家、大学教授等。如在1937年职教社的第十七届社员大会上,主要的来宾有国民党中央民训部长陈公博,教育部长王世杰代表顾树森,江苏省政府主席陈果夫代表向绍轩,教育部督学顾兆麟、程其保,上海市社会局长潘公展,上海市警察局长蔡劲军,江苏省教育厅长周佛海,上海市商会主席王晓籁,上海市地方协会会长杜月笙,全国商联会主席林康侯,商品检验局长蔡无忌,上海市通志馆副馆长朱少屏,公共租界工部局华人教育处处长陈鹤琴等,还有蔡元培、钱新之、穆藕初、黄炎培、王云五、刘湛恩、欧元怀、江恒源等人,同时当时的行政院长蒋介石还发来贺电。[1]从这次大会的与会人员中可以看出,职教社当时在社会上有着重要的地位和影响,这些政府官员、实业家、教育家等的参会,提高了职教社的威信,在一定程度上能够促进职教社事业的顺利开展。

五、从依附到独立自建:社所不断发展

社所的建立是中华职业教育社开展相应工作的基础,而且社址的选择也关乎各类事业的发展与影响力的扩大。职教社的社所经历了从依附到独立再到自建,从小到大的发展过程,这一过程是职教社不断发展壮大的表现。职教社是黄炎培等人于上海成立的一个民间团体,成立初期没有自身的社所,而是依靠发起人张謇、黄炎培、沈恩孚等人在江苏省教育会工作的关系,从而假借位于上海西门外的江苏省教育会会址一层作为社所。上海作为当时的通都大邑,有着交通便利、人群集中的地理优势,这些便于职教社扩大声势以及推广各项事

---

[1]《上海中华职业教育社志》编纂委员会编《上海中华职业教育社志》,上海古籍出版社,2007,第100页。

第二章 应时而生,关注国民生计(1917—1925)

业。起初,由于规模小,各项事业处于起步阶段,江苏省教育会的一层楼尚能够满足社的工作需要,如果遇到规模大的会议或者活动,就借用江苏省教育会三楼的会议室。

但是伴随着社的各项事业不断扩展,社所从最开始的江苏省教育会的第一层,逐步增加到第二层、第三层,到最后江苏省教育会的房舍也不足以社办公所需,因此,社遂决定单独设社所。从江苏省教育会搬出之后,职教社于1926年租借法租界辣斐德路的两幢小楼作为社所。虽然社所独立了,但是并不稳定,因为独立的社所并非职教社的固定资产,而是租借于他人,且当时政局不稳,时常会遭到骚扰而暂时中断工作。后又随着中华职业教育社办事部的事业越来越兴盛,人员日增,之前的办公场所已经满足不了当时的工作需要,而且还影响了办公效率,因而社内同人都望谋划一处新的社所,以便办事,同时也节约开支。1928年3月经过社董事会详密讨论,决定组织委员会负责筹划。委员会由钱新之担任主席,沈恩孚、王志莘、许秋驷、朱吟江、张效良、周静涵为首批委员,之后两次增选了一些委员。委员会对地址的选取、经费的筹措、设备的购买等进行了仔细的讨论,定于1929年8月开工,工期为6个月,由于施工期间出现问题,最终于1930年7月完成工程,并于7月20日举行新社所落成典礼,同时还举行第十一届社员大会。新社所建成之后,社所房舍的简要格局为:底层设问讯处、新农具推行所陈列室、邹韬奋主编的《生活》周刊发行部和编辑部。一楼为能容纳200余人的比乐堂,为集会所用。二楼为社的办公室、职业指导所、会议室、会客室、业余图书馆、电话间。三四两层为出租部分之房间,五楼为办事部同人宿舍、储藏室、娱乐室等。[①]比乐堂的匾额为马相伯亲自笔书,其解释比乐之名为:"中华职业教育社在使无业者有业,有业者乐业。惟能群,然后能乐。余既参加其发起大会,越十三年,新社所落成,同人因取杂卦语名其堂。"[②]新社所落成,在大门内北墙上嵌有建筑委员会主席钱新之所题纪念碑铜牌,上面写着:"同人念吾国需求职业教育之急,中华职业教育社诸君十二年来服务职业教

[①]《上海中华职业教育社志》编纂委员会编《上海中华职业教育社志》,上海古籍出版社,2007,第146页。

[②]《上海中华职业教育社志》编纂委员会编《上海中华职业教育社志》,上海古籍出版社,2007,第146页。

育之勇而能久,因贷金于社,建此屋,以供社用,屋成,谨志。中华民国十九年七月建筑委员会主席钱新之。"①

新社所的建立是职教社历史上的重要事件,标志着职教社有了稳定的属于自己的办公场所,这段社所的变化发展历程正是职教社自身发展的直接体现。

六、精心设计社徽、社旗与社歌

社徽、社旗与社歌是中华职业教育社的外在标识,是职教社所持理念直观、形象的体现。中华职业教育社在成立之后,根据社章的规定,逐步设计出了自身的社徽、社旗与社歌。经过精心设计,社徽、社旗皆体现出"双手万能、手脑并用,劳工神圣、教育与职业沟通",社徽是由一双长长的手臂和相合的手组成,借用中国古文字"手"字,两字相合表示双手万能,两手又合成近圆形图案。以后取消长长手臂,仅留两只手,相向合抱再外加一个圆图形,仍都象征"手脑并用"。社旗的图案是在白底的布或纸质材料上,饰有红线黑字,将旗面分成四栏,横的三栏分别代表农工商,喻社会百业,竖的一栏为教育,四栏以黑体的"双手"图形结合在一起,实现教育与职业沟通,三种颜色寓意更深:底质的白色象征着洁白的心地,红色代表着农工商百业与教育都以赤诚之心相结合,黑色则表示以文墨鼓吹"双手万能"。②如图2-4和2-5。

图2-4 社徽

社徽和社旗的设计生动形象地展示出中华职业教育社心系广大劳苦大众,鼓吹手脑并用,沟通教育与职业的奋斗目标。

---

①《上海中华职业教育社志》编纂委员会编《上海中华职业教育社志》,上海古籍出版社,2007,第146页。
②《上海中华职业教育社志》编纂委员会编《上海中华职业教育社志》,上海古籍出版社,2007,第55-56页。

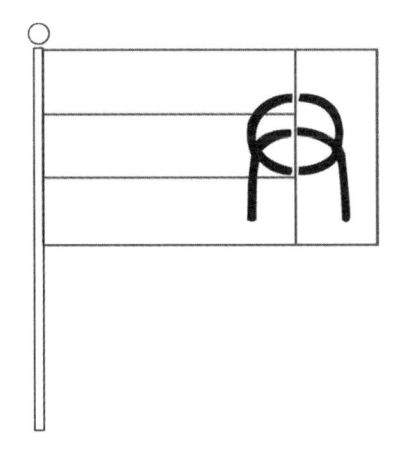

图2-5 社旗

  1933年9月，中华职业教育社确立了社歌，歌词由黄炎培、江恒源撰写，由作曲家黄自谱曲。歌词简明、直接地凸显出中华职业教育社的立社宗旨。歌词强调"先劳而后食"，"人群之天职"，也即是劳工神圣、双手万能的理念，而且还提出"我们重任在肩，同心结社，去研究、试验、实施"的誓言和坚信"国家终将强盛"的信念，这些内容均表现出职教社心系劳苦大众与发展职业教育的良苦用心。尤其是职教社同人提出的"使无业者咸都有业兮，使有业者乐且无疆"的立社目标，也是发展职业教育的终极目标。

中华职业教育社社歌[①]

  惟先劳而后食兮，嗟！吾人群之天职。欲完此天职兮，尚百业之汝择。愧先觉觉后之未能兮，舍吾徒之责而谁责？同心组成吾社兮，将以求吾道之昌也。研究试验以实施兮，期一一见诸行也。苟获救吾民之憔悴兮，卜吾国族之终强也。手旗兮飞扬！吾何往兮？比乐之堂！将使无业者咸有业兮，使有业者乐且无疆。嗟！嗟！吾愿何日偿兮？大假我以岁月之悠长！

[①]《上海中华职业教育社志》编纂委员会编《上海中华职业教育社志》，上海古籍出版社，2007，第58页。

第二节　中华职业教育社的早期活动

早期中华职业教育社抱定"职教救国"的思想，希望"用教育方法，使人人依其个性，获得生活的供给和乐趣，同时尽其对群之义务"[1]，达到"（一）谋个性之发展；（二）为个人谋生之准备；（三）为个人服务社会之准备；（四）为国家及世界增进生产力之准备"[2]，最终达到挽救民族、拯救国家的目的。基于"职教救国"的思想，早期中华职业教育社开展的事业主要聚焦于职业教育领域，从理论与实际两方面入手，从事职业教育试验、摸索职业教育规律、推广职业教育发展模式。

一、宣传、研究与探讨职业教育

1917年10月，中华职业教育社在成立后发表了第一次宣言，在宣言中痛斥了当时中国学校教育与生活相脱离的状况，介绍了欧美等国家职业教育发展的盛况，深入剖析了沟通教育与职业对于个人生计与"富国家""利社会"的重要性。同时针对当时中国教育的状况，提出了职业教育的内容和实施方法，指出"今吾中国至重要至困难问题"，"厥惟教育"，而"中国现时之教育"，"不惟不能解决生计问题，且将重予关于解决生计问题之莫大障碍"，为此，"假立救济之主旨三端：曰推广职业教育。曰改良职业教育。曰改良普通教育为适于职业之准备"。[3]在第一次宣言发表之后，黄炎培又进一步对宣言的内容进行了补充，发表了《本社宣言之余义》，在文中，其指出："其一，职业教育者盛行于欧洲，渐推于美国，而施及东方。万非本社所敢创，更万非本社所得私。其二，本社之倡职业教育，非专事推荡世界潮流以徇时尚，诚恫夫今之国家与社会，不忍不揭橥斯义，为万一之补救。本于自谋，非发于外铄。"[4]黄炎培意在指出，职业教育并非

---
[1]《中华职业教育社宣言》，《教育与职业》，1934年第154期，第193页。
[2]《中华职业教育社宣言》，《教育与职业》，1934年第154期，第193页。
[3]《中华职业教育社宣言书》，《东方杂志》，1917年第14卷第7期，第164页。
[4] 黄炎培：《本社宣言书之余义》，《教育与职业》，1917年第1期，宣言书第8页。

我国所自创,而是发源自西方,我们只是移植这样一种教育形式,旨在自谋生计与出路。从上可知,中华职业教育社的同人们对于国内旧有教育的痼疾有着切肤之痛,对于当时社会的危机有着深切忧虑。在进行教育改革的过程中,他们不仅放眼世界,积极汲取欧美各国的职业教育经验与优点,还结合了本国的国情。

　　职业观是指对于职业的认识或所持的态度,决定了职业教育的实践。那么,什么是中华职业教育社的职业观？黄炎培认为:"一方为己治生,一方为群服务,人类间凡此确定而由系统的互助行为,皆是也"[1],"职业平等,无高下,无贵贱。苟有益于人群,皆是无上上品"。[2]邹恩润认为:职业的真谛是一方面利己,一方面利人的行为,能多尽一分力替社会多做一件好事,才是职业的真乐。[3]中华职业教育社认为,"职业"的本质是"平等"和"利己、利人",而要多的生活的供给和乐趣,同时尽其对群之义务,都要通过劳动来实现,因此"劳动"也是"职业"的本质属性,也就是"用劳力或劳心,换取生活需求的日常工作"[4]。中华职业教育社倡导职业教育的理论与实践,就是要培养"崇尚平等""热爱劳动""敬业、乐业"的人,培养掌握一两种"为己治生、为群服务、为社会生利"的劳动技能的人,以求解决他们所认为的中国最重要最困难的生计问题。二十世纪初叶,这种理论与行动,被讥笑为"吃饭教育""作孽教育",在"连续性的却是不同方向的无数阵的暴风雨"打击下,"磨练成功了他们坚实的体格"。为了实现理想,他们鞠躬尽瘁,坚韧不拔,"前前后后奋斗了几十年"。而职业教育的目的,在于"为个人谋生之准备","为个人服务社会之准备","为世界及国家增进生产力之准备",在于"使无业者有业,有业者乐业",核心是"生计"和"生利"。[5]

　　中华职业教育社评议员陶行知曾指出:"职业作用之所在,即职业教育主义之所在。职业以生利为作用,故职业教育应以生利为主义……故凡生利之人,皆谓之职业界中人;不能生利之人,皆不得谓之职业界中人。凡养成生利人物

---

[1] 黄炎培:《小学职业陶冶》,《教育与职业》,1925年第64期,第219页。
[2] 黄炎培:《职业教育之礁》,《教育与职业》,1923年第41期,第2页。
[3] 邹恩润:《职业的真乐》,《教育与职业》,1924年第56期,第340—341页。
[4] 黄炎培:《职业教育的基本理论纲要》,载中华职业教育社编《社史资料选辑 第3辑》,文史资料出版社,1982,第199页。
[5] 吴长翼:《中华职业教育社八十年(1917—1997)》,内部资料,未出版,第16页。

之教育,皆得谓之职业教育;凡不能养成生利人物之教育,皆不得谓之职业教育。"[1]黄炎培也曾指出:"各国方大致力于战后教育之研究,质言之,则所谓战后教育者,生产教育而已……夫欲解决'地'与'人'与'物'、生产能力之增进问题,舍职业教育尚有他道邪?故吾敢断言,欧战终了以后,正职业教育大发展之时期也……吾国之战后教育,更舍职业教育无所为计。"[2]基于上述目的,社办各项事业,传播新知识,推广新技术,都是为了提升实际的、有效的生产能力,发挥职业教育增进生产能力的功能。伴随着各项事业的有效展开,中华职业教育社也不断进行总结,反复研讨,经过几次修改,最终于1949年12月发表了《今后职业教育设施纲领》,对职业教育的原则与制度、实施范围与步骤提出了比较系统的设想。该纲领提出:明确各级职业学校的培养目标,打破普通教育与职业教育的严格界限,扩大职业教育设施的种类与范围,在普通中小学实施职业知能的基本训练,促进普通教育职业化,职业教育普通化。当时对于职业教育的研究,初期主要是批判旧教育,论证实施职业教育的必要性与可能性,以及方式和方法,到了三十年代末期,开始从不同角度不同方面进行全方位的研究,发表了一系列关于职业教育理论的文章,系统总结了职业教育的方法论问题,试图建立适合中国国情的职业教育理论体系。

中华职业教育社主要是通过创办刊物、编译和出版图书、设立专门研究股以及实地调查来进行理论创造的。

(一)创办《教育与职业》刊物

1917年5月,中华职业教育社建立之初,为向社员通报社务,编印《社务丛刊》,共出版4期。同年10月,中华职业教育社创办了《教育与职业》,作为该社的机关刊物,替代了之前的《社务丛刊》。替代的原因,秦翰才曾回忆道:"中华职业教育社于民国六年夏五月成立,因为议事和办事两部还没有组织,先辑行一种临时社务丛刊。到得那年秋天,议事部和办事部先后成立,便根据社章,筹议辑印一种月刊,其时蒋梦麟博士为社中总书记,实主持这件事,于是在九月十六日第一次办事员会议,便通过一切办法,并且定名叫做教育与职业,临时社务

---

[1] 陶知行:《生利主义之职业教育》,《教育与职业》,1918年第3期,该文第4页。
[2] 黄炎培:《职业教育谈(六)》,《教育与职业》,1918年第6期,未标注页码。

第二章 应时而生，关注国民生计（1917—1925）

丛刊也就出到第四期而停止。"[①]起初，《教育与职业》刊期为月刊，每月12期，如此至1922年12月应该出版60期，但是实际上创办初期因为存在编辑、印刷等方面的原因，仅出了40期。1923年，刊期改为每年出版10期，先是决定每年1月和7月停刊，后来又改为每年6月和12月停刊，1935年又决定每年7月和8月停刊，且每年10期都正常出版，《教育与职业》的出版进入常规状态。需要说明的是，在1931年之前，《教育与职业》并未在政府部门登记，直到1931年才由内政部核准登记，从而具有了合法的地位。《教育与职业》作为中华职业教育社的机关刊物，自是与职教社同在一地，当时职教社在上海立社并开展相关工作，因而从创刊至第188期均在上海由职教社派人负责编辑出版。不过，由于全面抗日战争的爆发，中华职业教育社同人都加入到了全面抗日战争中，遂决定从第187期起两期合刊出版，随后上海沦陷，中华职业教育社决定内迁，上海改为办事处，《教育与职业》也随同一起内迁。1946年1月，中华职业教育社在上海复员，同年12月《教育与职业》在上海复刊，复刊期号为第201期。1949年12月中华职业教育社迁往北京，《教育与职业》出版第208期后宣告停刊。《教育与职业》作为职教社的机关刊物，由社组织编辑出版，当时担任编辑的基本都是社员，如蒋梦麟、秦翰才、邹韬奋、何清儒、廖茂如、黄炎培、潘仰尧、郑文汉、孙运仁等人，这些人均为对职业教育有深入研究或体会的学者，从而保证了刊物的质量。作为中华职业教育社的机关刊物，《教育与职业》不仅刊发一些中华职业教育社对时事、政治、社会问题方面的观点，还刊发一些中华职业教育社在职业教育理论和实践工作上的成果。比如从第13期开始，就针对职业教育中的一些专门的主要问题，设置专号进行介绍和讨论。自1917年《教育与职业》创刊至1949年，总共刊出近50次专号[②]，约占整个期数的22%，具体如表2-5所示。

[①] 秦翰才：《一刹那间一百期了》，《教育与职业》，1929年第100期，第815-816页。
[②] 第18、19、21、22期虽然封面没有标注"专号""特号"的字样，但内容为对某一问题的集中讨论，秦翰才将其归为专号；第116期比乐专号的名称，是因为1930年7月职教社迁入新的社所，举行典礼，并且同时举行了第十一届年会与全国职校联合会第八次年会，这些会议都在社所"比乐堂"举行，是比乐堂第一次举行会议，故称此次大会的专刊为"比乐"专刊。具体说明详见《教育与职业》1930年第116期。

表2-5 《教育与职业》专号一览表[①]

期号	专号名称	期号	专号名称
13	补习教育号	105	机械课程专号
15	职业指导号	107	全国职校杭州年会专号
16	职业学生自治号	108	农村经济专号
17	职业心理号	110	西湖博览会与职业教育专号
18	小学工艺课程号	112	职业指导专号
19	小学美术课程号	114	女子职业教育专号
20	中华职业学校概况	116	比乐专号(十一届社员大会)
21	工读号	119	职业心理专号
22	职业学校计划号	120	中学革命专号
25	农业教育号	125	中学革命续号
26	工艺教育号	126	职业化的日本教育专号
27	商业教育号	127	设计专号
29	职业训练号	139	第十二届社员大会、第十届全国职业教育讨论会专刊
30	女子职业教育号	147	第十三届社员大会、第十一届全国职业教育讨论会专刊
31	职业科设计教学号	150	大学人事工作(大学生指导)专号
32	家事教育号	156	本社附属机关事业概况专号
33	新学制职业教育号	159	第十四届社员大会、第十二届全国职业教育讨论会专号
34	全国职业学校出品展览会状况	167	第十五届社员大会、第十三届全国职业教育讨论会专号
38	农村教育号	171	家事教育专号
39	菲律宾职业教育状况	174	职业补习教育专号
96	第十届年会专号	178	第十六届社员大会、第十四届全国职业教育讨论会专号
100	百期纪念专号	186	第十七届社员大会、第十五届全国职业教育讨论会、中华职业教育社20周年纪念专号
103	农村教育专号		

---

① 整理来自《上海中华职业教育社志》编纂委员会编《上海中华职业教育社志》,上海古籍出版社,2007,第247-248页。

关于这些专号内容的划分,有研究者在性质上划分为五类,分别是:研究问题类专号、报告类专号、经验交流类专号、纪念类专号、其他有关职业教育的专号。[1]具体而言,这五类的情况是,第一类为研究问题类专号,主要是对职业教育某一问题做深入的研究,涉及职业教育的诸多方面,如职业补习教育、职业指导、女子职业教育、农业教育、中学革命、工艺教育、商业教育等。第二类为报告类专号,主要是关于各种会议及考察的报告的专号,如会议报告、考察报告。第三类为经验交流类专号,主要是关于职业教育实践过程中的经验的专号,如职教社附属中华职业学校等机关的办学经验、如何办职业教育的经验、各地各校实施职业教育的经验。第四类为纪念类专号,主要为对以往发展历程的回顾与总结,比如百期纪念专号。最后一类为其他有关职业教育的专号,比如1922年新学制颁布前的新学制职业教育号,征求社会各界对」新学制草案中关于职业教育的意见,很好地促进了职业教育的发展。

《教育与职业》作为中华职业教育社的机关刊物,其作者群体主要是一批具有丰富学识、教育经验或从国外留学回国且有志于发展中国职业教育的有识之士。这些作者中间有不少受到过"欧风美雨"的洗礼,回国后,通过《教育与职业》一方面介绍国外有关职业教育的著作、信息和先进经验,一方面广泛调查国内的教育、经济和民情,开展职业教育实践,同时进行职业教育理论的探讨。

(二)实地调查

开展实地调查是进行职业教育研究的基础,而宣传职业教育的前提则是进行职业教育研究,只有在切实研究的基础上进行宣传,才是提倡职业教育的正确路径。中华职业教育社一直十分重视实际调查工作,社章规定,开展业务工作的第一条就是调查,实际调查是该社的一项主要的工作任务,也是主要的工作方法,每开展一项事业,都先做实际调查,然后才做设计和实施。实地调查的内容涉及职业教育的各个方面,不仅有对国内的职业现状的调查,还出国考察国外的职业教育,吸取国外发展职业教育的有益经验。具体的调查内容有职业调查、农村调查、职业学校调查、国外职业教育调查等。

---

[1] 李霞:《民国时期知识界的职业教育观——以〈教育与职业〉杂志为中心》,湖南师范大学博士学位论文,2009年。

国内调查主要是职业状况、职业学校、农村状况等方面的调查,具体的主要内容为:职业调查,又称商品调查,是指对上海及邻近省份的重要行业的历史、现状、生产技术、产品种类、质量、数量、价格、经营过程、出口情况、用工情况等进行调查,调查的结果刊发为"职业小丛书",以及发表在《教育与职业》杂志上。农村调查,包括农村经济调查和农村教育调查。1920年中华职业教育社成立农业教育研究会,对农村进行了大量的调查。职业学校调查,目的是掌握全国职业教育的动态,推进职业教育的发展。内容为对全国职业学校的数量、规模、办学经验、困难等方面进行全面调查,尤其是1921年中华职业教育社发起成立的全国职业学校联合会,每年召开年会汇集全国职业学校的动态。[①]

国外职业教育调查,主要考察欧美、日本、朝鲜等,学习其有益的经验,发展中国的职业教育。1917年赴南洋调查华侨教育,1918年赴东北和朝鲜调查职业教育,1929年先后派杨卫玉、刘湛恩分赴日本和欧美调查职业教育,杨卫玉从日本回来后,为各处学校和社团做报告,刘湛恩代表中华职业教育社出席了日内瓦第四届世界教育大会,报告了我国的职业教育和中华职业教育社的工作。当时就有美国职业教育社、英国伦敦职业大学、瑞士国际教育研究社、国际联盟劳工局要求与中华职业教育社建立业务联系。1931年黄炎培、江恒源、潘仰尧一行到日本参观访问了当地的职业学校、补习学校、职业指导部门、农村教育和教育行政部门,回国后以考察日本职业教育专号刊发在《教育与职业》第126期。这次专号详细报道了日本对职业教育的重视,并将日本和我国的职业教育状况列表进行比照。除了以上这几种常规的调查外,中华职业教育社还组织社员对当时社会上对录用职校毕业生的条件、学生自身情况以及当时的南洋华侨教育做了调查。这些调查对中华职业教育社了解当时国内外的职业教育发展状况以及在国内富有成效地开展职业教育试验有着重要的指导作用。

(三)集会

集会是中华职业教育社开展的主要活动之一,作为一个公共平台,供大家交流讨论,积极为社的发展建言献策。中华职业教育社的集会主要分为社办会

[①]《上海中华职业教育社志》编纂委员会编《上海中华职业教育社志》,上海古籍出版社,2007,第188页。

议和社参与的其他会议,比如年会(又称社员大会)、全国职业学校联合会(后改为全国职业教育讨论会)、职业学校出品展览会,还有专家会议。

1.社员大会或年会

1917年中华职业教育社在上海创立之后,次年5月即召开了第一届年会,至1937年先后举行年会或社员大会17次。最初,年会均是在上海举行,到第六届年会时,大会议决:今后轮流赴各省举行,不以社所所在地为限。从此,每次会议结束前都议定2到3个地方,备下届大会最后择定一处。第九届年会时,又决定年会改为每两年召开一次。第十一届年会又议决:原来年会均在5月举行,嗣后可于7月或8月份举行为宜,又改称年会为社员大会。到1932年第十二届社员大会时又决定社员大会恢复每年举行一次。1922年中华职业教育社举行第五届年会,同时在上海联合召开全国职业学校第一次年会,该联合会于1921年8月由中华职业教育社在上海发起成立。1937年5月6日,在中华职业教育社立社20周年纪念日之际,第十七届社员大会与全国职业教育讨论会同时在上海举行。

中华职业教育社每次年会(社员大会),均会报告上届年会以后的主要社务工作,讨论全社共同关心的问题,汇集对职业教育改革和社会进步的有益建议,商定来年的任务。关于历届年会的情况,如表2-6所示。

表2-6 中华职业教育社历届(1918—1937年)年会(社员大会)情况表[1]

时间	届次	地点	出席人数	会议主席(主席团)	主要议题和结论
1918年5月	第一届	上海		朱葆三	沈恩孚报告大会宗旨;黄炎培报告职教社第一年度办事状况,名人进行演讲
1919年5月	第二届	上海		沈恩孚	议决项:设职业指导部;职业学校进行计划分两层,添建教室、宿舍,添办职业教师养成科
1920年5月	第三届	上海	1300余人	王正廷	议决事件:中华职校添设商科;中华职教社设立教育博物院,设立职业指导委员会,设立农业教育研究会,并推员去各地调查农业状况

---

[1] 依据《上海中华职业教育社志》与《教育与职业》杂志等整理而来。

续表

时间	届次	地点	出席人数	会议主席（主席团）	主要议题和结论
1921年6月	第四届	上海	逾千人	聂云台	新设职业指导委员会,公推陆规亮为主任,调查上海各小学毕业生的出路及预备职业等情况;联合热心农业专家创设农业教育研究会;赞成刘铁卿建议组织职业学校联合会
1922年5月	第五届	上海		郭秉文	议决事件:第六年度进行方针,继续调查全国职业学校毕业生出路,增刊《教育与职业》单行本,英文报告,推广全国特约通讯,举行征求社员活动,合办南洋商业补习学校,开办职工教育馆等;军队职业教育为裁兵善后方法案
1923年5月	第六届	上海		郭秉文	议决事件:修改社章案,逐条宣付表决;分析过去六年间,职业教育在数量和质量上的情况,明确今后职业教育的着力点,拟定详细的继续推广和发展职教社事业的计划;联合各省区公团,对于日本退还赔款用途发表意见案与试办沿海自治农垦案,均交中华职教社议事员会核议办理;职业学校酌派专家赴欧美考察职业学校案,议决除委托在外社员乘便调查外,待机酌量办理;今后职教社年会应轮赴各省举行,不再以社所所在地为限
1924年5月	第七届	武昌	千余人	陈淑澄	重要议案:中华职业教育社八年度进行计划;征求社员计划;设立本社基金农场;西北各省区职业教育推行计划;淮河治理与职业有关,建议当局乘机提倡职业教育实行兵工政策;下届年会拟于奉天举行;从该届年会起,大会增加举行分组会议对相关专题进行深入讨论,分六个组,职业教育行政组、职业指导与陶冶组、农事教育组、商业职业教育组、女子职业教育组和职业补习教育组

续表

时间	届次	地点	出席人数	会议主席（主席团）	主要议题和结论
1925年5月	第八届	南京	250余人	黄以霖	议案：第九年度进行计划案，促进职业指导，推广女子职业教育，提倡小工艺，办理职业教育演讲；女子训育标准案；旧制艺徒学校改名职业学校案；职业学校应实行互换生徒肄业案；储备本社特别基金案；下届年会定于杭州召开
1926年5月	第九届	杭州	200余人	黄以霖	主题：听取各方意见，对章程进行修改；分平民职业教育组、职业指导组、农村教育组进行分组讨论；改年会为每两年举行一次，下届年会于厦门举行
1928年5月	第十届	苏州	300余人	孔祥熙、薛子良、钱新之、张仲仁等	主要议案：增加特约社员案，议决修正通过；今后两年间事业计划案；化兵为工政策应有贡献案；提倡拒毒运动案；利用社员实力，充分发展社务案，交中华职业社办事部；议定下届年会于江西或福建
1930年7月	第十一届	上海	500余人	马相伯、蔡元培、纽惕生、钱新之、王尧丞	主要议案：修改社章，讨论问题，分一般职业教育、农村教育、工商教育、职业指导等四个专题进行讨论；今后年会改称社员大会，会期改至7—8月份为宜；下届会议拟定于沈阳或福州
1932年8月	第十二届	福州	500余人	程时奎、陈培琨、詹调元、许显时、江恒源、林文庆	议决案：中华职业教育社社员大会复为每年举行，下届会议地点暂定沈阳、广州、开封三处择一；以大会名义赠美亚织绸厂匾额一方，登报鸣谢各方招待；以大会名义电贺商务印书馆复业；各会员应将各地农村现状汇集报告中华职教社；各会员明年开会时，应将各地实施议案过程中的困难情形及心得汇告中华职教社

续表

时间	届次	地点	出席人数	会议主席（主席团）	主要议题和结论
1933年7月	第十三届	开封	150余人	江恒源	主题：分行政组、职业学校组、职业指导组、农村改进组、社务组等，临时提案为本社愿依照河南省当局之指定，与河南省当局合作试办职业学校、职业补习学校、农村改进或职业指导等工作，一致通过
1934年7月	第十四届	南昌	200余人	黄炎培、杨永泰、熊式辉、丁超伍、程时奎、江恒源、龚伯循、陈布雷、顾树森	主题：分四组进行讨论，为职业教育组，24件提案；职业课程组，14件提案；职业补习教育组，14件提案；农村改进组，27件提案议决案：会后工作中心，重点在推行社会性职业补习教育，推进农村改进方面的青年训练；以后各界大会应先决定地点，再行确定会期；下届大会地点以青岛、梧州、西安三地任择一处
1935年7月	第十五届	青岛	206人	黄炎培、江恒源、欧元怀、王正廷、褚民谊、沈成章、顾树森、雷法章、沈恩孚、刘湛恩	主要议题：今后职业学校究应如何办理方为适当；职业补习教育目前是否需要，及应如何实施推广；职业指导事业是否需要，以及应如何实施推广；农村教育如何实施，农村改进应否推广，实际筹备有无轨道可循；女子家事教育目前是否需要，及应如何提倡实施；施行职业教育不能不顾及公民陶冶及民族复兴的准备；请青岛市政府设立职业指导所，以为此次大会纪念案；下届年会于西安、南宁、四川三处择一召开
1936年2月	第十六届	成都	156人	蒋志澄、卢作孚、胡春藻、庄泽宣、江恒源	主题：分甲、乙两组讨论议案，甲组议案包括学校教育、民族复兴教育；乙组议案包括补习教育、职业指导、农村改进和其他。议决案：明年适为职教社成立二十周年纪念之期，大会地点定在上海，以便各地社员踊跃参加；本届大会于成都举行，承各界热情接待，备函致谢

续表

时间	届次	地点	出席人数	会议主席（主席团）	主要议题和结论
1937年5月	第十七届	上海	千余人	蔡元培、钱新之、潘公展、顾树森、穆藕初、黄炎培、王云五、刘湛恩、欧元怀、江恒源	提案：分三组进行提案，第一组行政推广组，共有16项；第二组共有13项提案；第三组共有11项提案议决案：对各组议决案修正通过交中华职业教育社办事部参酌办理；关于拟请联合全国职业教育界呈请中央设法于各省适当地方筹办各项大规模基本工业之意见案，请各会员于两周内拟具办法，书面提交本社办事部，整理办理；提议致电中央政府并发表大会宣言，以及答谢各省市党政商教文化机关案，议决电文宣言推江恒源起草，由沈恩孚、庄泽宣、魏明初审查后发表；议决职业教育成绩展览会应各方要求，延期至5月9日下午结束；下届大会地点在长沙、太原、西安三地中任择一处，如环境可能，尽先在沈阳举行

在中华职业教育社历届社员大会中，通过的职业教育议案非常之多。如在1924年5月召开的第七届年会上，就议决通过了《西北各省区职业教育推行计划案》，而且在这届年会上还议决了1925年职教社的计划，分别为：继续为各省区计划职业教育，继续为各省区代办职业教育，编订职业课程标准，实施职业指导，提倡女子职业教育，继续调查职业教育统计，推广出版事业，筹备职业教育出品展览会，附属各机关之规划，等等。这些议案和计划，在一定程度上促进了当时职业教育的发展。前面介绍了从第七届年会开始，决定增加分组会议，实行"全体会议"和"分组会议"相结合的讨论形式，有助于推动各项讨论的深入展开。

图2-6 中华职业教育社第一届年会照片

(图片来源:《教育与职业》1918年第7期)

2.全国职业学校联合会

"全国职业学校联合会",又称"全国职业教育机关联合会",由中华职业教育社组织。1921年8月于上海成立,1929年在杭州举行的第七次年会上,由于有一些乡村改进所和职业指导所的加入,便议决改名为"全国职业教育机关联合会",1930年在上海召开的第八届年会上,又议决改名为"全国职业教育讨论会",目的是扩大范围,收集思广益的效果。[①]"全国职业学校联合会"成立后,从1922年起,除第七届和第九届外,每年都与职教社年会同时进行,具体如表2-7所示。

---

① 1931年8月、1932年7月、1933年7月,第9、10、11届全国职业教育讨论会先后在镇江、福州和开封举行。

表2-7 全国职业学校联合会(全国职业教育讨论会)概况[①]

时间	届次	地点	出席人数	主席(或主席团)	主要内容(议案)
1922年5月	1	上海			
1922年5月	临时	济南	46	顾树森	由各校提请8条议案:1.提议请求审定专款提倡补助全国职业教育案;2.省县应酌量划定职业教育经费案;3.职业学校宜交换生徒以资互助案;4.职业学校教科书应采用语体文案;5.各省设立职业学校联合会分会案;6.通过中华职业学校联合会简章;7.下届职业学校展览会地点案;8.女子职业教育学科设置案。与中华教育促进会职业教育组联合讨论的议案有9条。移交全国农业讨论会议案3件,移交职业学校课程委员会议案5件
1923年5月	2	上海	60	赵师复	提请6条议案:1.认定各种职业教育机关案;2.订定各种职业学校非职业学科之种类及分量案;3.拟订中国职业种类案;4.职业学校学生毕业应采取严格制案;5.军队职业教育为裁兵善后案;6.致英美当局及新闻机关提出捐用一部分赔款振兴职业教育意见书
1924年5月	3	武汉	100余	高践四	分7组进行议定讨论,为:职业教育行政组9件、职业指导与陶冶组2件、农业教育组1件、工业教育组4件、商业教育组4件、女子职业教育组4件、职业补习教育组3件。另外通过两个议案为:1.分函各省区教育行政机关于公立学校内酌设免费学额,以惠贫儿案;2.请求政府准许各职业学校原料及出品一律免费案
1925年5月	4	南京	100余	廖茂如	通过了7条议案:1.灾后各地设施职业补习教育案;2.各县至少应设立职业学校1所案;3.旧制艺徒学校名称改为职业学校名称案;4.审定女子训育标准案;5.职业学校收受新生,当就学历标准,不必绳以普通小学转学之限制,俾宏造就而利进行案;6.职业教员之检定,对于专科教师应予变通任用,俾收实效案;7.各地中等职业学校应附设简易工艺科,造就平民子弟案

[①] 依据《上海中华职业教育社志》与《教育与职业》杂志等整理而来。

续表

时间	届次	地点	出席人数	主席（或主席团）	主要内容（议案）
1926年5月	5	杭州	48		会后出版专著
1928年5月	6	苏州	50余	蔡正维	杨卫玉报告上届议案情形三条:1.请政府指定专款办理职业教育;2.编订职业学校课程;3.以英国退还庚子赔款之一部分办理职业教育。并且提请14条议案进行讨论
1929年8月	7	杭州	87	章鲁泉	分为教育行政组、职教经费组、职教教师组、职教课程组、女子职业教育组、职工补习教育组、职业指导组等7组,提请20条议案进行分组讨论
1930年7月	8	上海	200余	王尧承、刘湛恩	分为一般职业教育组、农业教育及农村教育组、工商教育组、职业指导组等四组,提请29条议案进行分组讨论
1931年7月	9	镇江	131	蔡元培	本次会议改称"全国职业教育讨论会"第九届年会,共计75条议案进行讨论
1932年8月	10	福州	89	蔡元培、江恒源等11人	分农村改进组、如何督促普及并奖励职教组、师资训练组、青年指导及职业指导组、其他一般组等五组,提请52条议案进行分组讨论
1933年7月	11	开封	200余	江恒源	分设职业学校组、行政组、职业指导组、农村改进组、社务组共五组,提请94条议案进行分组讨论
1934年7月	12	南昌	413	黄炎培、杨永泰、熊式辉、丁超伍、程时奎、江恒源、龚伯循	分特别委员会、职业教育行政组、农村改进组、职业补习教育组、职业课程组等共六组,提请77条议案进行分组讨论。同时还有特别委员会审议由中华职业教育社所提议案及其他重要事项4条,议定两项中心问题:社会性之职业补习教育、农村改进方面的青年训练问题,推员起草复蒋委员长电文,认定重心各方联络合作分工整个动员之职业教育实施案。审议其他组交来之特殊议案两件:请中华职业教育社在武汉筹设分社并附设职业指导所以期推广案、建立吾国职业教育的社会基础案

续表

时间	届次	地点	出席人数	主席（或主席团）	主要内容（议案）
1935年8月	13	青岛	206	黄炎培、江恒源、欧元怀、王儒堂、褚民谊、沈成章、顾树森、雷法章、沈恩孚、刘湛恩	分行政组，职业学校与课程组，补习教育，职业指导组，农村改进组，家事教育组共五组，提请43条议案进行分组讨论
1936年8月	14	成都	156	卢作孚、胡春藻、庄泽宣、江恒源、蒋养春	分为甲组（职业学校教育、行政、民族复兴与教育）、乙组（职业补习教育、农村改进、职业指导、其他）两个组，提请46条议案进行分组讨论
1937年5月	15	上海	503	蔡元培、钱新之、潘公展、顾树森、穆藕初、黄炎培、王云五、刘湛恩、欧元怀	分职业教育行政组，职业教育，职业学校教育组，职业补习教育、职业指导及其他组三组，提请37条议案进行分组讨论

3.职业学校出品展览会

职业学校出品展览会作为中华职业教育社提倡、发展职业教育的重要方式之一，通过展示职业学校的教学成果，引起社会各界的关注，并给予相应的意见，从而帮助改进职业学校存在的问题，同时，在展览会上也可以为职业学校生产的产品打开市场，以此获得一些发展经费。职业学校出品展览会常与职教社的年会同时进行，通过在职教社历届年会上展览职业学校的教学成果，展示当时职业教育的成效，增强了社会对于发展职业教育的支持力度和信心，促进职业教育的发展。1930年之前，职教社共举办过十次职业学校出品展览会，如表2-8所示。

表2-8　1930年前中华职业教育社职业学校出品展览会简况表[①]

届次	时间	地点	简要概括
第一次	1918年5月	上海	职业学校成绩品陈列会,与年会同时举行,27校与会
第二次	1919年5月	上海	中华职业学校制作品展览会,与年会同时举行
第三次	1920年5月	上海	职业教育图表展览会,玩具展览会,与年会同时举行
第四次	1921年5月	上海	中华职业学校成绩展览会,与年会同时举行
第五次	1922年2月	上海	第一届全国(东部)职业学校出品展览会,参加陈列者,八省五十校,展品共三千零三十九件
第六次	1923年5月	北京	第二届全国(北部)职业学校出品展览会,参加陈列者九省,五十八个机关,展品二千六百零二件
第七次	1924年5月	武汉	第三届全国(西部)职业教育出品展览会,与年会同时举行,参加陈列者十一省区,一百五十八个机关,展品六千五百二十五件
第八次	1925年5月	南京	中华职业学校及江苏省成绩展览会,与年会同时举行
第九次	1926年5月	杭州	江浙两省职业教育出品展览会,与年会同时举行
第十次	1928年5月	苏州	苏州职业学校成绩展览会,与社员大会同时举行

职教社在举办第一届年会时,便举行了"职业学校成绩品陈列会",在其简章中开宗明义地阐述了"陈列会"的目的是"征集各处职业学校成绩品陈列会场,延请教育或实业专家研究批评,如系商品并代销售。期渐收职业教育之实效,而引起社会对于职业教育之兴味"。[②]在这次成绩品展览中,共有27所学校参展,展品的种类为农产、水产、金工、木工、竹工、染织、刺绣、花边及其他手工作品共计数千件。展品中凡是标明了价格的,都是可以被参观者购买的。除以上展品外,还展出社员的意见书以及各种自制图表。图表主要有各国学制系统图,职业教育表解,各国施行职业教育表解,中华职业教育社调查上海近10年中重要物价、工价之变迁表,上海西南区小学校学生的父兄职业的各种统计,中华职业教育社宣传讲演用图表以及中华职校建筑图样等,表明当时对于职业教育的相关研究做了较为丰富的调查。在之后的几年之中,职业学校制作品展览会相继举办了几次,展品涉及职业教育的方方面面。

[①] 依据江恒源著《十六年来之中华职业教育社》一文转换而来,该文1933年发表于《教育与职业》第146期。

[②] 《上海中华职业教育社志》编纂委员会编《上海中华职业教育社志》,上海古籍出版社,2007,第260页。

如果说之前的职业学校成绩品陈列会还处于无序的工作状态,那么1921年8月由中华职业教育社发起的全国职业学校联合会成立会上,议决举办职业学校出品展览会则使职业学校展览会的工作进入了常规状态。职业学校出品展览会设筹备委员会,推举黄炎培、陆规亮等11人为委员,委员会议定职业学校出品展览会在全国分为四大区域举行:(一)东部江苏、浙江、安徽、江西,以上海为集中地;(二)北部直隶、山东、山西、奉天、吉林、黑龙江,以天津为集中地;(三)西部湖北、湖南、贵州、四川、河南、陕西、甘肃、新疆,以汉口为集中地;(四)南部广东、广西、福建、云南,以广州为集中地。[①]并且视时势的需要举行全国职业学校出品展览会,先于东部举行,但他省已加入联合会的职业学校有愿意送出品者亦得陈列。而且还通过了职业学校出品展览会总则,具体从旨趣、区域、学校种类、出品种类、地点、时间及结果七个方面进行了规定。展览会的目的有两方面,一是表示学校艺术上之进程,以唤起社会之注意,二是陈列学生制作品以引起教育家之研究及改良。[②]简言之,即通过展览会吸引社会对职业学校的注意和促进学生职业技能的提升。

同时,对展览会征集的出品进行了相关的规定,如出品的标准要求如下五个方面:学生自作者(如一部分由工师助作者应说明)、有改良或创造价值者、有大宗销路者、过大之件不便运动者得摄影陈列、陈列之品同种类者至多以二件为限(其有特别装置者不在此例),并且要求参展的产品必须按照规定的样式自备卡片填明。[③]对出品以及展览会的相关规定,使得展览会得以成功地进行,在议决举办职业展览会之后到1928年,相继举办了十次,再加上以前举办的三次成绩品陈列会,共计有十三次。这里需要说明的是,职教社在历年年会时都会举办展览会,但是正规的有记录的为十三次。

1918年在上海举办的第一次展览会,27校与会,展出职业学校成绩品。随后三年里分别于每年举办职业学校制作品展览会、职业教育图表展览会和玩具

[①] 中华职业学校:《中华职业教育社职业学校联合会第一届职业学校出品展览会》,《安徽教育月刊》,1921年第46期,专件第1页。

[②] 中华职业学校:《中华职业教育社职业学校联合会第一届职业学校出品展览会》,《安徽教育月刊》,1921年第46期,专件第3页。

[③] 中华职业学校:《中华职业教育社职业学校联合会第一届职业学校出品展览会》,《安徽教育月刊》,1921年第46期,专件第5页。

展览会、中华职业学校成绩展览会三次展览会。尤其是在1921年全国职业学校联合会成立之后，展览会的规模扩大为全国范围内。如1922年举办的第五次展览会，也称为第一届全国（东部）职业学校出品展览会，参加陈列者，八省五十校，三千零三十九件展品。特别是1924年5月"在武汉举办展览会，参展单位来自全国十一个省区的一百五十八个职业教育机关，展品万件以上，展期五日，参观人数达十一万五千余"①。第八次于1925年5月在南京举行，主要展出中华职业学校及江苏省职业教育成绩。此外中华职业学校的产品还曾运往南洋，向曾为职教社捐款的海外华侨汇报展出。1925年以后展览会改为两年一次，皆轮流在全国各大城市举行，目的在于推动各地职业教育的发展，但是规模和声势远不如前。

虽然职业教育展览会在1925年之后，规模逐渐缩小，但是从其1918年随职教社年会开展的过程中，大家看到了职教社具体实践的成效，加深了对职业教育的认识，对职业教育表示认可，这些都推动了当时职业教育的发展，对职业教育年会是一个有益的补充。

4. 专家会议

专家会议是中华职业教育社邀请社会上的职业教育专家、教育专家与中华职业教育社的办事部负责人共同讨论职业教育的理论和实践问题以及社内重大社务工作的高层次研讨会。②在1926年召开首届苏州专家会议时，时任社办事部副主任的杨卫玉谈及此举的目的时说："中华职业教育社以振兴职业教育为职志，对于此事之研究、提倡不遗余力。近因刘湛恩君游历吾国南北各处，深觉职业教育有根本改革之必要，本社特邀请各专家聚会于苏州，专心讨论，求得相当之效果。"③专家会议的开展是在"大职业教育主义"被提出后，特别是在1926年的苏州首届会议上，"大职业教育主义"成为重要议题，当时与会人员一致认同"大职业教育主义"，并建议在具体实施上"惟虽从大处着想，应从小处着

---

① 《黄炎培职业教育思想研讨会专刊》，中国民主建国会中央委员会、中华职业教育社，1987，第73页。
② 《上海中华职业教育社志》编纂委员会编《上海中华职业教育社志》，上海古籍出版社，2007，第191页。
③ 知拙：《中华职教社在苏会议记（一）》，《申报》，1926年2月24日。

手"①,在一定意义上,专家会议推广了"大职业教育主义"。

专家会议从1926年2月起原则上每年春节期间召开一次,除了1928年和1932年因故没有召开,到1937年共召开了10次。专家会议由出席人员推举主席团或主席主持会议,先由中华职业教育社办事部负责人报告一年来的社务情况,并提出要求讨论的问题,也有专家临时动议提出要求讨论的问题,会议作出决议,供中华职业教育社参照执行,如有重大问题需要通告社会各界时,则发表会议宣言。②通过10次专家会议,可知历次专家会议广泛涉及近代中国职业教育发展的重要理论与实践问题的探讨,并且提出了针对性的实施意见,10次专家会议的具体情况如表2-9所示。

表2-9 全面抗战前中华职业教育社历次专家会议一览表③

届次	时间	地点	出席人数	会议主席（主席团）	主要议题和结论
第一次	1926年2月	苏州	16人	杨卫玉、刘湛恩	确认大职业教育主义是正确的,提出实施大职业教育主义的指导原则;提出职业教育的一般理论要点:职业教育的出发点、对象、目的、方法和注意之点;对中华职教社今后3年的工作提出建议
第二次	1927年1月	嘉定	23人	刘湛恩	讨论1927年度的工作计划,包括:职业指导、学术研究、职业推广、出版事业、补习教育、筹备立社十周年纪念等
第三次	1929年2月	无锡	29人	陶行知、顾述之、刘湛恩、顾树森、王志莘、朱经农、章捧月	讨论职业指导、农村教育、工商教育、其他职业教育(慈善职业教育、军队职业教育、北平贫民生计教育等)问题,通过相应决议

---

① 知拙:《中华职教社在苏会议记(一)》,《申报》,1926年2月24日。
② 《上海中华职业教育社志》编纂委员会编《上海中华职业教育社志》,上海古籍出版社,2007,第191页。
③ 依据《上海中华职业教育社志》与《教育与职业》杂志整理而来。

续表

届次	时间	地点	出席人数	会议主席（主席团）	主要议题和结论
第四次	1930年2月	嘉定	35人	刘湛恩、廖茂如、顾树森	(1)职业教育上精神训练之标准和方法，标准有6项：责任心、工作效能、互助、廉洁、乐业兴趣、创造精神，训练方法另议。(2)关于职业指导问题，议定"青年自助办法"。(3)关于补习教育问题。(4)提倡拓殖事业，注重农业教育，提倡小工业，扩充职业学校，提倡女子职业教育
第五次	1931年2月	苏州	27人	蔡元培、胡春藻、刘湛恩	讨论工商教育、农业教育、职业指导、职业补习教育、职业教育推广、研究救济教育等6个方面的问题，议决通过27项议案，其中：职业学校办学问题8项、职业补习教育2项、农村教育和农村经济8项、其他9项
第六次	1933年2月	上海	28人	蔡元培、刘湛恩	讨论职业教育、职业补习教育、职业指导、农村改进、培养农业实用人才及社的工作等6个方面的问题。蔡元培提出团结、生产、自卫的新教育方针
第七次	1934年2月	上海	40余人	顾树森、廖茂如、俞庆棠	讨论了"本社如何设法训练职业指导人才案""救济失业青年切实办法案"等10个议案，并形成议决。黄炎培临时动议成立民族复兴教育设计委员会，获通过
第八次	1935年2月	上海	43人	蔡元培、刘湛恩、欧元怀、俞庆棠	讨论并通过由民族复兴教育设计委员会拟订的复兴民族目标下之青年训练具体方案，组织中华职业教育社推广青年职业训练设计委员会，确定社内各部组织及附属机关的相应职责及实施取向
第九次	1936年2月	上海	27人	刘湛恩、欧元怀、顾树森、庄泽宣、王迥波	讨论"民族复兴教育"问题，通过"民族复兴教育实施案"，议决将该方案中的实施内容具体化为"体格训练""精神训练""技能训练""社会活动"四项，并通过临时动议的"中华职业教育社发起提倡国民救国金储备案"
第十次	1937年2月	上海	40余人	程时奎、魏明初、俞庆棠、刘湛恩、陶百川	讨论并通过决议：中华职业教育社今后以补习教育为工作重心，成立职业补习教育推行委员会

从表2-9中,可发现除了首次专家会议上对"大职业教育主义"的确认以及提出实施的原则外,在之后的历次专家会议上都有关于职业指导、职业补习教育、农村改进事业、"职业教育上的精神训练"、"民族复兴目标下之青年职业训练方案"以及具体实施等问题的讨论,体现了"大职业教育主义"的精神取向。1937年的专家会议通过了《本社整个的活动的连锁的职业训练具体方案草案》,其中指出:希冀此项职业补习教育,成为多角式的放射体,普遍伸入各种教育机关,各种职业机关,接触到与职业界有关系之各个人,凡某种人、某种业、某种物、某地、某区,皆应实施,皆能实施。能力所能及者,务必竭全力以求实效;能力所不及者,亦冀有方法以供仿行。[①]由此可以看出,当时的专家会议是职教社推行"大职业教育主义"的平台,曾经担任职教社办事部主任的江问渔曾论及专家会议的意义,说:"人数不多而精神极为饱满,言论亦能集中,对于职教事业之创兴与改革裨益至大。"[②]专家会议是一项更为专业的会议,其讨论的内容往往作为职教社社员大会讨论的中心,其议决案则成为社各部工作的行动指南。如1935年7月在青岛举行的第十五次社员大会,即以年初专家会议上确定的"青年职业训练"为中心议题。

(四)编译和出版图书

编译和出版图书是中华职业教育社宣传职业教育的一项重要举措。这些图书记录了中华职业教育社探索中国职业教育发展的经验和成果,开创了中国职业教育理论研究之先河。早在立社之初,中华职业教育社即成立了"职业教育研究部",随后又设立了职业教育编辑股,这两个机构专门负责研究、编辑、出版职业教育图书的工作,推动了职业教育的观念在社会上的传播。早期的中华职业教育社不仅在实践层面积极宣传和推行与职业教育相关的各项具休活动,还在理论层面组织编译、出版了大量与职业教育相关的著作,这些理论著作能够有效地为职教社开展相关的职业教育实践活动提供思想指南。但是,需要指

---

① 中华职业教育社办事部:《本社整个的活动的连锁的职业训练具体方案草案》,《教育与职业》,1937年第183期,第261页。

② 杨卫明:《中华职业教育社与近代中国职业教育研究》,《中国职业技术教育》,2014年第18期,第72页。

出的是,这一时期由于中华职业教育社的社员对于职业教育理论认识程度有限,尚少有立足于中国本土经济社会发展撰写而成的职业教育理论著作,大部分著作为翻译自国外的职业教育理论书籍或是汇编国外职业教育研究的论文集,而由职教社社员编写的著作也大多是概括性介绍当时各类职业教育发展情况,未有提出系统的职业教育理论体系的专著。

当时,中华职业教育社编辑、出版的职业教育图书,在内容上主要涉及职业教育基本理论,职业学校的数量统计、管理经验、教材与教法,国外职业教育理论与经验,社会上各个行业的职业概况,中华职业教育社的各项事业概况等方面。概而言之,据谢长法教授总结,当时的职业教育著作主要分为三类:一、明确职业教育基本问题的书籍;二、介绍国外职业教育的著作;三、关于指导职业教育如何实施的书籍。[①]这三类著作基本反映了当时中华职业教育社在职业教育领域开展的一系列活动,如宣传职业教育需要明了职业教育的概念、分类、实施方法等基础性的问题。

具体而言,关于职业教育基本理论问题的著作,如1923年上海商务印书馆出版的由邹恩润编译、黄炎培校订的《职业教育研究》一书,较为详细地阐述了职业教育的意义、需要、分类、职业心理、教育指导、职业指导、职业预备、职业补习教育等,涉及职业教育理论方面的内容。关于介绍国外职业教育理论的著作,如1917年上海中华书局出版的由顾树森编著的《德美英法四国职业教育》一书,较为详细地介绍了德国、美国、英国、法国四国在职业学校、职业陶冶、职业补习学校、职业教员的培养、职业指导、徒弟制度与工厂制度等与职业教育相关的内容,呈现了这四个国家在发展职业教育方面各自的特点。关于职业教育应如何实施方面的著作,如1922年由中华职业教育社编辑刊印的《实施职业教育要览》,从10个方面介绍了于职业教育应该如何实施,具体内容为:"职业教育在新学制上之位置,职业教育之定义,职业教育之目的,职业教育之分类,职业教育机关之种类,职业学校名称标准,职业教育设施标准,职业教育机关各学科之种类,职业训练标准,职业教育参考书诸要目勾要、提要一览。"[②]这本书一经出版就受到当时社会上热心职业教育人士的热烈关注,以致此书多次再版,凸显出当时此书在具体实施职业教育中的重要指导作用,被认为是"办理职业

[①] 谢长法:《中国职业教育史》,山西教育出版社,2011,第271-272页。

[②] 谢长法:《中国职业教育史》,山西教育出版社,2011,第272页。

学校者不可不看,研究职业教育者不可不看"的一部重要著作。[1]

中华职业教育社在以上三个领域相继编译出版了《职业教育丛刊》《职业教育研究丛刊》《职业指导小丛书》《农工教育丛书》《职业修养丛书》等120种书刊。[2]这些职业教育相关的图书对于早期中华职业教育社研究、宣传、实践职业教育起到了重要的作用。一方面通过介绍国外先进的职业教育理论和实践,提升社会对于职业教育的认识,另一方面在引介国外先进职业教育思想的同时,社员们结合中国自身的实际情况以及开展职业教育实践时的总结,不断深化发展出符合中国实际的职业教育理论与实践方式,以期更有效地发挥职业教育对促进中国社会进步的作用。总而言之,编辑和出版职业教育相关的图书,不仅是中华职业教育社研究职业教育理论与模式的一种方式,更是职教社宣传、扩大职业教育社会影响力的有效途径,是职教社一项常规的工作事项。

二、职业教育实践活动

中华职业教育社开展的职业教育试验主要由设立职业学校、开展职业补习教育、进行职业指导与推动农村改进四类构成。早期的中华职业教育社的工作重点主要为在城市设立职业学校与开展职业补习教育,尝试开展职业指导。早期中华职业教育社的工作重心是在职业教育领域进行具体的实践与改革,尚未推及全社会,主要为创立中华职业学校,职业补习教育与职业指导的初步探索,其中以在城市开展职业学校教育为主。中华职业教育社的领导人之一江恒源曾指出:我们认定职业教育的全部,是以职业学校教育、职业补习教育、职业指导三件来构成,可以说这三件是职业教育的三大主干,如鼎有足,缺一不可。[3]以下对这一时期的职业学校教育、职业指导、职业补习教育进行简述。

(一)职业学校教育

早期中华职业教育社的试验,影响力最大,最为直接的当属中华职业学校

---

[1] 谢长法:《中国职业教育史》,山西教育出版社,2011,第272页。
[2] 吴长翼:《中华职业教育社八十年(1917—1997)》,内部资料,未出版,第19页。
[3] 吴长翼:《中华职业教育社八十年(1917—1997)》,内部资料,未出版,第27页。

的开办。中华职业教育社不仅是创业者,也是改革者,在社成立之后,社员们认为"本社既以推广、改良职业教育为宗旨,而欲研究其方法,不可无试验之机关,俾研究切于实际也。本社既以推广改良职业教育为宗旨,而欲倡导之,苟无实施之机关,恐空言寡效,且应之者将以缺于参考而无所藉手也"[1]。同时在提出职业教育的目的时,还提出"一方推广职业学校、职业补习学校,一方于高等小学、中学分设职业科"[2]的主张。在立社的第二年,1918年6月,选定上海贫民区陆家浜,在学校师生和建筑工人的共同劳动下,平整场地,建成了校舍。中国第一所职业学校就在上海市落成并于1918年9月8日正式开学。从1918年开学到1937年,中华职业学校的师生艰苦经营,使得学校初具规模,但不幸毁于日本帝国主义发动的侵华战争中。全面抗日战争时期,学校一度迁入租界内的浦东大厦。1938年内迁至重庆,成立中华职业学校渝校,1941年,日军占领上海租界。黄炎培在重庆给沪校去信指示:如敌伪强迫我校向敌伪政府登记,坚决不登,"中华职业学校六个字是金字招牌,只许解散,不许登记"[3]。

1918年中华职业学校创办时,黄炎培先生为校题词"劳工神圣",他认为:"作工自养,是人们最高尚最光明的生活","教育与生活、生活与教育不应脱节"。[4]针对当时学生毕业即失业,就业而并不安其所业的情况,他提出了"使无业者有业,有业者乐业"的职业教育的目标。黄炎培先生还大力主张"双手万能""手脑并用","要使动手的读书,读书的动手,把读书和做工两下并起家来",[5]提倡教师、学生自己动手建造校舍、工场、运动场等。

中华职业学校按照黄炎培先生的思想,提出了其办学的原因:"同人鉴于我国今日教育之弊病在为学不足以致用,而学生之积习尤在鄙视劳动而不屑为,致毕业于学校而失业于社会者比比。根本解决,惟有提倡职业教育,以沟通教

---

[1] 吴长翼:《中华职业教育社八十年(1917—1997)》,内部资料,未出版,第20页。
[2] 庞翔勋,金兆祺:《记中华职业学校》,载中华职业教育社编《社史资料选辑 第2辑》,文史资料出版社,1981,第3页。
[3] 龚敏达:《中华职业学校机械科的实习工场》,载中华职业教育社编《社史资料选辑 第2辑》,文史资料出版社,1981,第38页。
[4] 庞翔勋,金兆祺:《记中华职业学校》,载中华职业教育社编《社史资料选辑 第2辑》,文史资料出版社,1981第5页。
[5] 庞翔勋,金兆祺:《记中华职业学校》,载中华职业教育社编《社史资料选辑 第2辑》,文史资料出版社,1981,第5页。

育与职业。虽然,空言寡效,欲举例以示人,不可无实施机关,故特设此职业学校。"①因为当时上海市西南一带贫穷无业者最多,故学校选址于上海之西南区,职业学校学生报名入学的《誓约书》第一条为"尊重劳动",初中国文课本第一册第一篇为蔡元培的《劳工神圣》,均体现了中华职业学校的办学宗旨。同时,中华职业学校还订有四条教育方针:1.欲预备将来之职业,固不可无相当之知识;而所得知识尤必十分精密正确,然后能达于运用。故本校对于所授各种知识,竭力注意于正确。2.仅有应用之知识,而无熟练之技能,则仍不足以致用。本校特注重实习,生徒半日受课,半日工作,务期各种技能达于熟练。3.既得应用之知识,熟练之技能矣,而无善良之品性,仍不足以立身社会。故本校特注重学生自治,提倡共同作业,养成其共同心、责任心,及勤勉诚实克己公正诸美德,俾将来成为善良之公民。4.社会之事业有限,而各方之求事者日增。以学校毕业之生徒而欲尽纳于社会固有事业中以求生活,势必不能;是故学生而无创设新业、增进生产之能力,实不足以生存于今日之世,本校有鉴于此,对于此点竭力注意养成之。②由此而达到的目的为:一是将来为各种工厂职工或技师,二是将来能以一艺之长自谋生活,三是将来成为良善之公民。③

中华职业教育社试图以中华职业学校作为试点,"尽试验之功能,勉为社会打开新路",力求解决教育与生产劳动、社会生活脱节的问题。"凡平民教育性质之职业学校,最合现今社会所需要,但其一切设施,须使勿远于是种社会之生活状况,否则其结果将与其宗旨日趋而日远"④,中华职业学校的办学特色之一就是根据社会调查情况,按照社会需要来设科。正如《中华职业学校五年来之经过》中说道:"凡职业学校之设科,须十分注意当地社会情况。乡村与城市不同,即同是乡村,同是城市,其地方状况亦不尽同。万一设科不合需要,必至影响于他日学生出路。"⑤因而中华职业学校在设科前,对附近的六所小学学生家长的

---

① 中华职业教育社:《中华职业学校设立之旨趣》,载中华职业教育社编《社史资料选辑 第3辑》,文史资料出版社,1982,第11页。
② 庞翔勋,金兆祺:《记中华职业学校》,载中华职业教育社编《社史资料选辑 第2辑》,文史资料出版社,1981,第6页。
③ 中华职业教育社:《中华职业学校设立之旨趣》,载中华职业教育社编《社史资料选辑 第3辑》,文史资料出版社,1982,第12页。
④ 吴长翼:《中华职业教育社八十年(1917—1997)》,内部资料,未出版,第22页。
⑤ 吴长翼:《中华职业教育社八十年(1917—1997)》,内部资料,未出版,第22页。

职业进行了调查,发现最多的是铁工,然后是木工,因而职业学校的培养目标即以铁工、木工为主。同时机械、木工等科附设实习工场,又因当时市场上充满了进口的珐琅、纽扣,而社会上纷纷提倡国货,抵制外货,所以学校便顺应潮流,增设珐琅、纽扣两科,并附设珐琅、纽扣两个工场,一方面供学生实习,一方面制造产品进行销售,弥补学校经费的不足。[①]为了适应当时社会的需要,1919年中华职业教育社与上海留法勤学会协商,由中华职业学校增设留法勤工俭学预备科。1920年由于各省市相继设立职业学校,师资缺乏,故由中华职业学校添设职业教员养成科,后改为职业师范科,培养职业学校的专业师资,同年还增设了商科。1925年增设文书科和机械制图科,1930年设立土木科,1937年增设化工科。全面抗日战争时期,渝校开办过机械职工训练班、会计职业训练班。以上这些科目,都是为了适应社会一时的需要而设定的,有的成为学校的主科,但是也有的科目在办理几届后,就陆续停办了。

中华职业学校各科的学制,根据社会的需要、学生的年龄进行试验和改革,最后定为初级三年、高级三年的初、高级两级制和五年一贯制。在学生毕业方面,学校不直接发放毕业证书,而是先行发给修业期满证书,最终毕业证书的发放须等学生工作一年后,由工作单位开具工作成绩较好的证明,才给予毕业证书,这样一种方式体现了学校对于学生实际工作能力的注重,不仅在于职前,也在于职后。

在课程设置方面,当时职业学校课程主要分为:职业专门学科、职业基本学科和普通学科三类。具体而言,"职业专门学科须十分切合职业的实际需要,职业基本学科应与职业专门学科密切联系并适于应用,普通学科在于传授普通知识,完成教育功能"[②]。针对各类课程的特点,在课程设置上,初中阶段以职业基本学科课程为主,高中阶段以职业专门学科课程为主,普通学科则贯穿始终,毕业前一年的课程设置,突出职业专门学科,课程的具体设置,根据历年的实施结果与社会需要,随时进行修订。[③]在教材方面,学校多组织老师自编教材,秉持普通文化课的教材为职业课程服务的理念。

---

① 庞翔勋,金兆祺:《记中华职业学校》,载中华职业教育社编《社史资料选辑 第2辑》,文史资料出版社,1981,第6-7页。

② 吴长翼:《中华职业教育社八十年(1917—1997)》,内部资料,未出版,第23页。

③ 吴长翼:《中华职业教育社八十年(1917—1997)》,内部资料,未出版,第23页。

在学生培养方面,中华职业学校采取"做学并进"的方针,将基础文化知识的学习和实际操作技能的锻炼相结合。比如当时各科半日上课,半日实习,后来根据各科教学特点进行改进,邀请富有教育经验的专家组成工科指导委员会,以此来指导学生的实习操作。①而且中华职业学校不是关起门来封闭办学,而是积极了解、征求社会各界对于人才的具体需求,从而根据社会的需求来制定学校各科的课程内容和实训方案,以培养满足社会实际需要的合格人才。

中华职业学校在创办时,中华职业教育社就明确指出:我们的职业学校,不但要培养学生具有一定的知识和技能,还必须具有良好的思想和品德。②中华职业学校的校训为"敬业乐群","敬业"指"对所习之职业具嗜好心,所任之事业具责任心","乐群"指"具优美和乐之情操及共同协作之精神"。③学校要求学生热爱自己的国家和事业,忠于自己的职守,胜任自己的本职工作,同时也要有互助合作的精神,谦虚诚恳的态度,任劳任怨的美德,勤俭朴素的作风。正如职校的校歌,头两句就表明了校训的精神:"努力!努力!自己的努力过自己的生活;努力!努力!自己的努力帮助别人的生活。"④中华职业学校以"双手万能"为办学理念,培养学生"手脑并用",后来"双手万能,手脑并用"逐渐演化为一个符号,成为该校的校徽。校歌也唱道:"用我手,用我脑,不单是用我笔","要做,不单是要说,是我中华职业学校的金科玉律"。⑤

中华职业学校不仅在学习上提出要求,还在思想教育方面提出职业陶冶与公民训练兼顾的要求,并且订立了13项具体的修养标准。同时该校领导还经常教导学生要有"金的人格""铁的纪律",学校除了制定规章制度进行常规教育外,还经常请知名或进步人士做关于思想品德修养的演讲。⑥学校的学生在这

---

① 吴长翼:《中华职业教育社八十年(1917—1997)》,内部资料,未出版,第23页。
② 庞翔勋,金兆祺:《记中华职业学校》,载中华职业教育社编《社史资料选辑 第2辑》,文史资料出版社,1981,第10页。
③ 庞翔勋,金兆祺:《记中华职业学校》,载中华职业教育社编《社史资料选辑 第2辑》,文史资料出版社,1981,第10页。
④ 庞翔勋,金兆祺:《记中华职业学校》,载中华职业教育社编《社史资料选辑 第2辑》,文史资料出版社,1981,第11页。
⑤ 庞翔勋,金兆祺:《记中华职业学校》,载中华职业教育社编《社史资料选辑 第2辑》,文史资料出版社,1981,第11页。
⑥ 庞翔勋,金兆祺:《记中华职业学校》,载中华职业教育社编《社史资料选辑 第2辑》,文史资料出版社,1981,第11页。

样一种严格的教学氛围中,形成了思想端正、工作认真、生活朴素的良好作风,同时由于学校有针对性地锻炼学生技能,使得学生在思想和工作能力上都深受社会各界的好评。在学生日常生活管理方面,中华职业学校借鉴国外的学生自治制度,成立了学生自治组织——"职业市",提倡学生自治。学生自己训练自己、约束自己,自己遵守自己制定的规则,一方面练习做事,发展个性,一方面服务社会,养成"为群服务"的品德。职校的学生不仅关注学校自身的事务,还有着深厚的家国情怀。如1925年五卅运动中,中华职业学校参与发起成立"各校教职员联合会",是当时上海市支持运动的学校之一,全面抗日战争期间,组织学生练唱抗日歌曲,参加救国演讲比赛、抗日救亡义演等活动。[①]中华职业学校作为中华职业教育社实践其职业教育思想与理论的试验场,推动了中国职业教育,尤其是职业学校的发展,是中国职业学校的代表,至今仍然发挥着作用。

(二)早期职业补习教育

职业补习教育也是中华职业教育社开展的重要事业之一。早期中华职业教育社开展职业补习教育大多在中华职业学校内进行,比如1923年的业余补习学校、1924年的择业预备科、1926年的工商补习夜校都附设在中华职业学校内。1919年,中华职业教育社的领导人之一顾树森便在《教育与职业》杂志上刊发了他对补习教育问题的认识,他认为:同为一国国民,而不能受同等教育,是教育不平等,相较于财产不平等尤足以灭杀社会组织之团结,妨碍社会之进步。故欲巩固社会之基础,非实行此补习教育不为功。[②]1919年中华职业学校办了一个商科性质的艺徒班,晚间上课,招生对象主要是贫苦学生,从性质上而言,它还不是正式的职业补习学校。1921年,中华职业学校在艺徒班的基础上,附设了工商补习夜校,招收附近工厂的职工、学徒,商店学徒等,这是中华职业教育社办职业补习教育的第一个试点。此后,中华职业学校每年都会开设一段时期的职业补习教育,到1926年秋为止。虽然开办职业补习教育遇到了许多困难,但是中华职业教育社同人克服困难,进行了晨班、夜班、通问班等多种形式的试验。如1929年办职工补习晨校和职业专修学校,1930年办通问学塾等,形

---

① 吴长翼:《中华职业教育社八十年(1917—1997)》,内部资料,未出版,第25-26页。
② 顾树森:《论补习学校之性质与其目的》,《教育与职业》,1919年第13期,第1页。

式多样,旨在为在职青年提供知识与技能上的训练,使之能够更好地工作,均取得了良好的效果。

1929年中华职业教育社创立晨校,也叫晨班,1933年晨校与夜校、通问学塾和业余图书馆合并为第一中华职业补习学校,这是当时试办职业补习教育的先锋。随后又相继成立了第二、第三所职业补习学校等,有着强大的社会影响力。晨校主要招收一些职工和学徒,他们利用工厂尚未上班,商店尚未开门的时间进行补习,分为初级和高级两个班,学校不收学费,只要愿意读书的青年都可以参加。[1]晨校的学生祝公健回顾晨校的教学方式时,认为其主要表现为四个结合:教学与自学相结合,教书与教人相结合,课堂与课外相结合,求学与求业相结合。[2]这四个方面不仅让晨校学生学到了书本知识,增强了学生的道德修养,还锻炼了学生的实践能力,提升了学生的就业能力。

1932年以后,中华职业教育社将城市职业教育的重点放在了补习教育上,由此掀起了职业补习教育的发展高潮,各种形式的职业补习学校层出不穷。

(三)职业指导

职业指导是职业教育的重要组成部分,中华职业教育社自从创立以来,便认为职业指导是实施职业教育不可或缺的形式之一。职业指导在定义上有狭义和广义之分,狭义上仅指就业指导,广义上则包括职业陶冶、升学指导、就业指导、改业指导、就业后的进修指导。[3]中华职业教育社推行的是广义上的职业指导,涉及与职业相关的方方面面。

众所周知,在中国最早开展职业指导活动的是1916年的北京清华学校,时任该校校长的周诒春在校内举行职业演讲,令学生填写个人志愿,以此作为选科之依据。这种形式的职业指导尚显简单,而且对象仅限于学校,对社会的影响不大。中华职业教育社成立之后,便在理论研究层面和具体实践层面积极开展职业指导相关的工作,首次在中国整个社会中开展职业指导活动。

在理论研究层面,立社之初,下设的研究部便着手研究职业陶冶,同时社的

---

[1] 吴长翼:《中华职业教育社八十年(1917—1997)》,内部资料,未出版,第29页。
[2] 吴长翼:《中华职业教育社八十年(1917—1997)》,内部资料,未出版,第29页。
[3]《上海中华职业教育社志》编纂委员会编《上海中华职业教育社志》,上海古籍出版社,2007,第182页。

机关刊物《教育与职业》也经常刊发有关职业指导的文章。同时，1918年，在职教社第一届年会上，与会人员专门讨论与研究了职业陶冶的问题。需要特别指出的是，1919年9月，《教育与职业》第15期开辟了职业指导专号，专事职业指导方面的研究与讨论。此次专号上刊登职业指导研究的文章主要有：王志莘的《何谓职业指导》和《职业指导实施法》，顾树森的《职业指导怎么样办法？》，俞泰临的《学校对于毕业生职业上之指导》，秦之衡的《美国波士顿大学职业指导科》等。同时，还报道了当时实业界关于人才招聘的条件，以有效开展职业指导工作。这次专号的开辟对于职业指导的发展意义重大，是中华职业教育社面向全社会宣传职业指导知识，实施职业指导工作的重要契机。随着大家对职业指导研究的深入，1920年2月，《教育与职业》第17期开辟了职业心理专号，大家发文讨论，认为职业心理学是职业指导的基础理论之一。经过中华职业教育社的不断宣传与研究，职业指导逐渐引起了教育界与实业界人士的关注。由此，职教社也开始了相应的具体实践工作。

　　1920年3月，中华职业教育社发表了《本社创设职业指导部宣言》，同时还组织成立了职业指导部委员会，陆规亮为主任，聘社内外专家9人为委员，标志着中华职业教育社开始了职业指导的实践工作。职业指导部委员会和职业指导部分别是研究决策部门和具体工作执行部门。职业指导部成立后，主要工作有五项：1.把各地重要的职业，切实调查明白，以便给一般学徒有相当的准备；2.调查各学校将毕业生徒的年龄、体力、学业、品性、能力和志愿，考察他是不是和他所认的职业相应，倘使没有决定，更应该引导他选择最适宜的职业；3.征集各实业家对于毕业生服务上必要的条件，印送各校，以供教师和学生参考；4.各校生徒毕业以前，本部派员前往演讲选择职业的要点，顺便把调查的结果和与职业选择有重要关系的方面，详细发表出来，使一般生徒得到许多的心得；5.介绍毕业生入相当学校，使他们得到充分的学力，以便将来的出路。[①]

　　中华职业教育社在创立专门研究和实践职业指导部门之后，便着手开始了一系列的职业指导实践活动。随着职业介绍工作的发展，职教社于1921年9月经由办事员会议决，公布了《本社试办职业介绍规则》。规则规定："本社以对于

[①] 中华职业教育社：《本社创设职业指导部宣言》，载中华职业教育社编《社史资料选辑 第3辑》，文史资料出版社，1982，第14页。

职业上的供求设法使得渐趋平均及适当为职志",且"对于供求两方均不受种种介绍费用但关于介绍时所需邮电等费应由委托者担任"。[1]1923年,职教社又公布了《中华职业教育社职业介绍部规则》,在内容上是对1921年公布规则的细化。同年,职教社将职业指导部委员会改组为职业指导委员会,新设委员会的组成为:"刘湛恩博士为主任,朱经农博士、廖世承博士、陆规亮君、杨鄂联君、黄巽君为委员,并以邹君恩润为副主任,负执行之责,此外并请研究此问题者为通讯委员(先推庄泽宣、顾树森、王志莘诸君)。"[2]1924年,中华职业教育社职业指导委员会先后在上海、南京、济南、武汉举行了为期一周的职业指导活动,具体内容为:先由中华职业教育社专家及各地各业专家作有关职业上的问题及各业内容的报告,之后由各校职业指导委员会指导学生填择业自审表,最后由指导员根据自审表与学生进行个别谈话。[3]经过职业指导,学生对自身的职业有了基本的认识,当时受指导的学生及听讲者各约2000人,参加研究的教职员约200余人,反映出当时职业指导活动的盛行以及大家对它的热心关注。

1925年,中华职业教育社扩大了职业指导事业的范围,不再只局限于社的单独行为,还联合其他机构或单位开展更加广泛的职业指导工作。如中华职业教育社与江苏省教育实业联合会及江苏省各中等学校组织江苏中等学校职业指导研究会,由社的职业指导委员会委员们分别做了报告、讲演,并且通告了全省中等学校参加中等学校职业指导研究会,发表了组织大纲。[4]1926年8月,中华职业教育社与江办职业学校联合会联合成立了毕业就业指导委员会,设常委7人,作为职业指导的研究机关。

1927年,中国第一所面向社会的职业指导机构由中华职业教育社在上海成立,称为上海职业指导所。上海职业指导所的主要工作有"职业咨询""职业测验""职业调查""职业介绍""职业训练""升学指导"等。全面抗日战争期间,职教社先后在重庆、成都、桂林、昆明、贵阳设立职业指导所,抗日战争胜利后,职

---

[1]《本社试办职业介绍规则》,《教育与职业》,1921年第30期,社务丛录第2页。
[2]《改组职业指导委员会》,《教育与职业》,1923年第47期,第57页。
[3]《上海中华职业教育社志》编纂委员会编《上海中华职业教育社志》,上海古籍出版社,2007,第183页。
[4]《上海中华职业教育社志》编纂委员会编《上海中华职业教育社志》,上海古籍出版社,2007,第184页。

教社迁回上海,恢复上海职业指导所及服务代办部。1929年上海职业指导所鉴于"海外如南洋各属,华侨经营教育实业已有相当地位,亟需国内农工商教育等专门人才助其发展"①,增设海外职业介绍部。

不仅如此,职教社还积极与其他机构开展职业指导方面的合作,如1928年,与上海青年会联合设立职业指导讲习所,训练职业指导方面的人才。在职教社所开展的轰轰烈烈的全社会职业指导的影响下,当时全国教育会议和上海特别教育局均将职业指导纳入了中小学教育工作中,不仅在教育行政部门设立各类职业指导机构,还在学校设立职业指导部。

中华职业教育社的职业指导专家们对职业指导的相关理论,如含义、功能、实施范围和心理测验的方法等方面都进行过探讨。江恒源认为职业指导应当包括升学指导、择业指导、职业介绍、服务访问等各个方面。他指出:"职业指导的效用,一是不湮没人才,使有特长或天才的人能得到充分的发展;二是个人的成功,使社会也受到莫大利益;三是从业之后还要研究怎样才能使事业进步,社会进化。所以职业指导是负有改良职业的责任。更进一层说,用职业指导来改良职业,间接就是使社会进化。"②

职业指导是职业教育的三大组成部分之一,可以说,没有职业指导,便不能完成职业教育的使命,不能凸显职业教育的效能。中华职业教育社在进行职业教育试验时,积极探索职业指导方面的理论,推动各地展开职业指导试验,以此来发挥职业指导的作用,宣传推广职业教育,扩大中华职业教育社的社会影响。

---

① 吴长翼:《中华职业教育社八十年(1917—1997)》,内部资料,未出版,第30页。
② 吴长翼:《中华职业教育社八十年(1917—1997)》,内部资料,未出版,第31页。

顺应时势，提出大职业教育主义
（1926—1930）

第三章

"大职业教育主义"是中华职业教育社在20世纪20年代中期对职业教育发展问题做出的重新思考与策略定位,同时也是对前期所开展的具体实践活动的总结。中华职业教育社的同人们认为,"办职业学校的,须同时和一切教育界、职业界努力的沟通和联络;提倡职业教育的,同时须分一部分精神,参加全社会的运动"[①],要求社员对外须用最高的热诚参与一切,用最大的度量容纳一切。加之,当时中华职业教育社所开展的职业教育实践陷入了发展困境,查其缘由,是未能很好地了解社会的情况,而且职业教育是一项与社会经济等紧密相连的事业,不可能只就职业教育而谈职业教育。再者,中国社会是一个以农村农业为主体的社会,而中华职业教育社早期的工作重点都在城市,因而在一定程度上限制了职业教育作用的发挥,由此中华职业教育社将工作重点转向了农村,希冀能够在更大程度上发挥职业教育对社会发展的作用。因此,"大职业教育主义"是中华职业教育社在思想层面的深化,而面向农村是其在发展对象上的新认识。为此,职教社积极推进乡村改进事业,开辟了众多的乡村改进试验区,还深化了乡村改进的内容,另一方面,职教社也积极探索在城市开展职业补习教育和职业指导工作,凸显了职教社有重点地开展事业,是职教社在"大职业教育主义"思想指导下的新认识。同时,在"大职业教育主义"思想的引领下,职教社同人开始参与社会政治活动,以扩大社的影响力。

---

① 黄炎培:《提出大职业教育主义征求同志意见》,《教育与职业》,1926年第71期,第3页。

第一节　大职业教育主义

"大职业教育主义"是中华职业教育社在实践职业教育过程中思想观的转变与创新。这一思想出现于1925年12月由黄炎培撰写并于次年见诸于报端的一篇文章。同时，1926年在职教社第一届专家会议上对这一思想进行了专门讨论，与会专家一致肯定了它的正确性与可行性。这一思想的提出有着深刻的政治、经济与社会发展的背景，可以说是其产生的外在动因，而以黄炎培等为代表的职教社同人的自我反思则是其产生的内在动因。

一、大职业教育主义产生的背景

1917年中华职业教育社成立后，在社员们的努力之下，当时中国的职业教育事业经历了从无到有、从有到取得了大发展的过程，虽说经历种种困难，但好在使得职业教育在中国大地扎下了根。只是近代中国社会是一个波谲云诡的社会，身处其中，自然会遇到重重困难。职业教育在经历了早期的大发展之后，也因国内外形势的变化，而逐渐走向了沉寂。

第一次世界大战期间，中国的民族资本主义企业利用战争的间隙得到了较大的发展，经济的发展增加了工厂对人才的需求，从而促进了职业教育的发展。1918年，第一次世界大战结束后，西方资本主义国家尚未完全走出大战的阴影，无暇东顾，中国的民族资本主义继续得到发展。但是到了20世纪20年代初，伴随着各主要资本主义国家的卷土重来，日本帝国主义的虎视眈眈，孱弱的中国民族资本主义逐渐丧失了以往的发展环境，为外国资本主义所钳制。同时，从1920年始，国内各军阀之间的混战，让本来已经奄奄一息的民族资本主义雪上加霜。这样，在外资压迫和内战破坏的双重影响下，中国民族资本主义逐渐走向萎缩。正如黄炎培在其主编的《申报之五十年》中，对1920年至1921年间的中国民族资本主义经济的描述："铁厂积货如山，无人过问，至于停炉停机。纱厂结账大多无利。上海数十年之三大油厂竟同年倒闭。其他工业亦皆消沉；因欧战致富之实业家，营业失败重入漩涡者，乃时有所闻。"[1]

中华职业教育社的经济基础主要是民族资本主义经济，社成立之初的活动范围主要聚集于江苏、上海一带，这一带是当时全国民族资本主义经济最为活跃的地区。而且从当时社员的区域分布来看，也主要集中在这一带。当时全国的民族工商业大多在这些区域，职教社成立所需的经费便大多由这些民族工商界人士捐助。在这其中，"捐金最多，且继续捐给，几于无限期的，就是聂云台，徐静仁，穆恕再、藕初兄弟，刘柏生等等，都是当时新兴的纺织界巨子"[2]。还有上海金融界的钱新之、陈光甫，上海总商会的朱葆三，纺织、面粉业的荣德生、荣宗敬，《申报》的史量才等，均曾慷慨赞助过职教社。因此，职教社的成立与发展完全依赖于民族资本主义的扶持，职教社的未来在很大程度上取决于民族资本主义经济的发展。

中国民族资本主义经济在20世纪20年代初开始走下坡路，职教社的事业立即受到影响。这主要表现在三个方面：其一，创办国货工厂遇到了障碍；其二，办中华职业学校的经费不时有匮乏之虞；其三，职业学校毕业生的就业问题越来越难以解决。[3]职教社在创立之初，针对当时上海民族工业的实际情况，开办了纽扣和珐琅工场，同时在中华职业学校创设了纽扣和珐琅两科，为行业培养了众多的技术人才。但是随着国际经济环境的变化，工厂难以为继，两科人才难以找到工作，企业和学校相继出现了危机。有学者称，1925年是职教社的一个分界点。在1925年之前，虽然社的各项事业存在着些许问题，但是在社员们共同努力下，许多问题都得以克服，许多工厂都在社会上站住了脚，中华职业学校培养的学生也都是各个工厂的骨干。但是，需要指出的是，以中国民族资本主义经济为基础的文化教育活动，随着中国民族资本主义的逐渐衰败，自然也无法一直维继下去。

在1922年以前，因当时民族资本主义工业的发展和社会提倡国货的呼声，中华职业学校所培养的学生特别受社会的欢迎，甚至有工厂提前到学校预定毕

---

[1] 吴江：《中国资本经济发展中的若干特点》，载黄逸平编《中国近代经济史论文选集》，上海师范大学历史系，1979，第54页。

[2] 黄炎培：《中华职业教育社奋斗三十二年发见的新生命》，《教育与职业》，1949年第208期，第2页。

[3] 黄嘉树：《中华职业教育社史稿》，陕西人民教育出版社，1987，第69页。

业生,学校新设的土木科、机械科更是非常走俏,供不应求。但是这种大好的发展势头,随着与中华职业学校的学科密切联系的中国民族资本主义经济的衰落,而逐渐暗淡,职业学校的办学经费匮乏难支,学校毕业生陷入求职困境。到1925年,中华职业学校的毕业生才有53人,时任校长潘文安,面对当时社会上兵祸连连,各项事业都受到冲击,工作难找的情况,托请黄炎培、杨卫玉等职业教育界的名流为之奔走联络,但是最终也只能解决五六名学生的毕业安置问题。作为当时全国公认的最好的职业学校,中华职业学校的学生的就业尚且如此艰难,其他职业学校毕业生也就可想而知了,以致潘文安惊呼:"普通学校毕业生无出路,已足惹人诟病,苟职业学校之毕业生亦无出路,益将令人怀疑失望,而职业教育之生机危矣。"①

二、大职业教育主义的提出

职教社领导人黄炎培在经历上述一系列困难后,开始认真总结前期的经验教训,并与同人继续寻求职业教育发展的新路。1925年,他撰写了《提出大职业教育主义征求同志意见》一文,文中说道:"我们同志八九年来所做工作,推广职业学校,改良职业学校,提倡职业补习教育,等等,也算'尽心力而为之'了。可是我们所希望,百分之七八十没有达到。"②并且分析了出现这种结果的原因,除了社会方面的影响之外,还重点指出了自身工作方面的不足。最后总结出了三条教训:"(一)只从职业学校做工夫,不能发达职业教育;(二)只从教育界做工夫,不能发达职业教育;(三)只从农、工、商职业界做工夫,不能发达职业教育。"③

黄炎培认识到,职教社只从职业学校下功夫,使得职业学校以外的各教育机关认为职业学校另成一派,脱离了大的群体。虽然职业教育是一个较为特殊的教育类型,但它又与其他教育形式密切相关,如师范教育、医学教育等,在某种程度上它们都是广义的职业教育。大学、中学、小学和职业教育也有相当的联系,大学和高中的分科,影响着学生未来的职业方向,"初中何尝不可以兼设

---

① 潘文安:《最近之两大感想》,《教育与职业》,1925年第69期,第667页。
② 黄炎培:《提出大职业教育主义征求同志意见》,《教育与职业》,1926年第71期,第1页。
③ 黄炎培:《提出大职业教育主义征求同志意见》,《教育与职业》,1926年第71期,第1—2页。

第三章 顺应时势,提出大职业教育主义(1926—1930)

职业科?小学何尝不可以设职业准备科?何况初中还有职业指导,小学还有职业陶冶呢"①。因此,如果职业学校认为自己与一般教育无关系,而一般的学校也不认为其为职业学校,与职业教育没有关系,那么范围越划越小,界限越分越严,相互之间不互助,不合作,那么职业教育是不可能发达的。

职业教育作为一种教育类型,自然不能脱离教育的发展规律,但职业教育也有其自身所特有的特点。在职业教育的独特性方面,黄炎培认识到,职业学校只与其他教育机关打成一片也是不够的。因为"办职业学校最大的难关,就是学生出路。无论学校办得那么好,要是第一班毕业生没有出路,以后招生就困难了。万一第二班再没有出路,从此没有人上门了"②。而学生出路问题只靠说几句联络职业界的空话是不够的,"最好使得职业界认做为我们而设的学校,是我们自家的学校,那就打成一片了"③。对此,黄炎培提出:"设什么科,要看看职业界的需要;定什么课程,用什么教材,要问问职业界的意见;就是训练学生,也要体察职业界的习惯;有时聘请教员,还要利用职业界的人才。"④同时,还可以通过"参观啦,实习啦,请人演讲啦"等方式来加强与职业界的联系。

以上这两方面是从职业学校自身总结的经验教训,不过,黄炎培并未局限于此,而是做了更深入的考察。他发现职教社的目标之所以百分之七八十没有达到,不全是自身的问题,同时还由于外在环境的制约。他说:"社会是整个的。不和别部分联络,这部分休想办得好,别部分没有办好,这部分很难办的。譬如农业学校和农家联络,工业学校和工厂联络,是不用说的了。可是在腐败政治底下,地方水利没有办好,忽而水,忽而旱,农业是不会好的;在外人强力压迫底下,关税丧失主权,国货输出种种受亏,外货输入种种受益,工业是不会好的。农、工业不会好,农、工业教育哪里会发达呢?国家政治清明,社会组织完备,经济制度稳固,尤之人身元气浑然,脉络贯通,百体从令,什么事业会好。反是,什么事业都不会好。"⑤所以,他认为提倡职业教育而单从农工商职业界下功夫,也是不行的。

---

① 黄炎培:《提出大职业教育主义征求同志意见》,《教育与职业》,1926年第71期,第2页。
② 黄炎培:《提出大职业教育主义征求同志意见》,《教育与职业》,1926年第71期,第2页。
③ 黄炎培:《提出大职业教育主义征求同志意见》,《教育与职业》,1926年第71期,第3页。
④ 黄炎培:《提出大职业教育主义征求同志意见》,《教育与职业》,1926年第71期,第2页。
⑤ 黄炎培:《提出大职业教育主义征求同志意见》,《教育与职业》,1926年第71期,第3页。

在细致地总结了经验教训之后,黄炎培进而提出自己的想法:"积极说来,办职业学校的,须同时和一切教育界、职业界努力的沟通和联络;提倡职业教育的,同时须分一部分精神,参加全社会的运动","换一句话,内部工作的努力不用说了,对外还须有最高的热诚,参与一切;有最大的度量,容纳一切"。[1]这样的教育方针,被称为"大职业教育主义",由此标志着职教社进入了一个新的历史阶段。

第二节 乡村改进事业的推进

在"大职业教育主义"提出之前,中华职业教育社同人们工作的重心是在城市中开展职业教育,主要为设立职业学校,进行职业教育试验,如中华职业学校的创办等。但是随着时局的变动,中华职业教育社同人发现职业学校发展中存在诸多问题,学生难以就业,致使职业学校越办越少。随着"大职业教育主义"思想的确立,中华职业教育社同人逐渐开辟了职业补习教育、职业指导和农村改进三大事业。农村改进试验是中华职业教育社试图通过教育的力量来挽救当时农村社会危机的一次可贵的尝试,中华职业教育社为此投入了大量的物力和人力,进行了十多年的艰苦探索。虽然试验最后的结果未能达到社的期望,但是中华职业教育社为了中国广大的农村民众而进行的不懈努力值得敬佩,同时也能为当前的农村教育改革与农村建设提供一些历史经验与借鉴。

一、开展乡村改进试验的缘由及演进

20世纪二三十年代,伴随着帝国主义的疯狂掠夺和国内封建势力的高压榨取,加之当时国内战争频仍,偶有天灾等的影响,本已凋敝不堪的中国农村处在崩溃的边缘,农民生活贫困不堪,农村社会几乎陷入了绝境。由此,农村问题引起了社会各界的广泛关注,当时许多社会有识之士都尝试寻求解决农村问题的

---

[1] 黄炎培:《提出大职业教育主义征求同志意见》,《教育与职业》,1926年第71期,第3页。

方法,比如晏阳初领导的中华平民教育促进会和梁漱溟领导的邹平乡村建设运动,都是基于当时农村存在的问题而进行的乡村改造运动。中华职业教育社怀揣的是"职教救国"的理想,以"生利主义"为主要原则,希冀通过职业教育来解决人民的生计问题。因此,其对于解决当时中国农村存在的困境表现出极大的热情。

1929年,职教社曾专门组织社员对江苏省17个县进行调查统计,这一举措加深了职教社同人对于当时中国农村社会情况的认识。不过,由于当时职教社成员对于农村社会的认识来源于实际调查而缺乏系统的先进理论指导,仅局限于问题的表面而未溯及根源,认为农村社会发展问题在于农村教育的落后而引起的农民文化水平的低下,因而希冀通过发展农村教育来改造农民,发展农村。中华职业教育社同人们认为,教育是达到农村改进的"根本工夫",并断言,"凡是农村改进,无论用何方式、属何种类,皆可以'广义的农村教育',赅括之"[1]。应该说,这种观点冲击了当时农村教育脱离农村农民生产生活的实际状况,建立与农村实际生活相契合的农村教育体系,对于推动当时农村教育的发展有着很大的促进作用。但是,在另一层面,这种观念在一定程度上夸大了教育的作用,教育作为社会的一个子系统,能够有效地促进社会的发展,但是并非仅仅发展教育就能解决人民的生计问题,社会的发展是众多方面合力的结果,农村社会的发展也是如此。

中华职业教育社开展农村改进试验是在"大职业教育主义"思想被提出之后,是这一思想的表现形式之一。在职教社成立后,翌年7月发表的《中华职业教育社宣言书》显示职教社的工作重心主要在城市工商业领域,相比之下,设立的乡村职业学校数量并不多,即便是已有的农校,其校址大多数也是设立在城市。

在中华职业教育社成立初期,当时中国民族资本主义经济因第一次世界大战的爆发,帝国主义无暇东顾而出现了短暂的"黄金发展期",职教社与中国民族资本主义联系密切,因此各项事业均有显著的发展。但是,好景不长,随着第一次世界大战的结束,20世纪20年代开始,帝国主义势力逐渐卷土重来,加上国内军阀混战,原本脆弱的民族资本主义经济开始萎缩,这也沉重地打击了职教社所开展的事业。最为明显的表现是当时职业学校陷入毕业生就业无门、产

---

[1] 江问渔:《关于农村教育的三个重要问题》,《教育杂志》,1935年第25卷第3期,第42页。

品销售无路、学校经费无源的窘境,这些问题使得中华职业教育社同人不得不思考如何进一步开展职业教育实践。

其实,早在1922年8月,黄炎培就针对当时城乡职业教育发展不均衡的状况,在《教育与职业》上发表了《读全国职业教育最近统计》一文。在文中,他提出了以下尖锐的问题:"试观其地址别,何以乡村职业学校独少,仅得五分之一?夫农校既在全国职业学校中占百分之四十八,何以乡村学校乃仅占百分之二十?"①然中国自古以来便是一个农业大国,要想改变中国贫穷落后的面貌,就必须重视农村教育,发展农村职业教育,解决农民问题。作为职教社发起人之一的黄炎培深刻认识到了乡村教育的重要性,他说:"今吾国学校,十之八九其所施皆城市教育也","吾尝思之,吾国方盛倡普及教育,苟诚欲普及也,学校十之八九当属于乡村;即其所设施十之八九,当为适于乡村生活之教育"。②黄炎培曾发表《提出大职业教育主义征求同志意见》一文,肯定了职教社过去所做的工作,但同时指出,针对已存在的问题,社同人需要做出相应的思想转变。黄炎培的主张得到了职教社同人的普遍认同。1926年在苏州举行的职教社专家会议上,黄炎培等人专门讨论了"大职业教育主义"的具体实施方法。农村改进试验的开展正是职教社贯彻"大职业教育主义"思想,走出已有困境的一个重要方式,并且职教社以后在总结自己的工作时,也总是把农村改进事业作为"大职业教育主义"的内容之一。③

中华职业教育社农村事业的开展一开始表现在对农业教育的关注上。1920年10月,职教社成立农业教育研究会,聘任邹秉文为主席,开始探讨职教社的农村改进设想。该会在成立之初,就派成员调查各地农业教育状况,集思广益,征集有关农村教育制度的意见。职教社农业教育研究会在其宣言书中写道:"故职业教育者,实对个人为解决生计问题,对社会为增高各种事业之效率功能,其重要固早已为国中贤达所洞悉。虽然,使今日而有一种教育制度,顾其

---

① 黄炎培:《读全国职业教育最近统计》,载中华职业教育社编《黄炎培教育文集 第二卷》,中国文史出版社,1994,第352页。

② 黄炎培:《农村教育弁言》,载中华职业教育社编《黄炎培教育文集 第二卷》,中国文史出版社,1994,第317页。

③ 孙祖基:《十年来中国之职业教育:在开洛公司无线电话中演讲》,《教育与职业》,1927年第85期,第200页。

名诚为职业教育,而究其实则上既无补于国家实业之发达,下亦不能助个人生计问题之解决,若不设法补救,则国人将不解乎职业教育本旨之所在,而对于本社推广事业之前途,将发生无限阻碍与怀疑焉。"①1921年,职教社的机关刊物《教育与职业》杂志编辑出版农业教育专号,探讨如何办理农业教育,主张从中国是个农业国的国情出发,从农村入手改革教育。黄炎培对于发展乡村教育有着相当的热情,注重从点到面开展普及教育,同时中华职业教育社也将关注点转向农村,开始大力发展乡村职业教育。这种转向与决定符合历史发展的规律,具有顺应时代潮流的进步性。值得一提的是,1928年5月,自中华职业教育社第十届年会暨全国职业学校联合会第六届年会后,职教社的事业开始集中于"补习教育""职业指导"和"农村教育"三大端。此后,职教社明显加强了对农村教育特别是农村职业教育的研讨,不仅出版了"农村教育丛书"多辑,而且特辟《教育与职业》第103期为农村教育专号。

　　1925年8月,职教社领导人之一黄炎培在为山西省筹划职业教育时,明确提出了"划区试办乡村职业教育"。在这份计划里,黄炎培提出:"乡村职业教育之设施,不宜以职业教育为限。就交通较便地方,划定一村,或联合数村,其面积以三十方里为度,其人口以三千至五千为度,地方治安,取其可靠者,水旱偏灾,取其较少者,先调查其地方农产及原有工艺种类、教育及职业状况,为之计划:如何可使男女学童一律就学;如何可使年长失学者得补习知能之机会;如何养成人人有就职业之知能,而并使之得业;如何使有志深造者得升学之准备与指导,职业余间如何使之快乐;其年老或残废者如何使之得所养,疾病如何使之得所治;如何使人人有卫生之知识;如何使人人有自卫之能力。凡一区内有利之天产,则增益而利用之;所需要之物品与人事,则供给之;无旷土,无游民;生产日加,灾害日减;自给自享,相助相成。更如何养成其与他区合作之精神,以完成对省、对国、对群之责任。凡此种种,先设一中心教育机关,就其固有之自治组织,用其当地之人才,量其财力,定设施之次第。在试办时间,或由上级酌予补助,但经常费用必以当地担负为原则。划定办理期间与成绩标准,依次考核,试办有效,再推广于各地。"②这就是农村职业教育的划区施教,施教者不仅

---

① 田正平、李笑贤编《黄炎培教育论著选》,人民教育出版社,1993,第158页。
② 中华职业教育社编《黄炎培教育文集 第二卷》,中国文史出版社,1994,第426-427页。

顾教育,还兼顾经济、卫生、治安等方面,故又称为农村改进。虽然这项计划没能在山西进行,却成为以后职教社在农村开展工作的蓝图。据统计,至1937年抗日战争全面爆发时,由职教社创办和代办的各种农村事业已达三十多处,分布于全国许多地区。

二、试验活动举例

关于职教社在乡村改进过程的具体流程,有研究者总结为:职教社进行乡村改进试验,最常用的方式是划区试验,以一乡一镇或邻近的数村为一个单位,由职教社联合当地人士组成各改进委员会,作为领导机构,并依各试验区的实际需要分设各专门的"部"或"股",具体负责各项工作的规划、实施和指导。[①] 1926年到1937年间,职教社办理的乡村改进试验区如表3-1所示。[②]

表3-1　1926年至1937年间职教社办理的乡村改进试验区

实验区名称	地址	面积	户口	创办时间	停办时间	备注
徐公桥乡村改进试验区	江苏昆山安亭徐公桥	40平方千米	735户,3697人	1926年10月	1934年交地方	1928年4月由职教社独自办理
黄墟乡村改进试验区	江苏镇江新丰黄墟	53平方千米	1329户,5774人	1929年11月	1937年8月	
吴县善人桥农村改进区	江苏苏州木渎善人桥	440平方千米	14579人	1931年2月	1937年8月	
泰县顾高庄农村改进区	江苏泰县姜堰	35平方千米	730户,3508人	1931年4月	1937年8月	
沪郊农村改进区	上海沪闵路	约300平方千米	约3万人	1933年7月	1937年8月	合办
荻山自治实验乡	江苏上海县第四区	1平方千米	324户,1427人	1934年6月	1937年8月	合办

这些试验区虽然在具体内容上有所不同,但是基本都涉及了与农村生活密切相关的教育、经济、组织几大方面,并且都做了许多具体的要求。如在教育方

[①] 呼明虎:《中华职业教育社的农村改进实验》,载《纪念〈教育史研究〉创刊二十周年论文集》,2009,第523页。

[②] 黄嘉树:《中华职业教育社史稿》,陕西人民教育出版社,1987,第319-320页。

面要实现"全区学龄儿童,完全入学,不识字的青年成人,完全减除,知识开明,风俗敦厚,发挥互爱互助之精神,共谋本区文化之进展",在经济方面要实现"农事改进,生产增多,家给人足,百废俱举,村容野容,焕然改观,健康安乐,病疫不兴,养生送死,毫无遗憾",在组织方面,要实现"人人能自治、能合群、视公事为己事,扩大家庭而至乡里,并扩大爱乡之心,以爱国"。[1]职教社一开始是以发展农村职业教育为重点,以此来带动其他方面的发展,但是随着工作的深入,工作人员了解到当时农村最重要最迫切的问题是农民的生计问题。1928年,黄炎培在答复安亭青年合作社的信中就提到,乡村是整个的问题,而教育是一种方法,把乡村做对象,不应该单从教育着手。"要是我们没有法子,在他们的生活上,尤其是生产上,增加些利益……随你讲多少好听的话,全不中用。"[2]1929年,职教社的负责人之一江恒源发表了《"富教合一"主义》一文,对于农村改进的原因、内容与方法均做了较为详细的直观的阐述。他指出:"现在农民,有四种现象:一穷,二愚,三弱,四散,这就是他们的缺憾","穷"表现在首位,"愚弱散三样,也是多由穷字发生出来的"。[3]因此,"治病之要,当然要使他富,而于教他致富之际,施以适当教育,便是最良好的知识教育和道德教育,把农村经济和农村教育,联合起来,打成一片,随富随教,即富即教"。[4]基于"富教合一"主义,职教社逐步改变了之前仅局限于教育而发展教育的观念,调整了相关事业的发展策略,立足于整个农村的改进,将乡村教育同经济、政治、组织等密切结合在一起,形成联动效应。下面简要介绍职教社主办的三种农村改进类型。

(一)"农村改造之第一声":徐公桥乡村改进试验区

1926年初黄炎培提出的"大职业教育主义"也为改进农村政治方面、社会生活方面的活动提供了理论依据。同年5月,黄炎培领导的中华职业教育社联合中华教育改进社、中华平民教育促进总会、东南大学教育科和农科,通过试办农

---

[1] 江恒源:《十六年来之中华职业教育社》,《教育与职业》,1933年第146期,第437页。
[2] 黄炎培:《与安亭青年合作社谈乡村事业》,载中华职业教育社编《社史资料选辑 第3辑》,中华职业教育社,1982,第160页。
[3] 江恒源:《"富教合一"主义》,《教育与职业》,1929年第108期,第1364页。
[4] 江恒源:《"富教合一"主义》,《教育与职业》,1929年第108期,第1367页。

村教育,以期改进农村生活,组织了"联合改进农村生活董事会",由黄炎培担任董事长,陶行知担任副董事长。"联合改进农村生活董事会"决定在江苏昆山县徐公桥试办乡村改进试验区,"以计划并促成徐公桥乡村自治,教育普及,生计充裕,健康增进,娱乐改良为宗旨"①,这是中华职业教育社的第一次农村改进实践。1927年春,因为时局和经济的原因,徐公桥乡村改进试验区停办,1928年4月,交由中华职业教育社单独负责。中华职业教育社会同当地人士成立乡村改进会,组织办事部,拟定分年分类进行之事业,预定试验期以6年为限,于1934年6月,交由地方接办。

徐公桥乡村改进试验区的办事方针为"本富教合一的一贯的精神","佐之以农村自治,以谋达到真正自治之目标"。②黄炎培等中华职业教育社的负责人为徐公桥乡村改进试验区拟定了一份具体的综合改进计划,并联合当地人士组成乡村改进委员会,下设总务、建设、农艺、教育、卫生、娱乐、宣传等7个部门。这份改进计划基于发展经济、推广科技、改革教育的"富教合一"的思想,主要包括了推行义务教育、成人教育、通俗教育、健康教育、卫生教育,设立公共仓库,指导组织各种合作社,设立职业介绍机关,研究改良水利,提倡保卫团和消防团,提倡青年服务团等各个方面。而乡村改进会以乡村改进会会员大会为最高权力机构,下设委员会和分会,以委员会为主要的议事部门,委员会下设办事部负责执行工作,设主任一人,办事部下设7个分部门开展具体工作。另外,还设有一些专门委员会,如稽核委员会、保管委员会、赞助委员会、调解委员会等。这些办事机构和专门委员会的设立,是试验区办事方针的直接体现。

农民的生计问题是发展农村教育的最大障碍。③因而,徐公桥乡村改进试验区在建立之初,便积极通过建立农场、果园,植树造林,修桥筑路,推广优良品种,普及施肥、除虫知识等措施来帮助乡村发展农业经济,增加收入。④

当时徐公桥乡村改进试验区面积有40平方千米,735户,3697人,分别在教育、经济、建设、卫生和团体机关等方面进行了规定与改造,深得当地乡民的称赞,"尤其是在村民心目中,他们的批评,称改进会是做好事的,劝人家做好人

---

① 陆叔昂:《三周岁之徐公桥》,中华职业教育社,1931,第13页。
② 姚惠泉,陆叔昂编《试验六年期满之徐公桥》,中华职业教育社,1934,第6页。
③ 吴长翼:《中华职业教育社八十年(1917—1997)》,内部资料,未出版,第32页。
④ 吴长翼:《中华职业教育社八十年(1917—1997)》,内部资料,未出版,第32页。

的"①。需要指出的是,面对日本侵华的狼子野心,乡村改进试验区积极开展爱国救国教育,还展开了实际行动。如当时乡村改进试验区开展"扩大爱乡之心以爱国"的教育活动,组织"抗日救国会",教员在课后分赴四乡宣传抗日,每天早晨到茶馆里演讲"国事要闻",尤其是在"一·二八"事变发生之后,改进区全体人员采购大米7000石,为十九路军送去急需的军粮,支援十九路军抗战。②

徐公桥乡村改进试验区的成功办理给随后扩大的试验提供了丰富的经验。如强调注意两事:一用人,二用财……用人以就地取材为原则,用财以就地筹款为原则,③"物质上文明幸福,当然人人欢喜接受的……吾们一方面注意增进农家生产,一方面注意减少他们无谓的消耗。上边所说婚嫁改良会呀,省节会呀,都是这点意思。就是上海去的先生们,绝对不希望他们把上海浮华豪侈的风俗以及所谓'洋派'带到村里去"④。徐公桥乡村改进试验区的成功办理增强了中华职业教育社开展乡村改进工作的经验与信心,随后相继在多地自办或合办乡村改进试验区。

(二)漕河泾农学团

中华职业教育社在1930年、1931年先后创办了漕河泾农村服务专修科和鸿英乡村小学师资训练所,合称为"漕河泾农学团",以培养乡村改进实践中所需的各类人才。漕河泾农学团设主任一人,先由宋紫云担任,后由江恒源接任,其中农村服务专修科由江恒源、宋紫云负责,之后由黄齐生负责,师资训练所由杨卫玉、李楚材负责。农学团为乡村改进的发展培养了急需的人才,是乡村改进试验发展的表现与产物,同时为乡村改进发展提供了助力,推动了乡村改进的进一步发展。

在工作方针上,农学团定有3条要求:"1.一面做一面学。2.从做的中间求

---

① 黄炎培:《从半年的徐公桥得到改进乡村的小小经验》,载中华职业教育社编《黄炎培教育文集 第三卷》,中国文史出版社,1994,第236页。
② 吴长翼:《中华职业教育社八十年(1917—1997)》,内部资料,未出版,第32页。
③ 黄炎培:《从半年的徐公桥得到改进乡村的小小经验》,载中华职业教育社编《黄炎培教育文集 第三卷》,中国文史出版社,1994,第235页。
④ 黄炎培:《从半年的徐公桥得到改进乡村的小小经验》,载中华职业教育社编《黄炎培教育文集 第三卷》,中国文史出版社,1994,第237页。

学。3.从做学中间求得系统的知能。"①在教育目标上,农学团定有3大目标:"1.自养养人——属于经济农事方面的。2.自治治群——属于文化教育方面的。3.自卫卫国——属于保卫组织方面的。"②这3大目标体现了黄炎培等人改进乡村的出发点,即是"富教合一"的理念。在组织结构上,农学团下设评议部、执行部、导师三部分,同时设有组务会议和团务会议,评议部包括建议和监察两项,执行部包括修养组、研究组、经济组、教育组、村政组、总务组六组,导师分为人事导师、文史导师、教育导师、村政导师、农事导师、园艺导师、合作社导师、畜养导师、医药卫生导师、军事导师、国术导师、政治经济导师、艺术导师、外国文导师14类,并根据导师职责不同又可分为常任导师和特约导师两种。

在课程设置上,农学团的课程内容密切联系乡村社会的实际情况,大致包括了"文化与教育""经济与生产""村政与组织"三大方面,涉及教育、农事、经济、村政、人事、卫生、历史、军事、文学、语言等具体内容,将职业教育的理论、人生的修养、具体的农作实践方面的知识相结合,从而帮助团员在提高道德修养的过程中增加农业知识与提升劳作技能。

需要指出的是,当时农学团注重团员的思想道德训练,如学员全部住宿,发给每人一张行军床,一条布毯,毯上印有"自养养人,自教教群,自卫卫国"的铭言和"双手万能"的社徽,每天上午课堂教学,下午实习,晚上自习或者讨论,每餐饭前还需集体唱歌。③具体的歌词为:

耕耘收获,几许艰难,盘中粒粒米,农民血和汗。团友们,想想看!

农民病矣,贫愚弱散,努力救乡村,谁来共负担。吃饱了,怎样干?④

在招生对象上,农学团主要招收高中、师范毕业或具有同等学力、在社会上工作两年以上的青年,须经过审查方能入团,学习年限为两年,实习一年。在教学方式上,农学团主要采用书本讲授、实地训练、开会讨论等理论与实践相结合的方式,如农学团设立了沪西第一农村改进区赵家塘办事处、吴家巷万生农场、沪西园场、劳获农牧场供学生开展农事试验,并根据农事实践的具体情形开展各类研究和组织各类讨论会,以期增加他们农业生产经验,提升其农业职业技

---

① 沈光第:《半年来之上海漕河泾农学团》,《中华教育界》,1934年第1期,第115页。
② 沈光第:《半年来之上海漕河泾农学团》,《中华教育界》,1934年第1期,第115页。
③ 吴长翼:《中华职业教育社八十年(1917—1997)》,内部资料,未出版,第33页。
④ 吴长翼:《中华职业教育社八十年(1917—1997)》,内部资料,未出版,第33页。

能。而且农学团不局限于团所在地,而是积极与他地交流。如当时农村服务专修科曾经组织"农村考察团",到苏、皖、浙、湘、川、滇、桂等省的农村进行考察,[1]了解各地农村改进的状况,以期改进当时的不足。

当时职教社的社员们很多都曾在农学团授课,如黄炎培主讲人生哲学、职业教育,江恒源主讲国文、历史、伦理、职业教育,杨卫玉主讲职业教育、小学教育,等等。[2]同时,农学团还聘请其他一些知名人士到团讲课,如高践四、俞庆棠、梁漱溟、晏阳初、雷沛鸿等人,均为当时对教育有着独到看法的学者。农学团为乡村改进培养了大批既有农业基础知识,又懂农业专门技术,同时还有高尚人生道德修养的专业工作人员,从而带动了乡村生产向着专门化发展。

(三)中华新农具推行所

中华新农具推行所是乡村改进试验区的产物,由于在乡村改进试验中,需要帮助农民提高生产技能,而农具是乡村生产中所必不可少的设备。一开始,中华职业教育社在乡村改进试验区谋求乡村经济之改进时,指出了5个方面的内容:(一)试验并推行新式农具;(二)试验并推行改良肥料;(三)试验并推行优良种子;(四)试验并推行农村合作;(五)试验并推行并存副业。而当时农村最为需要的是农具,因而中华职业教育社首先于1929年,成立了中华新农具推行所,推行新农具,帮助乡民改进生产,提高经济收入,改善生活。

中华新农具推行所的工作主要在两个方面:"一面督促厂方研究改良制造,减低价格,增高效率,以减轻农民负担;一面指导农民使用方法,解决一切困难,俾全国农民多能运用新式农具耕田,减少工作时间。"[3]即宣传新农具,向农民介绍并指导各类农具的使用方法,从而帮助农民认识新农具、运用新农具,提高农作效率,增加经济收入。在组织机构上,推行所设有主任一人,负责所内的一切事宜,主要为编制预决算、编造月报年报等,设干事两人,负责宣传、推行、收发农具、文书、会计、庶务、接洽、招待等事宜,设技术员两人,负责指导农民装配农具、使用农具、修理农具等。

---

[1] 吴长翼:《中华职业教育社八十年(1917—1997)》,内部资料,未出版,第33页。
[2] 吴长翼:《中华职业教育社八十年(1917—1997)》,内部资料,未出版,第33页。
[3] 《中华新农具推行所概况》,《教育与职业》,1934年第156期,第325页。

推行所开展推行工作的流程,首先是进行宣传。1930年,职教社新社所落成后,在社本部的底层设立一个新农具展示间,吸引农民参观,教会农民使用,编印小册子和招贴画,介绍各种型号的水泵以及碾米、打稻、轧棉、弹棉、中耕、收割、粉碎等各种机器的性能、效能,使用和维修方法,同时还备有一条陈列样品的小船,巡回行驶于沪郊各县的农村进行展览。①

当时推行所对工作人员提出了严格的要求,指出"我们不是当推销员,不是为产品招揽生意,而是要帮助农民认识新式农机具的功效,鼓励他们改进生产方式,以节省生产费用,节约劳动工时,增加生产"②,明确了设立推广所的目的是帮助农民增加农业知识与提升劳作技能,改进生产,增加生产。另外,还要求工作人员严于律己:"我们做这种工作,很可能由于我们帮农民做了点好事,因而请我们吃饭、看戏,送我们礼物。我们万万受不得,必须时刻警惕,严格要求自己。"③

由此可以看出,职教社心系乡民,真心帮助乡民谋好事,促发展。当时推行所的工作人员牢记立社的宗旨,以《中华职业教育社社歌》为精神指南,踏实工作,真心实意为乡民培训技术人员。

同时,推行所在发展过程中,积极与其他组织,如银行、合作社等合作,从而在资金和技术人员上都能够保障推行所的发展。经过两年的精心工作,推行所的业务工作不断发展,范围不断扩大,影响力大为增加。伴随着抗日战争的全面爆发,中华新农具推行所也毁于战争之中,但是在八年的发展过程中,推行所为乡村的发展尤其是在新农具的推广、教导、培训等方面发挥了重要作用,为乡村农业技术的发展提供了宝贵的历史经验。

职教社在20世纪20年代中期响亮地提出农村改进口号,实现从城市到农村,从工商业到农业的转变:第一是由于平民主义的思潮,想切切实实地把平民做对象来干实际工作;第二是办了工商教育之后,试验农村教育,发现不得不到田间去,不得不把整个的社会做对象,因此需要找整个地方来实现此种理想;第三是想从零零碎碎的实际工作找出整个的政治出路;第四是要用学者的专门研究和经验,一方面指导政府,一方面鼓动老百姓干些实际的好工作。④

---

① 吴长翼:《中华职业教育社八十年(1917—1997)》,内部资料,未出版,第34页。
② 吴长翼:《中华职业教育社八十年(1917—1997)》,内部资料,未出版,第34页。
③ 吴长翼:《中华职业教育社八十年(1917—1997)》,内部资料,未出版,第34页。
④ 孔雪雄编著《中国今日之农村运动》,中山文化教育馆,1935,第141页。

第三节　大规模举办职业补习教育和开展职业指导

中华职业教育社的早期实验活动主要为在城市开设职业学校来发展职业教育。这是由于第一次世界大战后,帝国主义列强暂时无暇顾及中国,国内民族资本主义得到了一定程度的发展,这在一定程度上促进了当时社办事业的发展,尤其是中华职业学校的发展。但是,随着帝国主义的卷土重来,本来就很脆弱的民族资本主义无法与之竞争,各大企业纷纷走向破产,这也直接影响到了当时职业学校的发展。职教社同人也认真思考了职教社所面临的困难及其出路,而"大职业教育主义"的适时提出,促进了职教社同人思维的转变,使他们不局限于职业学校教育,而进行更广泛的职业教育实践,逐渐形成了职业学校教育、职业补习教育、职业指导三位一体的职业教育形式,这也是"大职业教育主义"的体现。[①]从1917年至1947年三十年间,社办的职业学校教育、职业补习教育、职业指导机构,见表3-2。

表3-2　1917—1947年间中华职业教育社创立的各类教育形式的学校[②]

类型	学校名称
职业学校教育（10所）	中华职业学校、镇江女子职业学校、兽医专科学校、华艺工科职业学校、银行专科学校、中华工商专科学校、都江实用职业学校、昆明业余中学、昆明中华小学、上海比乐中学
职业补习教育（34所）	南京女子职业传习所、佣工训练所、文书讲习所、侍应生训练所、生产技能传习所、第一中华职业补习学校、第二中华职业补习学校、第三中华职业补习学校、第四中华职业补习学校、第五中华职业补习学校、第六中华职业补习学校、第七中华职业补习学校、通问学塾、商学团、农学团、武汉补习学校、广西职工训练所、广西军团妇女工读学校、桂林中华职业补习学校、重庆中华职业补习学校、重庆巡回职工补习教育队、重庆中华函授学校、事务管理人员训练班、贵阳工人补习学校、昆明中华职业补习学校、昆明中华职业补习学校函授部、昆明中华职业补习学校曲靖分校、昆明职工学习班、昆明银行行员训练班、昆明中华业余学校、昆明职业青年讲座、昆明音乐进修班、昆明舞蹈进修班、西昌补习学校
职业指导（12所）	上海职业指导所、暑期职业指导讲习所、南京职业指导所、中华国货指导所、海外职业介绍所、中华事务代办所、江苏救济旅外失学青年服务团、昆明职业指导所、桂林职业指导所、贵阳职业指导所、南宁社会服务处、上海伤残重建服务处

[①] 吴长翼:《中华职业教育社八十年(1917—1997)》,内部资料,未出版,第27页。
[②] 吴长翼:《中华职业教育社八十年(1917—1997)》,内部资料,未出版,第28-29页。

一、职业学校的困境

职业学校一直是职教社实验职业教育的主要形式之一,但是伴随着中国民族资本主义的日益衰败,作为当时最好的职业学校的中华职业学校在学生就业、校办工厂的产品销路和学校的经费来源等方面都面临着潜在的窘境。这一时期中华职业学校原来开办效果良好的珐琅、纽扣两科已经陷入沉寂,校办工厂,如中华珐琅厂、中华铁工厂独立出去自负盈亏之后,机械设备"同时亦不过可供三四十人实习之用而已"[①]。但是此一时期的中华职业学校在校友和社友们的帮助下,发展情况尚属良好,学生实习所制作的产品尚能销售,甚至于当时学校的经费还有结余。而且中华职业学校作为中华职业教育社的主要实践形式之一,是当时中国职业学校的排头兵,学生的道德修养和技能训练均较好,学校培养质量过硬,在社会上赢得了良好的声誉。再加之,作为职教社的直属学校,社的领导还积极出面为毕业生的就业奔走联络,因而这一时期中华职业学校的学生就业情况较好。但是其他职业学校由于培养质量相对不高,又没有那么多的社会关系,毕业学生的情况就可想而知了。

当时国民政府在教育经费上的投入非常有限,虽然职业教育法规规定,对职业教育经费的投入须占教育经费总额的35%,但是实际上这只是一种希望而已。在总的教育经费都无法保证的情况下,增加职业教育经费的投入就只是一种空想而已。一方面是职业教育的经费非常少,另一方面发展职业学校需要购买机器设备和各种原料,投入的成本高于普通学校,如果产品没有销路,职业学校就处于亏损状况,加之当时中国经济萧条,致使职业学校的毕业生就业难。同时在当时学生家长的观念中,普通学校的学生毕业未能升学是孩子本身的问题,而职业学校的毕业生未能就业,是职业学校在骗取学费,因此当时许多热心办职业学校的教育家又回头去办普通教育了。黄炎培在1929年第七届全国职业学校联合会上做报告指出:这五十一机关中,为联合会老会员的,竟不到一半,"这八十六个代表中,在历届年会曾为代表的,除本社职员外,竟然绝无而仅有"[②]。由此也可看出职业学校已经失去了曾有的吸引力。

[①] 中华职业学校:《中华职业学校概况》,《教育与职业》,1934年第156期,第314页。
[②] 黄炎培:《第七届全国职业学校联合会里几个问题》,《教育与职业》,1929年第107期,第1288页。

二、职业补习教育

职业补习教育是职业教育中同职业学校教育同等重要的教育形式。在职业补习学校里,职业青年可以根据自己所从事的行业、无业青年可根据自己的兴趣和爱好选科学习,增进知识和训练技能。民国时期,国民政府高度重视职业补习教育的发展,在1933年9月6日,教育部颁布了《职业补习学校规程》。

1932年5月,在十五周年纪念会上,职教社为了适应时代需要,决定大规模开办职业补习教育,有计划地创设职业补习学校。职业补习学校,是职教社为实施职业教育而设立的另外一种教育模式。职业补习教育与职业学校教育存在着很大的不同,在教育对象上,职业补习教育主要是针对从业人员,是补受教育,而职业学校教育的对象是普通学生,是先受教育再求职。相较于职业学校教育,职业补习学校在办学方式、教学内容、教学时间等方面,更加灵活。职教社在成立之初,曾计划举办"商业补习夜校",但因种种原因,未能实行。1919年,中华职业学校曾开办了一个艺徒班,利用晚上的时间上课,这个艺徒班的招生对象主要为贫苦学生而不是从业青年,因而它还不能算作是真正意义上的职业补习学校。1921年,中华职业学校在艺徒班的基础上,附设了工商补习学校,学生来源主要是学校附近的工厂职工、徒工,商店学徒等。此后,又陆续举办了夜校、晨校和通问学塾等形式的补习教育。不过,真正开始大规模地举办职业补习教育则是从1932年开始的。一开始,以黄炎培为代表的职教社领导人,认为职业学校教育是职业教育的主要形式,职业教育的目的首先是使"无业者有业"。因此,职教社重视职业学校教育,而把职业补习教育仅看作是职业教育的一种补充形式。

不过,在教育界、实业界等众多有识之士的倡导之下,加上教育部制定了有关职业补习教育的法令法规,中华职业教育社也一面加强对职业补习教育的理论探讨,一面开始创设职业补习学校。如在理论研究层面,1936年7月《教育与职业》第174期特开辟了职业补习教育专号,刊登了江恒源的《职业补习教育的十种重要性》、钟道赞的《职业补习教育之演进与问题》、何清儒的《职业补习教育中的个别指导》等文章进行理论探讨。在实践层面,中华职业教育社不断从多层面、多层次开办各种类型的职业补习学校,如1929年创办的职工补习晨校，1931年创办的中华职业补习夜校等。随着补习学校规模的扩大，1933年1月，中华职业教育社将原已开办的职工补习晨校、第一中华职工专修夜校、通问学塾及附属的业余图书馆合并成立了第一中华职业补习学校，学校设立技能系、指导系、语文系三系，下设16科。1932年，为满足职业补习教育的需求，创立了第二中华职业补习学校，先期试办商业补习教育，分晨班、夜班两组，后又有各大合作单位送来学员学习，如商务印书馆、中国国货公司、中华书局、新华银行、中西药房、美亚织绸厂等。该校除了按照学生的文化程度分班教学，还将合作单位送来的学生特设一班，注重专业训练。1933年8月，鉴于第一、第二两所职业补习学校的科目均为商科性质，社决定利用中华职业学校的工科设备，举办一所工业性质的职业补习学校，即第三中华职业补习学校。学校设有机械电器、土木建筑制图、无线电、英语四科，学生大都来自附近工厂，接受工业知识技能方面的教育。1937年，应上海浦东同乡会合办补习学校的请求，中华职业教育社决定在浦东同乡会大厦三楼创办第四中华职业补习学校，开设有所得税研究、中西式簿记、服务指导、实用俄语会话、店员补习等课程，江恒源兼校长，姚惠泉任主任。姚惠泉曾说：该校是当时学生最多、规模最大的职业补习学校。[1]抗战全面爆发后，失业人数大增，职业补习学校成为民众的热门选择，学校规模已满足不了当时的需求，于是相继于1938年2月设立了第五中华职业补习学校，1939年2月设立了第六、第七中华职业补习学校。至此，中华职业补习学校增至7所，社所开展的职业补习教育的规模空前扩大。

中华职业教育社重视培养职业补习学校学生的民族意识和职业道德。对于职业补习学校是否需要进行职业道德教育，职教社认为："职业补习学校决不是智能传习所舍，教育智能外，宜着重于训练。训练之职能，为灌输生活常识、培养服务道德。"[2]当时社所开办的职业补习学校通过设置服务道德课程，开展同学会、专题讲座、课外活动等途径来对学生进行职业道德教育。1935年2月，职教社公布了《复兴民族目标下之青年职业训练具体方案》，各中华职业补习学校也要求融入"民族意识"。

---

[1] 姚惠泉、潘文安：《办理上海第四中华职业补习学校一得》，《教育与职业》，1941年第193期，第27页。
[2] 《第二中华职业补习学校概况》，《教育与职业》，1934年第156期，第334-335页。

三、职业指导

职业指导是职业教育的重要组成部分之一,它可以辅助、促进职业教育的实施,发挥出职业教育的成效。具体而言,职业指导是通过为求职者提供相关职业的事实、状况以及意见,从而帮助求职者能够有效地选择职业、获得职业、改进职业,从而达到与其个性、能力、兴趣相适的职业发展状况,简言之,即是使人人有业并且乐业。在中国,职业指导是一项新的事业,最初的工作主要偏重于职业介绍方面,这是职业指导最为基本的含义。随后中华职业教育社逐步探索、扩展了职业指导的内涵,如职业谈话、职业调查、职业讲演、升学指导、改业指导、择业指导、人生指导等,这些内容在广度和深度上深化了职业指导的概念,相当于"全人生指导"。职业指导内涵的不断丰富,凸显了职业教育对于个人、社会所产生的重要作用。以下简述这一时期中华职业教育社所开展的职业指导活动。

(一)职业指导委员会的改组与职业指导的初步开展

1920年,职教社在第二届年会时决定成立职业指导部,同时,组织了职业指导部委员会,"公推陆规亮、沈信卿、黄任之、顾荫亭、俞抗澜、黄伯樵、杨立人、潘仰尧、秦翰才诸君为委员,并推定陆规亮君为主任"①。对于成立职业指导部的目的,中华职业教育社在《本社创设职业指导部宣言》中指出,如果"社会上各种职业需要的人才和各人的体力、学业、品性、能力不相谋合,非但两方面,都感不便,都受损失,就是于社会生计、国民经济,也要受到很大的影响咧",因而要求"实施职业教育的人,应该想一个法子,预先去指导他;凡是关于社会的生活,职业的种类,职业界需用人才的标准,以及学徒自己的体力、学业、品性、能力各方面,都应该使他们注意做他们将来选择职业时候的参考资料。那么,他们决不会误选了职业,以致常常要想改变,也不会用非所学,妄费精神了"。②因此,中华职业教育社组织成立职业指导部,下一番彻底的功夫去研究和开展试验。简

---

① 《社务纪要》,《教育与职业》,1920年第19期,第1页。
② 《本社创设职业指导部宣言》,《教育与职业》,1920年第19期,该文第1页。

言之,当时职业指导部的主要工作有5项:把各地重要的职业,切实调查明白;调查各学校将毕业生徒的年龄、体力、学业、品性、能力和志愿;征集各实业家对于毕业生服务上必要的条件;各校生徒毕业以前,本部派员前往演讲选择职业的要点;介绍毕业生入相当学校。①

1921年,职教社颁布了《职业介绍规则》,后又于1923年进行了修订,重新颁布了《中华职业教育社职业介绍部规则》。1923年7月,职教社决定:"除编辑职业指导专书,对于西方学说办法,作有系统之介绍外,并拟就实施方面,有一种具体计画,爰将前设指导部委员会加以改组。"②改组后的委员会成员构成为:"刘湛恩博士为主任,朱经农博士、廖世承博士、陆规亮君、杨鄂联君、黄冀君为委员,并以邹君恩润为副主任,负执行之责,此外并请研究此问题者为通讯委员(先推庄泽宣、顾树森、王志莘诸君)。"③职业指导部委员会经由改组之后,便逐步切实地开展职业指导工作。职业指导委员会第一次谈论会,"议决每半年开常会一次,报告成绩及规定扩充计划"④,并先行在江苏省探索职业指导的具体办法,包括三部分:"一、与教实联合会合作,调查各业内容;二、调查初中以上各校内容;三、调查各校学生职业志趣。"⑤总体而言,当时开展的职业指导工作,谢长法教授将之总结为4个方面,分别是:(一)调查江苏职业和江苏中等以上各校情况;(二)组织编写或编译有关职业指导书籍;(三)审定《择业自审表》;(四)继续开展职业指导理论的探讨。⑥这些工作不仅有理论层面的探求,也有实践层面的探索,反映出职教社同人对于职业指导工作的重视。理论是实践的基础,指导着实践的展开,同时实践又能够丰富理论的内容。

1924年2月23日,中华职业教育社职业指导委员会开第三次常会,到会的委员有刘湛恩、邹恩润、黄任之、杨卫玉、陆规亮、黄伯樵、朱经农以及代替廖世承的杨君等人,由刘湛恩担任此次常会的主席。此次会议讨论的主要内容为:"先报告去年该社调查学校之情形,并提出所著青年择业自审表,讨论酌改后通

---

① 《本社创设职业指导部宣言》,《教育与职业》,1920年第19期,该文第2页。
② 《中华职业教育社通讯·改组职业指导委员会》,《申报》,1923年7月8日,第4版。
③ 《改组职业指导委员会》,《教育与职业》,1923年第47期,第57页。
④ 《职业指导委员会之积极进行》,《新闻报》,1923年7月21日,第3版。
⑤ 《职业指导委员会之积极进行》,《新闻报》,1923年7月21日,第3版。
⑥ 谢长法:《中国职业教育史》,山西教育出版社,2011,第342—344页。

过,复议本年如何实施此项职业指导运动。"①关于职业指导运动,常会决定"由四月上旬起六月止",先在上海、南京、济南、武昌等教育中心,"指定著名之中学一二校着手,为演讲测验等之指导"②。这次面向全国的职业指导运动被称为"一星期职业指导运动"。这一时期职教社的职业指导工作得到了初步的发展。

(二)职业指导的深入发展

职教社不仅通过职业指导委员会每年组织的常会讨论职业指导的理论与实施状况,还与各地方合作具体实施职业指导。1924年,职业指导委员会开会,讨论的内容主要为:"一、将本年四月间在各处提倡职业指导办法及统计编成《职业指导试验第二辑》……二、已将调查江苏学校状况结果,编印《投考须知》一书,备教育指导及职业指导之参考。三、……提倡本省各初级中学实施职业指导,议决先由本会议组各校研究会。四、拟根据欧美各家著述编译《职业心理学》备研究职业指导者参考……五、已将职业指导实施状况特为详细叙入……六、拟于本学期就中华职业学校试办择业预备科。"③从中可知,这一次会议的主要内容是强调了编印与职业指导相关的书籍,聚焦于理论层面的探讨。不过,这一时期的职教社更多的是在实践层面推动职业指导的深入发展。1925年,职业指导委员会商定"推广职业指导计划",不仅扩大了职业指导的区域范围,而且明确指出了职业指导的具体实施,由此在全国开展了一系列职业指导运动。职业指导旨在调和学校、职业界、青年三者之间的需求,充分展现各方的最大需求与功效。

1924年,江苏省教育会曾开大会议决在江苏全省初级中学实施职业指导,并商定与中华职业教育社共同设立中学职业指导研究会,作为提倡、讨论职业指导的机关,但是因故搁置。1925年10月,中华职业教育社与江苏省教育会在南京约集江苏各地中学校长,开会商讨实施职业指导的办法。在这次会议上,大家一致认为:"原拟限于初级中学,嗣经议决扩充范围,推及于高级中学校,组

---

① 《昨晚职业指导委员会开会记》,《申报》,1924年2月24日,第4版。
② 《昨晚职业指导委员会开会记》,《申报》,1924年2月24日,第4版。
③ 《职业指导委员会昨日开会》,《申报》,1924年10月1日,第3版。

织江苏中等学校职业指导研究会。"①同时,这次会议还议决了《江苏中等学校职业指导研究会组织大纲》,共计10条内容,对于研究会的主旨、范围、会员、事业等方面均做了相应的规定。如规定研究会的主旨为"研究职业指导事业","研究推广之范围以中等学校为限",在会员组成上,规定"凡本省公私立中等学校,不论已未实施职业指导,皆得加入本会,中华职业教育社职业指导委员会委员亦加入之,热心研究职业指导之个人亦得加入为研究员,惟研究员无表决权"。②1926年5月4日,由江苏省教育会、中华职业教育社、江苏省公私立中等联合组织的"江苏中等学校职业指导研究会"在上海举行成立大会,会上通过了《江苏中等学校职业指导研究会章程》。这份章程与组织大纲的内容基本相同,其中再次指出了当时研究会的事业为"研究、调查、讲演、出版、实施"③等方面。1926年9月,鉴于"数年来学校猛增,就学学生毕业后无出路,致有多数毕业生抱失业之憾"④,职教社在江苏省进一步加大了实施职业指导的工作力度。通过职教社在江苏省开展职业指导的工作,显现了其在推行职业指导工作中的重要作用。

1927年9月,职教社在上海成立了中国第一个职业指导所,针对学生的升学、择业等具体问题开展了大量的指导工作。上海职业指导所是中国第一个由职教社设立的开展职业指导的专门机构,标志着职业指导在中国的专门化、组织化的发展。与此同时,职教社还与南京、重庆等地青年会联合设立职业指导所,在当地开展了大量的职业指导活动。由此,全国各地相继设立职业指导所,职业指导的广度和深度不断得以扩展。

中华职业教育社通过前期职业指导部和职业指导委员会的不断探索,逐渐扩大了职业指导的范围和工作力度,尤其是通过与其他部门开展合作、实施职业指导和成立专门的、独立的职业指导所。这些举动不仅扩大了中华职业教育社在职业指导方面的影响力,更加强了职业指导的作用,推动了职业指导的深入发展。

---

① 《推行中学职业指导》,《教育与职业》,1926年第76期,第393页。
② 《江苏中等学校职业指导研究会组织大纲》,《金山县教育月刊》,1925年第3卷第3期,第32页。
③ 《江苏中等学校职业指导委员会章程》,《教育与职业》,1926年第76期,第393页。
④ 思退:《读毕业生就业指导会一部分统计感言》,《教育与职业》,1926年第80期,第597页。

中华职业教育社通过职业指导活动，扩大了职业指导在社会上的影响力。职业指导帮助广大青年选定修学的方向，尤其在指导职业学校学生选择专业、适应未来职业需求方面发挥了较好作用。中华职业教育社所开展的职业指导活动，积累了丰富而宝贵的经验，对今天如何开展职业指导具有借鉴意义。

第四节　开始参与政治活动

中华职业教育社在提出"大职业教育主义"之前的办事原则是"不问政治"，专注于职业教育相关事业的推广与试验，其间虽也有社员参与过一些政治活动，但仅仅是以个人名义或是江苏省教育会的名义对外开展政治活动，尚未以职教社的名义参与过政治活动。不过，在明确了"大职业教育主义"的思想纲领后，职教社改变了以往活动仅限于教育事业的惯例，开始参与到广泛的政治社会活动当中，最为主要的表现为创办了《生活》周刊。同时，由于职教社对于国民党所作所为的了解日深，并通过《生活》周刊刊发了一些揭露国民党统治的言论，引起了国民党的憎恶，但是职教社为了自身发展又不能与国民党彻底闹翻，因此两者之间形成了一种微妙的关系。

一、作为发布社会生活和正义言论的公共平台——《生活》周刊的创办

1926年2月，职教社在苏州组织召开了第一次专家会议，参会人员黄炎培、杨卫玉、刘湛恩、邹韬奋、王志莘等人，均认为"所谓职业教育，以职业为目的，教育为手段，而皆与社会环境有连带关系，故本社以后应加入政治活动，以增实力，并与职业社会作实际之联络，以期合作"[1]。这是"大职业教育主义"的应有之义，表明了职教社之后要加入到广泛的政治活动中，在更大程度上壮大自己

---

[1]《苏州会议纪要》，《教育与职业》，1926年第74期，第247页。

的实力,发挥自己的作用,集中表现于《生活》周刊的创办。

事实上,1925年10月,职教社即已经创办了《生活》周刊。当时社的活动范围不断扩大,业务不断扩展,而作为社的机关刊物的《教育与职业》每月才刊行一次,且偏重理论研究。为了更迅速地传播职业教育的消息和理论,反映当时店员、学徒等的生活和要求,职教社决定创办《生活》周刊。《生活》周刊在第二期发表了《编辑者言》,阐明办刊的目的是"同人信生活是依据职业为中心的。欲图谋生活之圆满,须先得适当之职业,所以本刊愿揭出各种职业之性质与青年择业、安业、乐业的准则"①。黄炎培也在《创刊词》中说明了办刊的目的:"天生人,予人以生活之资也,乃受焉而未尽其利;且予人以生活之才也,乃备焉而未尽其长,则生产问题起焉。一部人享优越之生活,致他部人求最低度之生活而不得,则支配问题起焉","人与人相处而有社会问题焉,究之,则人与人间之生活问题而已矣。国与国相处而有国际问题焉,究之,则国与国间之生活问题而已矣","吾鉴夫此问题意味之日益严重,与其范围之日益广大也,欲使有耳,耳此;有目,目此;有口,口此;合力以谋此问题之渐解,作《生活》"。②由此也可以看出,此刊物的目的是促使人们注目于社会各类问题,并寻求如何解决此类问题,也就是增强人们的社会责任感。

关于《生活》周刊的内容,主要在于"研究社会生活及经济以见职业教育之需要,并为设施之根据,其次注意指导青年预备、选择并从事职业之途径,而以各地职业教育消息,社中进行状况及职业介绍消息"③等方面。大致而言,主要内容包括两个方面:一是"客观地报道了下层劳动人民在死亡线上苦苦挣扎的惨状,如'人力车夫的生活'、'纺织女工的生活'、'学徒生活写真'、'贫苦农民的生活'等专题文章"。二是有关青年修养的专论,涉及青年人如何确立理想、如何为人处世等问题。④当时,《生活》所开设的栏目主要有"论坛、修养、平民经济问题、平民职业状况、平民生活素描、各地风俗谈"等。⑤

早期《生活》周刊的发行量仅有二千八百多份,多为赠送,影响力不大。不

---

① 《编辑者言》,《生活》,1925年第1卷第2期,第1页。
② 黄炎培:《创刊词》,《生活》,1925年第1卷第1期,第1页。
③ 《介绍"生活"周刊》,《新闻报》,1925年10月12日,第12版。
④ 黄嘉树:《中华职业教育社史稿》,陕西人民教育出版社,1987,第80页。
⑤ 黄嘉树:《中华职业教育社史稿》,陕西人民教育出版社,1987,第80页。

第三章 顺应时势,提出大职业教育主义(1926—1930)

过在1926年10月,由于主编王志莘调入工商银行,职教社把时任《教育与职业》编辑股主任兼中华职业学校教务主任的邹韬奋调来掌管《生活》,这样《生活》开始转变发展理念,影响力大为增加。邹韬奋接办《生活》之后,不仅保留了早期《生活》的两大特色,客观报道下层人民生活状况和青年修养两方面,还增设了新的栏目内容,如读者信箱、每周大事记、小言论等。在这些新的栏目中,"每周大事记"聚焦于时事政治方面,"读者信箱"则聚焦于民众社会生活的各个方面,并由邹韬奋亲自答复,旨在帮助读者处理好生活与工作中的问题。此外《生活》还开设了长篇小说连载、海外通讯等栏目。在邹韬奋的掌管之下,《生活》逐渐由关注教育问题转为研究社会问题、政治问题。而且这份周刊很快成为一份代表大众利益,为大众作喉舌的周刊,成为呼吁团结抗日、争取民主的号角,在社会上的影响力不断增加,发行量也由数千份增加到了十余万份。邹韬奋曾说:当时《生活》周刊"还在职业教育社的'骈橥'之下,我和徐、孙诸先生都只是雇员,原没有支配的全权,但是职业教育社当局的诸先生全把这件事看作文化事业,一点没有从中取利的意思"。[1]还说:"'生活'周刊经我接办了以后,不但由我全权主持,而且随我个人思想的进展而进展,职业教育社一点也不加以干涉。当时的'生活'周刊还是附属于职业教育社的,职业教育社如要加以干涉,在权力上是完全可以做的……但是职业教育社诸先生对我始终信任,始终宽容,始终不加以丝毫的干涉。就这一点说,'生活'周刊对于社会如果不无一些贡献的话,我不敢居功,我应该归功于职业教育社当局的诸先生"。[2]《生活》周刊在邹韬奋日趋向上思想的指导下,刊发了诸多正义的言论,逐渐转变为"主持正义的舆论机关"。邹韬奋认为:"'生活'周刊应着时代的要求,渐渐注意于社会的问题和政治的问题,渐渐由个人出发点而转到集体的出发点了。"[3]不过,黄炎培等职教社的领导人尚不愿过多地卷入政治活动中,担心影响到社的基本事业和自身的发展,因而于1930年将《生活》周刊改为独立经营,并成立了书报代办处,

---

[1] 邹韬奋:《经历:一个小小的过街楼》,载《韬奋文集·第3卷》,生活·读书·新知三联书店,1955,第76页。

[2] 邹韬奋:《经历:一个小小的过街楼》,载《韬奋文集·第3卷》,生活·读书·新知三联书店,1955,第77页。

[3] 邹韬奋:《经历:一个小小的过街楼》,载《韬奋文集·第3卷》,生活·读书·新知三联书店,1955,第77-78页。

又于1932年7月将书报代办处扩充为生活书店,继续为正义言论提供舆论平台。邹韬奋也感慨地说:"幸而职业教育社诸先生深知这个周刊在社会上确有它的效用,不妨让它分道扬镳向前干去,允许它独立,由生活周刊社的同人组成合作社,继续努力。在这种地方,我们不得不敬佩职业教育社诸先生眼光的远大,识见的超卓,态度的光明。"①

独立经营后的《生活》周刊进一步发扬了邹韬奋的左倾思想,如邹韬奋曾在1933年给高尔基的信中说:"这个刊物的目的,是在中国鼓吹社会主义,同情中国的苏维埃运动。"②虽然《生活》周刊极力地伪装自身,但是还是被国民党察觉到其真实目的。由此,国民党政府逐步开始了对《生活》周刊的管控,首先于1932年,发文禁止各地邮递《生活》周刊,又于次年,下令上海市禁销《生活》周刊,从而使得《生活》周刊停刊。在这期间,作为《生活》周刊负责人的邹韬奋也因此流亡海外。在停刊号的那一期,《生活》周刊刊登了编辑部的"最后的几句话":"统治者的利剑,可以断绝民众文字上的联系,而不能断绝精神意识上的联系。人类的全部历史记载着,民众利益,永远战胜了一切,一切对于民众呻吟呼喊的压抑,都是徒劳的。"③虽然后期《生活》周刊脱离了职教社,独立经营,但又没有完全与职教社脱离,其主要干部如徐伯昕、孙梦旦等均为职教社社员,而且职教社领导人黄炎培、王志莘等人也积极支持《生活》的一些社会性的工作。《生活》还将自己盈利的一部分资金捐献给职教社作为社的发展经费。可以说,《生活》周刊与职教社二者之间是"形离而神不离",仍然联系密切。

二、与国民党之间的微妙关系

早期中华职业教育社的活动重点在于职业教育相关事业的施行与扩展,对于政治活动不甚关注,但是身处当时政局不稳的社会,又不可能完全远离政治活动而独善其身。黄炎培当时在论及国民党对职教社的态度时曾说:国民政

---

① 邹韬奋:《经历:一个小小的过街楼》,载《韬奋文集·第3卷》,生活·读书·新知三联书店,1955,第78页。
② 戈宝权:《邹韬奋和高尔基》,载上海韬奋纪念馆编《韬奋的道路》,生活·读书·新知三联书店,1958,第275页。
③ 同人:《小言论:最后的几句话》,《生活》,1933年第8卷第50期,第1017页。

府,始终和它闹别扭。①当时职教社一方面对国民党政府抱有幻想,另一方面又看到了国民党政府的反动统治,陷入了一种自相矛盾的状态。

职教社所开展的活动主要是在国民党统治的区域,不过国民党政府对于职教社并没有好感,这点从国民党军队进入上海后对职教社的恶劣行径可以得知。1927年3月,国民党军队进入上海,次日职教社社所遭到了一伙暴徒的袭击,办公室被毁,工作人员被赶到了上海的郊外,且社所还被国民党军队所占用。职教社在面对暴徒袭击时,不仅没有得到国民党政府的有力保护,更是被国民党军队"鸠占鹊巢",显现了国民党政府对于职教社的不屑一顾。最终,幸得上海工商金融界的知名人士进行游说,职教社才收回了社所。作为职教社负责人之一的黄炎培当时发表了一些不利于国民党统治的言论,成为国民党通缉的对象,被迫离开上海,北上大连。后来,通过蔡元培、邵力子等一众好友的说情,黄炎培得以返回上海。黄炎培回到上海后,致函职教社评议会要求辞去办事部主任的职务,推荐当时深受国民党政府信任的江问渔接任。黄炎培请辞办事部主任,不是担心其个人之安危,而是从当时的大局出发,希望职教社能够在政治上得到更好的保护。正如其所说:"炎培虽以终身服务职业教育自勉,但绝对不以长期主任本社办事部为然。诚欲人人为主义上之奋斗,而不欲私人情感上之结合。"②

众所周知,国民党的党内方针是"三民主义",而职教社的成员大都是相信三民主义的。当时《教育与职业》上曾刊发了多篇文章,职教社领导人之一的杨卫玉提出:所谓民生主义,就是用以解决人民生活的社会主义,而职业教育者,质言之亦为用教育的方法以解决人民生活问题,所以民生主义包括职业教育,而职业教育为达民生主义之一种方法,即一种工具。③而且他还说:"职业教育者,推演民生主义之教育,亦即民生主义发展必由之途径也。"④这些言论表明了职教社希望能够得到国民党的承认,对国民党政府抱有希望。但是现实的情况确实让职教社同人大失所望,蒋氏政权在路线方针上越走越偏,逐渐成为官僚资本主义的代言人,中国的民族工商业急剧凋败,广大民众处于水深火热之中。

---

① 黄炎培:《中华职业教育社奋斗三十二年发见的新生命》,《教育与职业》,1949年第208期,第5页。
② 黄嘉树:《中华职业教育社史稿》,陕西人民教育出版社,1987,第87页。
③ 杨鄂联:《民生主义与职业教育》,《教育与职业》,1927年第86期,第235页。
④ 杨鄂联:《民国十七年度之中国职业教育》,《教育与职业》,1929年第107期,第1293页。

职教社有感于当时社会的情况和国民党政府的反动，从1930年开始逐渐停止宣传职业教育与民生主义之间的关系，不再为国民党做虚假宣传，因为国民党根本不打算实行民生主义。[①]

由于职教社在其创办的《生活》周刊上偶尔揭露国民党的所作所为，在一定程度上影响到了国民党的统治形象，进而遭到了国民党的打压。面对国民党的打压政策，为了职教社的生存和发展，黄炎培等人不得不利用私人情谊，拉拢当时的国民党显要如孔祥熙、王宠惠、李石曾、张群、陈布雷等人入社。同时社的一些重要成员，如中华职业学校校长顾树森担任南京特别市教育局局长，还有蔡元培、蒋梦麟等都是当时国民党的高级官员。这些举措在一定程度上使得职教社的各项事业能够正常进行。

[①] 黄嘉树：《中华职业教育社史稿》，陕西人民教育出版社，1987，第90页。

第四章

不懈坚守,积极应对抗日战争而获得新发展
(1931—1945)

1931年，日本悍然发动了"九一八"事变，在局部地区开始了对中国的侵略，中华民族面临着国破家亡的危机。中华职业教育社一直以来期望通过教育来救中国，自然对国家民族的危亡非常关心，并且积极地在各方面进行活动，投身抗日战争之中。在地理位置上，职教社的大本营位于抗日战争的最前沿——上海，而上海的沦陷，致使职教社不得不内迁，相应的各项事业自然也受到严重的影响。不过，职教社同人秉持着不怕困难的雄心壮志，艰苦努力，最终在战争时期获得了新的发展。如相继设立了七所职业补习学校，大力发展职业补习教育，在多地设立了职业指导机构，广泛推进职业指导工作，这些是抗战时期的重点工作。同时，职教社同人积极投身抗日战争的同时，还积极开展社会政治活动，如组建救国社团和参与成立民主政团。这些都显示出职教社为积极应对抗日战争而做出的相应改变与努力。

第一节　积极投身抗日战争

　　"九一八"事变爆发，日本帝国主义侵占中国的野心昭然若揭，中华民族面临亡国灭种的深重危机。在这一危机面前，中华职业教育社同人并未意志消散，而是振奋精神，不仅在舆论上，积极为抗日战争进行宣传，鼓舞士气，而且在实际行动上以身作则，推行国货，抵制日货，同时还抵制、批评国民党的对外方针，帮助广大民众认清国民党，从而为抗日战争做出自身力所能及的贡献。

一、为抗日战争积极奔走呼号，贡献自身力量

1931年"九一八"事变后，中华职业教育社同人关心国家的危亡，积极参加呼吁抗战和支援抗战的宣传和组织工作。9月19日，职教社领导人在上海广播电台发表了《怎样对付日本出兵东北》《我们对于日本出兵应取的态度》的演说。9月21日，社员姚惠泉、潘文安到电台发表反对日本出兵东三省的讲话，同日，杨卫玉、江问渔到上海市教育局出席教育界抗日救国联合会，当选为执行委员。9月26日，黄炎培、江问渔、杨卫玉联络上海各界爱国人士35人成立"上海抗日救国联合会"，商讨抗日救国大计。翌日，黄炎培、江问渔奔赴南京，以抗日救国联合会代表的名义面见蒋介石，要求蒋介石出兵抗日。11月3日，职教社在沪相关机构人员2000余人举行抵制日货宣誓大会，并成立国货指导所，开展推广国货运动。12月23日，职教社创办《救国通讯》(1934年改为《国讯》)作为职教社的机关刊物，专门报导"国难要闻""国难大事"以及各界知名人士的抗日主张，并对国民党的卖国政策进行评论等，为动员人民抗日起到了积极的作用。[①] 同时，职教社还于1932年9月，创办了"星期讲座"，由蔡元培、陶行知、杜重远、潘光旦、章乃器等人担任讲师，主题大多都是宣传抗日救国，吸引社会各界人士，尤其是广大青年来参加。[②]1940年9月29日，职教社在重庆举办"星期讲座"，邀请到周总理来演讲，内容是"国际形势与中国抗战"，海报一经贴出，轰动了整个山城。尽管当时会场受到国民党反动派的严密监视，但是来听讲座的人非常之多，周总理从国际形势讲到国内形势和抗战前途，极大地增强了大家取得抗日战争最后胜利的信心。

当时，在黄炎培的领导下，职教社、各种职业学校和农村改进区内，均大力开展抗日救亡宣传活动。如黄炎培1936年在重庆市商会私立通惠中学演讲《国难中之职业教育》一文，其指出："我们要明白摆在前面的大问题，就是国家民族生死存亡的问题. 很明显的现在只有两条路，一条是生存，一条是死亡。"[③]

[①] 黄嘉树：《中华职业教育社史稿》，陕西人民教育出版社，1987，第103页。
[②] 黄嘉树：《中华职业教育社史稿》，陕西人民教育出版社，1987，第106页。
[③] 黄炎培：《国难中之职业教育》，《教育与职业》，1936年第176期，第477页。

第四章　不懈坚守,积极应对抗日战争而获得新发展(1931—1945)

为此,他呼吁同学们:"民生痛苦到这般地步,国难逼迫到这般地步,吾们还读死书么？还不觉悟么？"①他号召无论是已毕业还是未毕业的同学们,都应为复兴中华民族做切要的工作。

职教社不仅积极通过舆论来呼吁广大群众坚持抗战,还采取了一些实际措施为抗日战争做出自身的贡献。如职教社积极动员在上海等地的实业界人士将工厂迁往内地,而且中华职业学校附属的工厂还起到了带头搬迁的模范作用。日军步步逼近,上海失守后,总社迁往内地,留守在上海的部分工作人员和职校的部分师生不惧日军在上海的残暴行径,团结各界人士,积极宣传坚持抗日战争,救国救民,由此在上海开始了"孤岛"作战。尤其是留守上海的中华职业学校师生克服重重困难,在学习的过程中不忘抗日救国。简要而言,当时部分师生"一面坚持上课,一面通过升国旗、聚餐会等形式,表达不做亡国奴的决心,以及讨论对日斗争的具体工作方针和营救被捕人员,为上海市人民的抗日救国运动做出了榜样,起到了推动作用"②。

中华职业教育社积极支持学生的爱国运动。当时职教社的附属学校中华职业学校每天都举行升旗仪式,而且逢特别的日子,举行纪念会,还组织学生演唱抗日歌曲、救国演讲比赛等活动,这些活动能够很好地激发学生的爱国热情。上海沦陷后,当时"虽然在租界上无旗可升,但升旗典礼仍照常举行。每天早晚改吹号为摇铃。师生听到铃声,全体起立致敬,名为'精神升旗'"③,可知当时爱国救国的思想与举动已经深入到学生的内心。不仅如此,中华职业学校学生还以自身的实际行动参与到抗日救亡之中,如开展抗日救亡义演,为东北马占山抗日义勇军募捐,组织成立义勇军编制,学习军事技能,甚至于还有学生直接参与到战争之中。如此种种,均显示出中华职业学校学生在爱国救国方面的努力,而这些努力正是职教社积极倡导并支持的。

1932年,职教社参与发起成立了"上海市民地方维持会",后改为"上海市地方协会",由史量才担任会长,王晓籁、杜月笙担任副会长,黄炎培担任秘书长兼

---

① 中华职业教育社编《黄炎培教育文选》,上海教育出版社,1985,第230页。
② 吴玉琦:《中国职业教育史》,吉林教育出版社,1991,第252页。
③ 吴长翼:《中华职业教育社八十年(1917—1997)》,内部资料,未出版,第26页。

总务主任,负责组织各项后勤工作。职教社还通过将社办期刊《生活》周刊由周刊改为日刊,向社会各界征集抗战物资,并由职教社负责送往前线。同时,职教社同人还参与创办了"一·二八残废院",帮助因战争而负伤致残的军人,为前线军人提供心理上的安慰。这些活动均体现了职教社坚持抗战、服务抗战、参与抗战的热情。

抗日战争全面爆发之后,中国面临着严重的亡国危机,职教社同人一直秉持爱国救国的初心,通过自身的实际行动来支援抗战。具体而言,如职教社领导人积极声援二十九军,并为其募捐军饷,同时职教社还组织了"铁社",集中社的一切人力、物力、财力为抗日战争提供需要。在日军大举进攻上海期间,职教社的工作人员和社员都积极参与到前线的补给工作中,调动了大小车辆600辆,由中华职业学校校长负责调配,在枪炮声中运送物资到抗战前线。同时,为了调动大家的抗日情绪,职教社还组织救护队奔赴前线帮助救护伤员,并发动群众到医院进行慰问并致敬,从而提振士兵的抗日士气。另外,职教社还设立难民收容所,由农学团成员帮助难民自治、自养,并对他们进行文化思想上的训练,鼓动他们的抗日情绪。上海彻底沦陷后,黄炎培被上海各界推选为上海市抗战后援主席团主席,为抗日战争做了大量的动员人力和物力支援的工作,多次往返南京和上海,并且会同江问渔等人,当面要求蒋介石发动群众搞全民抗战。[①]抗日战争期间,职教社通过捐款捐物、开展爱国抗日宣传、举办国难问题讲座、组织救护伤病员和难民、开设补习学校等方式,积极参与抗日救国运动,与全国人民一起共赴国难。

二、以身作则:抵制日货、推行国货

"推行国货""抵制日货"是职教社一贯坚持的工作方针,尤其是在"九一八"事变之后,职教社进一步明确了要抵制日货、推行国货,并为此成立了"中华国货指导所"。"九一八"后,职教社提出了抗日救国的方案:一曰永远不用日货;二

[①] 吴玉琦:《中国职业教育史》,吉林教育出版社,1991,第251页。

第四章 不懈坚守,积极应对抗日战争而获得新发展(1931—1945)

日厉行军事训练;三曰厉行民族主义教育。[①]1931年11月2日,职教社办事部联合附属合作代办各机关同人,在沪社员,职业指导部介绍成就者,及进业互助社社员,家庭日新会会员等组织,在中华职业学校举行了大规模的"不用日货宣誓大会",出席者两千余人。这次大会的第二项内容为全体与会者高举右手,朗诵誓词:(一)我决不买日货;(二)我的家人决不买日货;(三)我劝我的亲友决不买日货。[②]宣誓完毕后,相继由查勉仲、黄任之、潘仰尧发表演说,黄炎培以凡百好事,须从自己做起,凡百不好的事,亦予从自己改革起为勉,"听者无不动容"。[③]

1932年夏,职教社办事部同人面对日本侵略者的狼子野心,创设了"中华国货指导所",开展调查、宣传、介绍、研究等工作。该所在开展工作的过程中,先后得到了中国化学工业社、中华珐琅厂、五和织造厂、鸿新染织厂、华生电器厂、三友实业社、振华油漆厂、大中华火柴厂等爱国厂商的赞助,它们慷慨捐纳办事经费。在组织结构上,指导所分为理事会和办事部二大部,其中"理事会即为本所捐助经费厂商之经理,约有廿余人,并由理事会互相推常务理事九人组织常务理事会,每月开会一次,必要时得开临时会,均由常务理事主席召集之,理事会闭会期内,则由常务理事会行使其职权","办事部事务计分总务、调查、宣传、指导、介绍、陈列、出版、研究等科,设总干事一人总其事,干事若干人分任一科或数科"。[④]此外,办事部附设国货代办部,旨在"便利乡村辟巷居民及各埠人士采购国货,抑亦促进国货产销合作"[⑤]。

1932年7月,蒋介石对日采取不抵抗政策,使得日货进口时有抬头,职教社在爱国、救国初心的指引下,联合上海各界爱国团体开会,议定了抵制办法:登报公布奸商之罪名;所进劣货,一律洒臭药水;函同业公会取消会员资格、并吊销市场证书;等等。[⑥]职教社为救济失业青年并提倡国货特组织国货推销团,招收失业青年携带国货日常用品分往各住户推销。

[①]《中华职业教育社抗日救国方案》,《浙江教育行政周刊》,1931年第3卷第10期,第2页。
[②]《举行不用日货宣誓》,《教育与职业》,1932年第131期,第61页。
[③]《举行不用日货宣誓》,《教育与职业》,1932年第131期,第61页。
[④]《中华国货指导所概况》,《教育与职业》,1934年第156期,第342页。
[⑤]《中华国货指导所概况》,《教育与职业》,1934年第156期,第342页。
[⑥]《处置日货之种种办法》,《救国通讯》,1932年第21期,第347页。

三、批评、抵制国民党的内政方针

1927年,大革命失败以后,蒋介石背信弃义,其所领导的国民党已经放弃了孙中山时期确立的方针,转变成为大资产阶级的代表,而他想要建立的乃是个人独裁的专制政府,社会上充斥着"白色恐怖",特务横行。1931年12月,在《救国通讯》创刊号上,职教社提出了:"原来内政、外交不应该让形成特殊阶级的一部分人一箍脑儿地包办,各方面对新当局都在希望和请求取消党治,恢复民治。"①面对蒋氏政权的倒行逆施,职教社同人于1932年4月,组织成立了"国难会",联名发表宣言,反对不抵抗主义。

皖南事变的爆发,使得更多的人认清了蒋介石对日本侵略者实行退让、对积极抗日的共产党进行围剿的真面目。1933年3月,《救国通讯》发表了代表职教社立场的专论,它指出:"战败固然可痛,失地固然可耻,可是还不算十分可痛可耻。最可痛可耻的,是开门揖盗,不战而退。"②专论最后直点蒋介石的名字,并响亮地提出:"一方希望蒋氏转移其历年安内的武功而实行其当前攘外的决战,一方希望我们民众人人负起救国的责任。"③

众所周知,实行党化教育是国民党在教育领域进行思想钳制的方式。作为学校中的青年学生在思想上最为活跃、敏感,且是多次社会运动的先锋,国民党深知于此,便通过对青年学生实行党化教育以钳制学生的激进思想,从而达到稳定统治基础的目的。职教社同人对于国民党的党化教育认识较深,洞悉国民党实行党化教育的真实目的,因此曾发起过一场反对国民党党化教育的斗争。1932年2月,陈选善在《教育与职业》上发文说:"我认为党化教育是根本的要不得。党化教育这个名词究竟该怎样解释,恐怕主张党化教育最力的先生们亦没有一致的意见。从我极浅薄的眼光看来,党化教育就是依恃党政府的力量,用'教育'的手段,麻醉一般青年的思想,使他们服膺党义,成为三民主义的信徒。""三民主义只能奉行而不许研究,只能服膺而不许批评。这是党化教育的精

---

① 《这几天》,《救国通讯》,1931年12月第1期,第1页。
② 《这几天》,《救国通讯》,1933年第41期,第725页。
③ 《这几天》,《救国通讯》,1933年第41期,第725页。

神。""列党义为各级学校的必修科,做纪念周,读遗嘱,向孙中山先生遗像及党国旗行最敬礼,唱党歌等等,这些是党化教育的形式。我对于抱这种精神,具这种形式的党化教育是深切的怀疑,反对。"①并且给出了他的理由:"我相信教育最重要的目的在启发儿童的思想,养成儿童独立思虑的能力,造就有思想,有魄力,勇敢,自由的人。"②这是对教育目的的本质思考,符合教育的内在意涵。由此,职教社坚定地反对党化教育,支持学生反对蒋介石集团的民主斗争。

1935年,北平学生发起的"一二·九"运动被镇压后,杨卫玉发表文章赞颂学生的爱国壮举,并指出:"爱国是人人应尽的责任,爱国运动不是犯上作乱的运动,谁反对学生运动,谁应该先责自己……自己不起来为爱国之运动者,却不配反对人家的爱国运动。"③不仅如此,职教社还在实际行动上,通过邀请社会进步人士进行演讲帮助学生认清时局,解聘中华工商专科学校企图镇压学生运动的校长,保护进步学生免受迫害,支持学生的爱国救亡运动等。

第二节 总社的内迁及其工作的转变

七七事变爆发后,中华民族陷入亡国灭种的深重危机,全国人民面临着反抗日本帝国主义侵略的严峻考验。上海是当时战争的前沿阵地,而中华职业教育社主要在上海及周边区域开展相关工作,由此,社的相关事业受到了战争的严重影响。随着上海失守,职教社领导人被迫做出内迁的决定,从武汉到桂林,最后定于重庆,并且在内地多处设立了办事处,健全和发展了社的领导机构,扩大了社的影响范围。同时,在内迁重庆之后,职教社根据政治经济社会环境出现的新变化,逐步转变了社的工作。

---

① 青士(陈选善):《党化教育》,《教育与职业》,1932年132期,第69页。
② 青士(陈选善):《党化教育》,《教育与职业》,1932年132期,第69页。
③ 卫玉:《这几天:关不住了》,《国讯》,1935年第116期,第86页。

一、战争对社办事业的严重影响

上海沦陷之后,中华职业教育社在上海已经无法正常开展工作,社的相关事业自然遭受到严重影响。

首当其冲的即为由社所创办并领导的中华职业学校。当时日军战机对中华职业学校所在地南市地区进行了狂轰滥炸,学校的校舍几近全部焚毁,仅中华堂得以残存。当时面临着随时可能被轰炸的危险,中华职业学校决定内迁,学校师生从当时被焚毁的校舍中搬出了图书、仪器等并运到中华职业教育社内,然后再转移到重庆。不过,中华职业学校并没有放弃在上海的教学工作,而是在上海建立了沪校,开始了"孤岛"作战,一面坚持上课,一面通过各种方式来宣传与支持抗日战争。根据中华职业学校档案记载:"赁屋甫定,而局势已非,爰集中全校人力,冒九死一生之险,从事抢救校具,以为复兴之基。虽多数迁出,而不及迁出者为数不少。"[1]可以看出,虽然学校当时努力抢救教学设备等,但是仍然有不少损失。1938年,中华职业教育社内迁到重庆,并在重庆建立了中华职业学校渝校,留在上海的中华职业学校称为"中华职业学校沪校"。当时,沪校在上海浦东同乡会大楼三楼开展教学工作,位于上海的租借区,在一定程度上能够保证安全,但是随着抗日战争的深入,租借区也并非安全之地。而且,即使沪校能有一个场所开展教学工作,但是在当时的时局下,学校的教学秩序与教学效果肯定不如以前,学生将更多的时间与精力投入抗战爱国的宣传与实践中去了。即便是中华职业学校内迁至重庆,新建了渝校,也并不能安心开展教学工作。首先建设新校要寻找到校址,一切都未步入正轨,随着日军侵略的深入,日军敌机对重庆进行狂轰滥炸,致使社前期的准备均付之一炬,只能迁入乡下。全校师生克服重重困难,到达重庆的乡间建设校舍等,开展教学工作,但是由于地处山区地带,遇到几次水灾、火灾等,给学校带了极大的损失。可以说,全面抗日战争的爆发,对中华职业学校产生重大的影响,学校一分为二,已有的校舍等大都被焚毁,被迫迁离他地重新建立,同时因为战争的因素,学校正常的教学工作也受到影响。

---

[1] 唐威主编《中华职业学校校史1918—2013》,上海社会科学院出版社,2013,第61页。

第四章 不懈坚守,积极应对抗日战争而获得新发展(1931—1945)

当时,日寇疯狂侵略,进行野蛮的经济掠夺,致使所到之地民族工商业破产、农村经济衰败,职教社当时所办的各类事业与民族工商业、农村密切相关,自然均受到影响。职业指导是中华职业教育社的四大事业之一,目的在于帮助受指导者找到与其兴趣、能力相匹配的职业,但是当时中国的职业指导可以说就是职业介绍,因为当时中国职业界的发展尚未上升到职业指导的高度。到1934年,已有20880人到上海职业指导所登记求职,其中大学生占19%,达3949人。①表面上,从求职者人数上看,职业指导正在发挥着作用,但是也暴露出一些问题,尤其是当时经过指导所以及社的领导人的积极奔走,最终就业成功的人仅占10%。这样一种结果,使得当时求职者大失所望,社会上对于职业指导失去了信任,职业指导的声誉也一落千丈。在当时就有人感叹地说:"在现在社会里谈职业指导,实有无职可指无业可导之感。"②这句话很明显地指出了当时社会上进行职业指导根本不可行。职业指导的前提是社会上有相应的职业需求,而当时社会上根本没什么职业需求。职教社的领导人之一邹韬奋对此问题也进行过解释,他说:"在中国的现状下,谁都看出职业界是一团糟……在这样的状况下,我虽不敢说职业指导一点没有用处,但是不得不承认所受的限制实在太多太大了。"③可以看出,当时因为战争的缘故,社会经济凋敝,职业界已是一团糟,职业指导基本无法发挥出相应的作用,也就意味着职教社的一大事业无法有效实施。

同时,职业学校也深受战争的影响,呈现出一幅衰败的景象。就当时全国而言,1926年时全国有职业学校1695所,而到了1931年底统计发现仅有149所,甚至比职教社刚成立之时还少了300多所。从学校减少的数量可看出,战争对于学校的影响很大,而且这仅是1937年前统计出的数据,可想而知,在全面抗战期间,职业学校的数量更是少之又少。虽然当时国民政府教育部针对此种现象,曾发出通告,要求各省尽量增设职业学校,各省也积极响应,鼓励办理职业学校,但是在当时社会经济状况趋于崩溃的状况下,只是空谈而已。更有甚者,

---

① 《上海职业指导所概况》,《教育与职业》,1934年第156期,第318页。
② 青士:《职业指导实际的效用》,《教育与职业》,1932年第138期,第369页。
③ 邹韬奋:《经历:现实的教训》,载《韬奋文集·第3卷》,生活·读书·新知三联书店,1955,第65页。

当时有人打着发展职业教育的幌子,"以办职业学校之名,行童工工厂之实"[①],比如当时妇女职业学校"实际是收学费的缝纫工厂",兽医学校的学生"天天过着苦营生,打铁以外无工作,打铁以外无生命"[②]等。本来职业学校因战争的影响而发展极其艰难,社会上又出现破坏职业学校名声的事情,致使职业学校的发展更加举步维艰,数量急剧减少,严重影响了全国职业教育的发展。

二、总社的内迁过程及分支机构的设立和内迁后工作的转变

伴随着日本帝国主义的侵略日益深入,中华职业教育社认真分析时局,被迫做出了内迁的决定,由此逐步开始向内地迁移。这一过程是逐渐完成的,到最后确定迁至陪都重庆。在内迁的过程中,职教社在多地设立了办事处,健全和发展了社的领导机构,扩大了社的影响力。内迁至重庆后,由于社会政治经济等方面的变化,职教社的工作也进行了相应的转变。

(一)总社的内迁过程与各地办事处的设立

1936年8月,面对着日本帝国主义侵略日深的局面,职教社同人深入分析了当时的状况,做出了准备内迁的打算,并决定先在武汉设立办事处,同时同人还认为:"日本人的目标不是占据东四省就完了,他还要华北;不只华北就够了,他还想吞并全中国。"[③]因而鉴于当时沿海各省处于战争的前沿地带,会首先遭到破坏,因而职教社定下了"向内地发展"的方针,武汉办事处的设立便是这一方针的结果。[④]但是不多久,武汉于1938年10月失守,武汉办事处也随之消失,因而职教社又深入西南地区,于10月10日在重庆组织成立了四川办事处,周勖成、孙起孟分任正、副主任。

在内迁至重庆前,职教社相继在各地成立了办事处。1938年2月,职教社在桂林成立广西办事处,由石显儒担任总干事,并在南宁和梧州两地成立通讯

[①] 吴玉琦:《中国职业教育史》,吉林教育出版社,1991,第249页。
[②] 王达三:《职业学校可以趋重工厂化与艺徒化吗》,《教育与职业》,1935年第169期,第666页。
[③] 黄炎培:《1935年4月在开封公开演讲词》,载黄炎培:《断肠集》,上海生活书店,1936,第130页。
[④] 黄嘉树:《中华职业教育社史稿》,陕西人民教育出版社,1987,第158页。

处,9月,总社迁往桂林办事处,由杨卫玉主持社务。在总社迁往桂林后,上海成立了办事处。不过,随着日本侵华的深入,桂林总社于1939年被炸毁。虽然办公场所毁于炮火,无法继续办公,但是职教社同人并没有因此而放弃,乃是发表宣言:"今当正告侵略者……我社全国一万余同志,誓为抗战建国而努力,始终不懈","我人誓必为维护和平正义而奋斗,从焦土中建立文化学术之新生命"。[1] 从中看出职教社同人深深的爱国热情,为和平正义,为中华民族的新生而不断努力奋斗的精神。

在桂林总社被炸毁之后,职教社决定另谋他地继续开展工作。当时国民政府已经迁都重庆,职教社的领导人和董事们也大都移至重庆,因此总社迁往重庆,桂林则改设为办事处。1939年,迁往重庆后的总社,由杨卫玉负责社务工作,总书记由孙起孟担任,之前在重庆设立的四川办事处则迁往成都,由陆叔昂和唐世铨负责。总社迁至重庆之后,黄炎培等社的领导人带领职教社同人继续推行职业教育,倡导"教育救国",具体表现为:一方面要求从事职业教育的人应用新精神来实施职业教育,"从内心发出热烈的情绪,来担当救亡图存大任"[2];另一方面在会理中小学讲演,勉励青年们"知救国,知救民,才是有志气的青年;能救国,能救民,才是有本领的青年"[3]。正是在此思想的引领下,职教社同人即使面临着抗战时期艰苦的条件,仍然不懈努力,做了大量的实际工作,并取得了许多新的进展。

其他一些办事处的情况。如1939年5月在云南设立办事处,由喻兆明和徐泽溥分任正、副主任;1939年7月职教社在贵阳设立贵州通讯处;1940年2月贵州通讯处改为办事处,由曾俊侯负责;1940年2月成立了湖南办事处,由原武汉办事处主任陆叔昂负责。这些办事处的设立扩大了社的影响范围,推广了社的相关事业。

总之,在抗日战争中,职教社为了推进职业教育事业的发展,健全和发展了社的领导机构。在整体上,后期总社机关设在重庆,下设十个办事处和两个通讯处,先后共建12个分支机构。具体而言,除了上海办事处外,还设立了武汉、

---

[1]《中华职业教育社重要消息》,《国讯》,1939年第193期,第6页。
[2] 中华职业教育社编《黄炎培教育文选》,上海教育出版社,1985,第252页。
[3] 许汉三编《黄炎培年谱》,文史资料出版社,1985,第129页。

湖南、桂林、柳州、重庆、成都、昆明、贵阳、西康等办事处,另在南宁、梧州设立两个通讯处。由此可见,当时社的工作范围由抗战初期的上海一隅之地,迅速扩展到湖南、湖北、四川、贵州、云南等省份。这些办事处和通讯处的设立,推进了"大后方"职业教育事业的发展,扩大了社的影响力。

(二)内迁后职教社的工作的转变

因为社会经济环境的变化,职教社在内迁后所开展的职业教育工作,与前期相比出现了一些变化。虽然有研究者曾指出这些变化在于指导思想、工作侧重点、工作的外观、社的工作联系[1]四个方面,但是其实主要表现在指导思想、工作重点、组织结构三个方面。

首先是职教社的指导思想的变化。众所周知,中华职业教育社是因发展职业教育而组织在一起的教育团体,其一开始工作的初衷即为"教育救国""职教救国",将职业教育视作救国家、救社会的方法。但是随着工作的推进,在具体实践的过程中,遇到了诸多的难题,逐渐改变了以往就教育谈教育的局面,发展出"大职业教育主义"的思想,将职业教育与整个社会的各个方面联系起来。尤其是在抗日战争爆发,中华民族面临生死存亡的时刻,一直本着不谈政治的职教社同人,因时局的紧迫与现实的需要,逐渐将职业教育看作是为抗战救国服务的一种手段,提出了"教育应当跟着政治走"的信条,积极参与到政治运动当中。可以说,这种思想的转变不是主观意愿的结果,而是特殊环境中的被动转变,体现了职教社同人爱国保国为先,教育为辅的思想观念。

其次是职教社的工作重点的变化。在抗战前,中华职业教育社已初步形成了由职业学校、职业指导、职业补习教育、农村改进所组成的四大实践方式,在这些方面开展较为丰富的理论研究与实践探索。不过,总的来说,抗战前的中华职业教育社在职业教育方面,主要聚焦于职业教育的理论研究以及事业的开拓与探索,尚未注重在"量"上的普及与发展。抗战开始之后,由于面临战争的特殊情况,职教社的同人没有足够的精力开展理论研究工作,只能在政府部门的支持下偏重量上的增加和发展。虽然当时在战争的前沿地区,如上海等地,

---

[1] 黄嘉树:《中华职业教育社史稿》,陕西人民教育出版社,1987,第173-176页。

职业学校备受摧残,但是在其他方面,如职业指导、职业补习教育等方面,尤其是职业补习教育方面有着显著的发展。例如,在抗战时期,当时职教社注重职业教育的普及,开辟了一些与职业教育相关的新领域,如中华工商专科学校的设立、中华小学的创办、中华业余中学的设立等。这些均为中华职业教育社在具体实践层面的探索,发展了职业教育新的方式。但是这种普及性的新的职业教育形式,职教社并未进行充分的理论研究,而只是在特殊时期,推广职业教育的一种方式而已,只是量上的发展,未触及系统的研究。正如职教社领导人在总结这一时期的工作经验时,指出了这一时期理论研究不足的问题,说道:"吾们自审认识的工作,研究的工作做得太不够,对于未来国家社会急剧变化的需要之配合,不能说不对,总觉得不够,而且还不够为事工实践的指导。这是吾们这个团体的一个缺憾。"[①]这里很明确地指出了当时职教社对配合当时中国的经济建设及职业教育自身发展等问题的认识与研究还不够,并提出"以后是要加强职业教育质的改进之研究"[②],也说明了职教社在这一时期更加注重于职业教育量的推广与发展。

最后是职教社的组织结构的变化。在抗战全面爆发前,中华职业教育社的工作主要集中于上海及其周边地区,各项事业均是由总社直接领导,因而发展均衡。但是到了全面抗战时期,职教社在多个省设立了办事处,这样一方面能够扩大职教社的社会影响力,推动各地职业教育的发展,而另一方面由于各办事处"各自为战",各项事业均因地制宜,上下左右联络较少,致使各地各项事业发展呈现不均衡状态。正如职教社的社员孙运任对当时职教社的工作总结:"各工作单位在实际工作上几乎都单独发展,缺少推动中心,更缺少指导中心。办事部虽为全社事工的中心机关,但对于各工作单位只有事物上的管理,而尚少业务上的督勉与指导。"[③]可以看出,当时各个办事处基本处于"各自为政"的

[①] 黄炎培、江恒源、杨卫玉、孙起孟:《从困勉中得来——为纪念中华职业教育社二十四周年作》,载中华职业教育社编《社史资料选辑 第3辑》,文史资料出版社,1982,第58页。

[②] 黄炎培、江恒源、杨卫玉、孙起孟:《从困勉中得来——为纪念中华职业教育社二十四周年作》,载中华职业教育社编《社史资料选辑 第3辑》,文史资料出版社,1982,第59页。

[③] 孙运仁:《本社抗日战争时期的补习教育工作》,载中华职业教育社编《社史资料选辑 第2辑》,文史资料出版社,1981,第68页。

状态,总社也只是"挂名"而已,没能起到实质性的管理与指导的作用,同时各个办事处之间也缺乏经验交流,相互之间联系较少,这样也在一定程度上限制了社所推行的各项事业的发展。

第三节 职业教育事业的发展

在特殊的战争环境中,职教社根据社会的实际需求,重点开辟了补习教育和职业指导的工作,同时,在内迁的过程中,也根据当时当地的实际情况,设立了昆明中华小学、业余中学等。这些举措表明职教社在战争年代,不忘初心,根据实际情况,有针对性地开展职业教育工作。

一、新时局下职业教育的工作重点:职业补习教育的大发展

职业补习教育是我国近现代教育史上实施职业教育的一种特殊类型,其主要方式是对错过入学机会而从事工作或准备从事工作的人员补习相关基础知识和职业技能。中华职业教育社自成立之日起,在其章程之中便规定:"劝导社会已经任事,而有受补习职业教育之机会者,勿失机会"[1],并且视财力、能力所及,次第设立"男女子职业补习学校(日课、夜课、星期课、暑天课)"[2]。中华职业教育社在试验、推广补习教育的30多年之中,先后创办了许多职业补习学校,尤其是在抗日战争爆发后,办理职业补习学校是职教社最为发达的事业之一。

简要回顾中华职业教育社开设补习教育的历程。1919年,为救济贫苦学生,推广职业教育,中华职业学校附设艺徒班,招收贫苦学生,授以工艺上必要之知识技能,并施以相当之补习教育,以养成工场中之职工为主旨。[3]当时艺徒

---

[1]《中华职业教育社章程》,《教育与职业》,1917年第1期,该文第2页。
[2]《中华职业教育社章程》,《教育与职业》,1917年第1期,该文第3页。
[3]《中华职业学校概况:五、学校行政部概况》,《教育与职业》,1920年第20期,该部分第2页。

第四章 不懈坚守,积极应对抗日战争而获得新发展(1931—1945)

班设有金工、木工、纽扣、珐琅四个学科,其中金工、木工二科均4年毕业,纽扣、珐琅二科均3年毕业。当时对艺徒入学的规定,为15岁以上,身体健康、品行诚实的学生方可入学,艺徒在入学后,学校不收学费及膳食费,艺徒每天的工作时间约为8小时。不过,这时候的艺徒班只采用了简单的补习方式,尚不足以称为职业补习教育。1921年,中华职业学校在艺徒班的基础上附设了工商补习夜校,招收学校附近的工厂职工、商店学徒等,这是中华职业教育社第一次尝试办理职业补习教育。随后,中华职业教育社在职业补习教育领域进行了一系列的尝试,如成立职工教育馆,设立职业补习科、简易工艺科,开办上海英语补习学校、南京女子职业传习所,办理职工补习晨校、职业专修学校等。这些实践为中华职业教育社在职业补习教育方面提供了宝贵的经验,提高了大家对职业补习教育的认识程度。正如黄炎培在1931年曾明确指出的:"职业教育上还有一条康庄大道,就是职业补习教育,究竟该怎么办?……今职业补习教育,就已有职业的青年,予以相当教育,一方补充常识,一方增进其职业知能,虽与正式的学校教育不同,而于改良职业,大有关系。即按之职业教育定义,亦复非常切合。而且职业学校,无法可以普设,职业补习教育,苟有职业,无处不可举办,亦无处不当举办。"[1]由此可以看出,中华职业教育社同人对职业补习教育的认识是很透彻的,对职业补习教育的内涵及其办理方式的理解也是较为贴切的。1931年10月,中华职业教育社成立了补习教育部,作为社的一个下设机构,凸显出社对职业补习教育的重视,也反映了职业补习教育是职教社一项常规的事业。1932年,中华职业教育社决定较大规模地办理职业补习教育,在当年5月的纪念中华职业教育社成立十五周年的大会上,社员潘序伦提议:"组织委员会募集巨款,筹设一大规模的补习学校于上海市适中地点,以资纪念,获当场同人一致赞同。"[2]会后,职教社便着手相继创办了第一、第二、第三中华职业补习学校。

第一中华职业补习学校。1933年2月,职教社将之前创办的晨校、夜校、通问学塾等合并,成立了第一中华职业补习学校,并"添设文书科,七月开第一届

---

[1] 黄炎培:《怎样办职业教育?:敬告创办和改办职业教育机关者》,《教育与职业》,1931年第127期,第532-533页。

[2] 中华职业教育社:《筹备上海补习教育计划大纲》,《教育与职业》,1932年第136期,第304页。

暑期班,分英语、日语、文书、华文速记、算学五科,九月开簿记科,连原有英、日、文书、算学,凡五科"①。当时该校共设有十六个科,分属三个系,分别为:技能系,包括华文打字、英文打字、华文速记等八科,学习年限有三个月、一学期、一学年、二学年四种;指导系,包括工商管理、人事指导等四科,学习年限有三个月、一学期两种;语文系,包括国语、英语等四科,学习年限有一学期、一学年、二学年、三学年四种。当时补习学校的上课时间分为晨班、日班、夜班、星期班等,为学员提供了多时段的课程安排,学员可根据自身的情况选择上课时间,这种灵活的教学安排能够最大程度发挥补习教育的作用。

第二中华职业补习学校。1932年,在职教社十五周年纪念会上,潘序伦提议筹设补习学校,会议推举钱新之、潘序伦为筹备委员,"并由两先生慨捐基金,委定负责人员,草拟进行计划。第一步决定先行试办商业补习教育,分晨班、夜班两组,其程度姑以初中高中专科为限,择定三马路中南银行对过五楼大厦为校舍,是年九月下旬,筹备告竣"②,最后取名为中华职业教育社附设第二中华职业补习学校。第二中华职业补习学校与第一中华职业补习学校都是商业补习学校,其不同之处在于第一中华职业补习学校的学生是分散的个人,第二中华职业补习学校的学生70%以上来自合作的单位,个人求学者不及30%。当时商务印书馆、中国国货公司、冠生园、世界书局、新华银行、中西药房、五洲药房等单位都与第二中华职业补习学校合作,委托培训职工。当时上课时间分晨班、夜班,教学方法一种是按照学生程度设置,进行一般的商业训练,另一种是将合作单位送来的学生,特设一级,着重专业训练。当时学校所设的科目,从性质上而言,可分为四类,分别是:"一曰职工训练,二曰普通训练,三曰初级商业训练,四曰专业训练。职工训练系初级职业补习教育性质,来学者大半为商店学徒,教育程度至多受过小学教育,其年龄亦较幼。本校招收此种学生,教以国语国文之看读写作及公民必需之道德,并为适应生活起见,授以简单英语,一年毕业;普通训练,专修基本工具,为将来自力学习之预备。现在先办国文、英文二科,分初级高级两组,各以二年为修业期,初级系初中三年高中一年程度,高级

---

① 中华职业教育社编《全国职业学校概况》,商务印书馆,1934,第251页。
② 《第二中华职业补习学校概况》,《教育与职业》,1934年第156期,第333页。

则为高中二三年及专科程度;初级商业训练,着重商业上之写算会话,技能居第一位,智识居第二位,毕业以后,完具初级店员之资格;专业训练其学生程度大都为高中毕业,以各该业之经营为研索之对象,举凡有关该业之常识技能及专门学问,靡不及焉。"①

第三中华职业补习学校。1933年秋,职教社利用原有工科设备又创办了第三中华职业补习学校,这所补习学校属于工业补习学校。学校设有机械电机科、土木建筑制图科、无线电科与英语科,每晚7时至9时授课。当时第三中华职业补习学校各科课程及学生数见表4-1。

表4-1　1934年第三中华职业补习学校各科课程及学生数一览表②

科目	教授内容	学生数
机械电机科	公民、工业数学(附力学初步)、机电学大要、原动机装线、制图、实习	68
无线电科	公民、磁电学大要、原动机,无线电机,电信收发,制图,实习	34
土木建筑制图科	公民,工业,数学(附力学初步),平面测量,房屋构造,道路工程,制图,实习	43
英语科	公民,英语(读文、会话、文法、尺牍)	54

1937年中华职业教育社创办了第四中华职业补习学校,招收各行各业的职业青年和一些失业失学青年,按照他们的需要,设置多种多样的文化知识课和职业技能课,程度从初中到大学。学生满十人以上,即可申请特开学科,最多时设二十几科,一百三十多个班级。学习时间自上午6时至晚上10时,由学生自由选择。随后在"八一三"事变后又成立第五中华职业补习学校,1938年又成立了第六中华职业补习学校,之后又成立了第七中华职业补习学校。可以说,从1931年至1940年,这十年间是职业补习教育发展的"黄金时期",也是社所重点建设的事业。

当时社所办理的补习学校取得了良好的效果,主要是由于当时学校在设科教学方面均依据学生自身的需要和社会工作的需要而开展工作。有数据显示,"1933年至1934年度,一补校学生399人,二补校660人,南京路商业补习学校

---

① 《第二中华职业补习学校概况》,《教育与职业》,1934年第156期,第334页。
② 《第三中华职业补习学校概况》,《教育与职业》,1934年第156期,第337-338页。

177人"①，同时第三补习学校在成立之后招收了199名学生。至1936年，当时职教社所创办的补习教育的情况为，"虽以社会不景气，学生数略见减少，而一补校有学生八一一人，二补校九一四人，三补校一九五人，南京路补校三四二人，合计仍在二千人以上"②。从中可以看出，职业补习教育在当时仍然有着较大的社会影响力，至1937年全面抗战之前，社所开办的职业补习教育的规模已经相当可观，学生来源于附近的各个工场、商店等，为当时的工商企业培训了大量的骨干人才。

上海沦陷之后，职教社开办的第三、五、六、七这四所职业补习学校先后被迫停课，第一、二、四这三所职业补习学校在"孤岛"上继续奋斗。当时留在上海继续工作的三所补习学校除了传授学生基本的文化知识与专业技能外，面对民族危亡，还着重进行抗日战争的教育。例如当时第一中华职业补习学校特设无线电电讯工程专科，将毕业生介绍到内地工作，第二中华职业补习学校特设铁路员养成班、护士养成班、土木工程班，将毕业生送往后方服务，第四中华职业补习学校举办"现代知识讲座"和"学习时事讲解会"，组织读书班，请进步人士讲演和辅导，鼓舞青年抗日救国的斗志，同时还成立"中华业余剧社"，宣传抗日爱国思想。这三所继续坚持的补习学校，一方面为抗日战争培养了急需的人才，积极支援抗战，另一方面在思想上鼓舞学生抗日救国的斗志，许多青年参与到当时的战争中，部分青年甚至英勇牺牲。

中华职业教育社在迁往重庆之后，也相应地在重庆、成都、昆明、桂林、贵阳等地办过补习学校。例如1939年成立了昆明第一中华职业补习学校，采取学期短（三个月为一期），学习时间灵活（晨班、午班、晚班等），单科依次进行授课的方式，使职业青年在学习科目、学习程度、学习时间上都能各取所需。又如1939年10月10日在重庆设立重庆中华职业补习学校，校长由江恒源兼任。学校设有初级簿记、高级簿记、普通会计、华文速记、文书、写作、英文、俄文等科；教学期限根据各科教学内容，短者两三个月，长者不过六个月；教学方式分面授和函授两种。据统计，仅从1939年10月到1940年10月，一年间，即招收学生五

---

① 汪光华：《引进与调适 中国近代职业补习教育发展研究》，江西教育出版社，2008，第215页。
② 《特载：本社专家评议联席会议记录》，《教育与职业》，1936年第174期，第279页。

届,除第四届因开课之日遭敌机轰炸致校舍损毁遂告流产外,其他四届共招29班,学生951人。其中,学簿记、会计者,12班434人;学英文者,11班286人;学俄文者,2班66人;学文书者,1班20人;学速记者,1班32人;学写作者,1班73人;另有民众职业补习班1班40人。[①]另外,还设立了"巡回职工补习教育队""星期讲座"等简易形式的补习班。1944年,中华职业教育社在昆明创设中华业余中学,早、晚上课,这是以补习学校的方式,帮助在职青年利用业余时间,接受中学教育,达到中学教育应有的水平。

抗日战争胜利后,上海几所补习学校相继复校。复校后的补习学校,一方面继续发扬以前的传统精神,另一方面汲取职教社在后方各地办理补习教育的有效制度与方法,二者相结合,力谋改进,以期获得较为优良的职业补习教育制度,适用于当时社会所需要。这样将理论与实践经验相结合的方式,能够有效地总结过去的经验,发展已有的理论,从而得出更加切合于社会实际需要的理论体系与方法。

二、职业指导事业的开辟:职业指导机构的设立

中华职业教育社在成立之初,为了实施职业指导,服务社会,推动青年学生升学和就业,在1920年设立职业指导部,两年后更名为职业指导委员会,当时职业指导工作已经开始引起社会的注意。自1927年开始,职教社在上海创办了中国第一所职业指导机关后,随即在南京、昆明、桂林、重庆等地设立了职业指导机构,从而扩大了职教社办理职业指导事业的规模。以下对上海职业指导所、南京职业指导所和重庆职业指导所做简要介绍。

(一)上海职业指导所

1927年9月,职教社正式成立上海职业指导所,以此联络教育与实业之间的关系,在公私立各级学校施行职业指导工作,以此求得"求人者得人,求业者

[①] 毛仁学:《一年来的重庆中华职业补习学校》,《教育与职业》,1941年第193期,第44页。

适业,增加工作效率,促进事业发展,同时指导青年,各就个性、环境、兴趣,升入相当学校,或选择相当职业,俾有所成就,人尽其用,减少人才损失"①。最初职业指导所的事业为职业询问、职业测验、职业指导、职业调查、升学指导、改业指导、服务指导、职业介绍、职业演讲、职业训练十项,订定事业大纲,并发布宣言,引起社会的广泛关注。

随着抗战的发生,职教社协助各界处理救济失业等问题,上海沦陷后,上海职业指导所在上海的事业由于环境所迫,无法推动,随着职教社迁到了重庆,继续为社会服务,得到大后方各界的赞助。1945年8月,抗战胜利,上海指导所在上海开始筹备复员,1946年正式恢复工作,由社聘何清儒为主任,吴宗文为副主任。

上海职业指导所是职教社的直属事业,设正副主任各一人,干事若干人,处理所务,并订聘测验指导委员若干人,指导顾问若干人,均为名誉职。主任主持所务,并代表指导所对外负责,副主任协助主任处理所务,测验指导委员,会同正副主任各负专责,指导顾问就实业界教育界热心人士所敦聘,对于所务负随时指导的责任。上海职业指导所组织系统表如图4-1②:

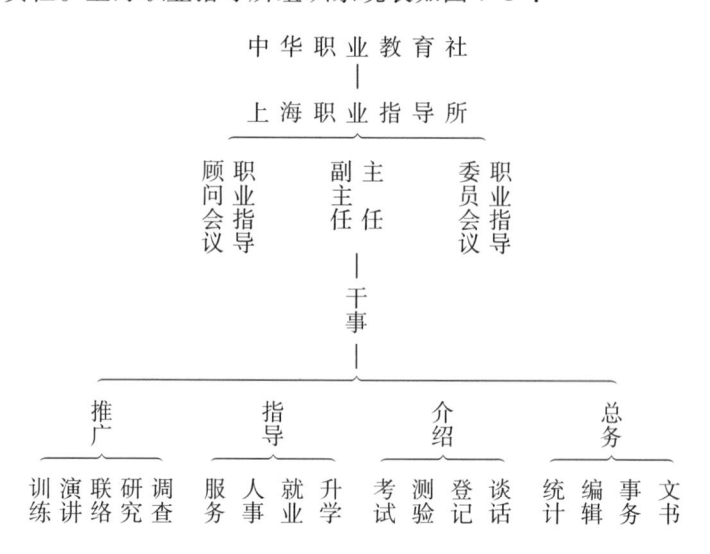

图4-1 上海职业指导所组织架构

---

① 《中华职业教育社复员一周年:上海职业指导所》,《教育与职业》,1946年第201期,第26页。
② 《中华职业教育社复员一周年:上海职业指导所》,《教育与职业》,1946年第201期,第26页。

当时上海职业指导所通过多种途径来开展职业指导工作,通过定期合发"介绍成就者意见书"和"招聘者意见书"来了解就业者的就业感想和招聘的意见,同时,指导所还举办"升学与就业指导讲座"和农工商学职业概况讲演与资料展览,组织介绍职业成功的青年成立"联谊会"。[①]指导所经由这些措施来讲解就业的经验,注意的问题,改进的方法,联络各方的关系,从而帮助就业者有效择业。

1947年《教育与职业》第202期发表的《成立以来的上海职业指导所》中记载了该所恢复一年多来职业介绍方面的成绩,为:谈话人数为6880人,以就业人数最多为5749人,其次是升学、服务、人事和择业方面;求职登记人数为3130人,求人登记人数为541人,介绍成就人数为436人;求职者文化程度为小学94人,补习学校55人,师范学校240人,中学1232人,职业学校和专门学校519人,国内大学859人,国外大学23人,其他108人,共3130人;当时委托物色人才最多的单位是学校,其次是工厂、公司和商店,最少的是银行和机关,共计541人;在介绍得业方面,学校多为数理化和音乐、劳美教员,实业里多为技术人员和精通英语的商业人才。[②]

上海职业指导所是中国第一个面向社会的职业指导机构,是中华职业教育社实验职业指导的机关,对职业指导在中国的传播与发展有着重大的推动作用。不过,1947年社会动荡,民族工商业日渐凋敝,求职的人多,而求人的却很少。当时指导所一方面在报纸上发布人才待聘消息,一方面办理技术人员登记,涉及各种专门技术人员,谈论有关单位的录用。[③]职业指导是中华职业教育社四大主要事业之一,而上海职业指导所是职教社施行职业指导的机构,推动了近代中国职业指导运动的发展。

(二)南京职业指导所

1928年1月,中华职业教育社同南京青年会,合设南京职业指导所,后又与

[①] 吴长翼:《中华职业教育社八十年(1917—1997)》,内部资料,未出版,第31页。
[②] 吴宗文:《成立以来的上海职业指导所》,《教育与职业》,1947年第202期,第29-31页。
[③] 吴长翼:《中华职业教育社八十年(1917—1997)》,内部资料,未出版,第31页。

南京特别市教育局合作,职教社职业指导事业的范围进一步扩大。据《南京职业指导所报告》一文记载,从1928年9月到1929年1月间,南京职业指导所的主要工作为调查、宣传、介绍和指导四个方面。同时,南京职业指导所还在总结前期工作的基础上,于1929年2月拟定了未来的工作规划,认为当前的工作要点是:一、调查工商业之类别、工厂商号之内容、预备编辑投考指南、机户之现状、鸡鸭业之现状等;二、印就卡片四种对失业人员进行登记,均加以测验并详与谈话。①未来的工作是在前期调查工作完成后,筹设速记人员养成所、女子职业传习所、华文打字人员养成所、佣工训练所,组织升学指导委员会和职业宣传等。②

(三)重庆职业指导所

重庆职业指导所是中华职业教育社内迁至重庆后,与重庆青年会联合开设的,得到了重庆青年会在房舍等方面的大力支持。1938年6月,重庆职业指导所正式开展工作,具体负责人情况为,由张雪澄担任总干事,秦振甫、毛达人、章耀南、李嘉权、冷福安等人担任干事。在职业指导所的经费方面,当时"为了争取'振济委员会'补助一部分经费,还挂上一块'振济委员会委托代办难民职业介绍所'牌子"③,以此来获得"振济委员会"的部分补助。

在具体工作环节,重庆职业指导所作为求职者与用人单位之间联系的媒介,所接触的对象均为素昧平生的人。由此,职业询问便是开展职业介绍工作的首要前提,当时重庆职业指导所通过仔细地与求职者谈话,并详细地记录"谈话后记载"的内容,以此作为职业介绍的根据。"谈话后记载"的内容非常详细,包括:"外表、举止、态度、言语、思想、身材、显著性格及特点,每一栏又有具体加以对比的条目,比如外表分为朴素与奢华、文雅与粗鲁,举止分为活泼与凝重、大方与迂缓,态度分为谦和与傲慢、真诚与虚伪,言语分为国语与土语、畅达与艰涩,思想分为灵敏与迟钝、有条理与无条理,身材分为长大与短小,显著性格

---

① 《南京职业指导所报告》,《教育与职业》,1929年第101期,第901页。
② 《南京职业指导所报告》,《教育与职业》,1929年第101期,第902-903页。
③ 张雪澄:《重庆职业指导所概况》,载中华职业教育社社史编写小组编《社史资料选辑 第1辑》,文史资料出版社,1980,第69页。

第四章 不懈坚守,积极应对抗日战争而获得新发展(1931—1945)

和特点就不再分细目了。"①同时,在询问的过程中,不仅包括求职者个人的特点,还询问求职者以往的工作经历、当下求职的缘由、家庭状况等外在的情况,这样"才能尽到选择人才、介绍人才的义务"②。

重庆职业指导所诞生于全面抗战时期,全中国面临着严重的民族危机,当时"从沦陷区跑到大后方的人越来越多,因而每天到指导所登记求职的人数也非常之多,另一方面,由于大后方的事业迫切需要人才,因此来指导所登记求人者也越来越多"③,但是由于供求关系的矛盾,致使介绍工作不能很好地进行匹配。比如1938年10月到12月三个月的统计中,"总计求职者2941人,求人者1905人,介绍得业者501人,相应所占的百分比为:求人者占求职者64%强,介绍得业者占求职者17%强,介绍得业者占求人者26%强"。④究其原因,主要存在两个方面:"一是当时求职的绝大多数都是无一技之长的普通人员,而求人的单位需要的是具有专长的人才;二是关于担保的问题,当时用人单位,除了教育界外,都要有保人或铺保,而求职的人,大多数是从战区来的,到了大后方人生地疏,保人尚且不易找到,铺保更无觅处,还有出现有些已经介绍得业的人,因找不到保证人而又失业。"⑤

为此,针对以上这种求职者与求人者供求关系的矛盾,重庆职业指导所根据当时重庆的实际情况,从提供工作、锻炼技能、成立协会、设立"登记站"四个方面来开展职业指导方面的工作。具体如下:

"第一、创办造纸厂,安排难民工作。当时由赈济委员会拨付,取名为'永川振济造纸厂',以制造新闻纸为主,书写纸为副,厂里的工人经过一年的锻炼,就获得了一项技能,同时也创造了财富。第二、进行职业训练,养成一技之长。职

---

① 张雪澄:《重庆职业指导所概况》,载中华职业教育社社史编写小组编《社史资料选辑 第1辑》,文史资料出版社,1980,第69页。
② 张雪澄:《重庆职业指导所概况》,载中华职业教育社编《社史资料选辑 第1辑》,中华职业教育社,1980,第69页。
③ 张雪澄:《重庆职业指导所概况》,载中华职业教育社编《社史资料选辑 第1辑》,中华职业教育社,1980,第69页。
④ 张雪澄:《重庆职业指导所概况》,载中华职业教育社编《社史资料选辑 第1辑》,中华职业教育社,1980,第69页。
⑤ 张雪澄:《重庆职业指导所概况》,载中华职业教育社编《社史资料选辑 第1辑》,中华职业教育社,1980,第70页。

工训练是职业指导的基本工作之一,在广义上,小学高年级的'职业陶冶',初高中将要毕业而不预备升学之学生的'职业选择'、'服务道德'等的教养,均属于职业训练,在狭义上,社会上需要哪类仁慈啊,而失职群中却缺少这类人才,那么,职业指导就应该负起产生人才的责任,而比较有效的方法就是施以短期的职业训练。当时根据实际情况出发,拟定了文书、会计等几种训练计划,但是由于人力、物力及后来客观形势的变化,仅仅办了两期工友训练班,每期训练两个星期,每天上课两小时。最后有几十个受训者得到了职业,在一段时间后,曾举行一次服务成绩调查,从调查表的结果显示他们都得到了雇主的好评。第三、成立职业互助保证协会,以热心救济失业事业的社会人士所经募的赞助基金十万元,作为保证的准备,同时为维护基金的赔偿动支,特本互助原则,广征同情保证事业的人为会员,会费以外另收互助公益金,充作受损的赔偿金,对于被保证的会员,则酌量收入的大小,也收取若干互助公益金。协会于1939年10月1日正式成立工作,由此保证了介绍得业无法觅得保证人的现象不再发生了。第四、设立'登记站',协助指导所工作。当时指导所组织难民慰问对,并募款救济难民,同时在重庆附近比较大的市镇,设立登记站,每站设干事一人,工友一人,总枢纽在大梁子青年会指导所内,帮助指导所开展工作。"[1]经由重庆职业指导所在以上四个方面所开展的具体工作,职业指导所取得了较大的成绩。

三、职业学校的发展

中华职业教育社自立社起,职业学校教育一直都是其重点工作之一,不过随着时局的发展,日本发动了对中国的侵略,使得职业学校的教育工作极不稳定,加之当时社会经济的变迁,社的各项事业受到影响,职业学校教育也深受其影响。因而,职教社同人开辟了职业补习教育和职业指导,同时也没有放松发展职业学校教育,在1937年日军全面侵华后,上海中华职业学校陷入了停滞状态。

---

[1] 张雪澄:《重庆职业指导所概况》,载中华职业教育社编《社史资料选辑 第1辑》,中华职业教育社,1980,第70—71页。

第四章 不懈坚守,积极应对抗日战争而获得新发展(1931—1945)

1938年,中华职业教育社成立四川办事处之后,立即在重庆开办了中华职业学校渝校。渝校开始建立之时,巴蜀学校周勖成校长借了一部分校舍给渝校作为教室,自建草舍作宿舍和食堂,开设有机械科、土木科和商科,学制为五年。当时学校注重爱国教育,基础知识、基本职业技能训练,在当时经费困难的情况下,学校自己盖起几间竹墙草顶的房屋作为实习工厂。当时的实习工厂虽然小,但都是学生自己动手盖成的,由此,培养出了一批又一批中级技术人才。

1942年,中华职业教育社云南办事处创办了昆明中华小学。这所小学起初是作为一所业余培训学校而建立的,是帮助失学儿童升学而开设,后来随着规模的扩大,入学儿童日多,因而办成了一所普通小学。1945年,中华小学扩大招生规模,不仅开设有六个年级,还开设了一个实验班,学校的经费主要来自于学生缴纳的学费,还有少部分来自于董事会的募捐。当时中华小学不仅得到了校外进步人士的积极支持,而且学校的教师还主动在课外兼做工人,以减轻学生的负担。面对着当时国民党的白色恐怖统治,中华小学在中国共产党的帮扶下,"却是一个小小的民主区域"[1],可以得知当时中华小学的学校氛围。

在组织结构上,学校除了校长外,下设教导、辅导、总务三个组。在课程设置与教学方面,学校坚持"教师最多不过二十节课,每节课三十分钟"的原则,但是在一些实践性的课程中,则根据实际需求而增加授课时间,以便学生能够得到切实的锻炼与提升。在学校管理方面,学校秉持着民主教育的方针,充分调动教师的主动性和积极性,如在每个学期开学之前,学校会组织全体教师拟定当学期的计划,学校的计划都要经过大家民主讨论来确定,同时每周都会有一个教学活动的中心内容。[2]由此可知,当时中华小学基于民主管理的原则,根据教学的实际特点来开展相应的工作。

中华小学的诞生是由于当时教育界普遍存在着"生活与教育"脱节,"社会与学校"分离的现象,同时受到陶行知"生活教育"思想的影响。其在教、学、做上都做出了努力,比如当时其自编教材、指导学生成立自治会、设立儿童法庭、

---

[1] 万国祥:《回忆昆明中华小学》,载中华职业教育社编《社史资料选辑 第2辑》,文史资料出版社,1981,第101页。

[2] 万国祥:《回忆昆明中华小学》,载中华职业教育社编《社史资料选辑 第2辑》,文史资料出版社,1981,第102页。

进行各种比赛、开展集体活动、实施三种运动(国语运动、铁木儿运动、不挨骂运动)和三种做法(实行男女同坐、剪长发、禁装饰)、办中华报。同时当时的辅导组配合教导组的总方针也开展了许多工作,如学校每天除了上课之外,还有课外活动,课外活动的内容是辅导组拟定的,分绘画、音乐、舞蹈、文学、自然科学等组,中高年级儿童首先选择,每组设有指导老师一人,指导该组的活动。中华小学不仅注重学校生活,同时也注重社会活动,比如1945年秋到1947年秋,开展了对外演出、办《少年报》、组织小先生举办自动小学等活动。尤其是1946年由中华小学组织高年级的小先生创办的自动小学,利用当时中华小学的课堂,在中午休息时间上课,小先生全部由高年级的优秀学生担任,教授对象都是贫苦家庭的小孩,这样不仅锻炼了高年级学生的组织能力和教学能力,也对失学儿童进行了扫盲。[1]

第四节　积极开展政治活动

　　政治活动不是中华职业教育社前期的主要活动。在确立"大职业教育主义"为指导纲领后,职教社逐步开始参与到政治活动中,只是活动的范围和程度都非常有限。抗日战争爆发后,中华民族面临严重的亡国灭种的危机,职教社一直以来怀揣救国的理想,积极参与到政治活动中,为保家卫国积极做出贡献。这一时期,职教社召开了昆明会议,总结了前期的工作经验,并拟定了未来的发展方向与目标,强调了应在政治领域发挥作用。随后,职教社便开始了在政治领域的一系列实践活动,先是组织成立了国讯同志会,后又参与组织了统一建国同志会和中国民主政团同盟,并且还创立了《救国通讯》为坚持抗战救国提供舆论武器。通过在政团组织方面的实践,职教社的性质发生了改变,逐渐成为中国近现代政治生活中的一个部分,同时也不忘记在职业教育领域的使命。

---

[1] 万国祥:《回忆昆明中华小学》,载中华职业教育社编《社史资料选辑　第2辑》,文史资料出版社,1981,第111页。

第四章 不懈坚守,积极应对抗日战争而获得新发展(1931—1945)

一、职教社工作的转向与政团组织的初步尝试

1939年4月,职教社在昆明召开工作讨论会,简称"昆明会议",会议内容以专号的形式于当年刊发在《教育与职业》第191期。黄炎培、江恒源、杨卫玉等职教社总社领导人和各办事处的负责人都参加了这次会议,是职教社历史上一次非常重要的会议。会议进行了三周,"除星期日外,每天从上午八时至下午五时二十分,每一个人都在极端紧张的空气中从事讨论、写作,自始至终,没有一个人感到疲厌。一个问题提出时,大家都争先发言,绝对没有呆滞的样子"[1]。在这次会议上,总社和各办事处分别报告了以往的工作概况,同时还根据当时的实际需要拟定了未来工作的计划,为社之后的发展谋划了指南。

同时,会上还对以往所开展的职业教育进行了总结,主张:"职业教育,只是一种工具,他应该为一个目的而奋斗。"[2]这里显示出社的同人已转变了对职业教育的认识程度,将职业教育作为抗战救国的手段。江问渔就很明确地表达了自己对职业教育的态度。他说:"以往工作态度,有一些不免为教育而教育,为职业教育而办职业教育者,此时观念完全不同,完全变为为国家民族而办职业教育,为抗战建国而办职业教育矣。"[3]最后,大家一致认为:"职业教育,只有在民族解放、民权平等、民生幸福的社会里,才能实现他的造福人群的理想。反过来讲,也赖有职业教育的努力,吾们民族解放、民权平等、民生幸福的国家社会,才能加速的出现。"[4]

另一方面,在会上大家还讨论了教育与政治之间的关系。一直以来,职业教育是中华职业教育社工作的归宿,但参与政治也是社的同人在第二个时期所努力的方向。社的同人认为:"吾们关心政治,研究政治,为着吾们推进职业教育工作的必要准备,吾们的动机十分纯粹,目的十分简单,就是始终站在国民的

---

[1]《会后同人公表之意见——今天的中华职业教育社》,《教育与职业》,1939年第191期,第113页。
[2]《会后同人公表之意见——今天的中华职业教育社》,《教育与职业》,1939年第191期,第113页。
[3]《序文》,《教育与职业》,1939年第191期,第1页。
[4]《会后同人公表之意见——今天的中华职业教育社》,《教育与职业》,1939年第191期,第114页。

立场，参与国家的新建设。"①可以看出，社的同人参与政治的最终目的是推进职业教育，建设国家。当时江问渔就对此问题也说道："譬如一般人爱说'教育和政治是没有关系的'。从事教育的人，可以不问政治，不明了政治的情势与趋向，这话也是陈旧的，错误的，因为办教育的人，实在应该去明了政治，理解国际情势，把自己底工作，配合到整个政治当中去，如此才足以言领导社会。更进一步，我们以为教育不仅应当跟着政治走，有时还可用哲学来指导社会，指导政治。"②最终经过会上大家的讨论，大家一致认为，"吾们的教育工作如其不配合于一个合理的政治主张和措施中，是不能有什么成效的"③。

在昆明会议上，职教社确定了新的努力目标：以最高的积极性参与抗战建国，进而实现一个民生幸福的社会，真正达到无业者有业，有业者乐业的目的。围绕这一目标，职教社制订了各种工作计划。就职业学校教育而言，"将从事研究、倡导、实验、推行，怎样根据实际的需要创设职业学校或添办各种短期职业训练班，培养能为抗战建国切实服役的人才"，"便是如何使职业学校同时也成为生产单位，供应人民生活所需，推而发展一般社会经济"；就职业补习教育来说，乃在于配合抗战建国需要，通过补教方式，在技术上培养各种抗战必需之人才，在政治上提高受教育者之抗战情绪，在公民道德上养成勇于为群之公民，使受教育者皆能积极支持抗战，以获取最后胜利。④

有研究者指出："'昆明会议'是职教社社史中一次极为重要的会议，它发挥了承上启下的作用，使全社同仁的思想上升到一个新的高度。"⑤昆明会议的召开促使职教社同人在思想观念上有了新的变化，职教社也明确了新的发展路线。职教社在成立之初，作为一个民间性的教育团体，以发展职业教育为职志，虽然在发展的过程中间或有社员参与一些政治活动，社也创办了《生活》《国讯》

---

① 黄炎培、江恒源、杨卫玉、孙起孟：《从困勉中得来——为纪念中华职业教育社二十四周年作》，载中华职业教育社编《社史资料选辑 第3辑》，中华职业教育社，1982，第61页。

② 江问渔：《本会开幕时的致词》，《教育与职业》，1939年第191期，第126页。

③ 黄炎培、江恒源、杨卫玉、孙起孟：《从困勉中得来——为纪念中华职业教育社二十四周年作》，载中华职业教育社编《社史资料选辑 第3辑》，中华职业教育社，1982年，第60页。

④ 中华职业教育社昆明工作讨论会：《会后同人公表之意见——今天的中华职业教育社》，《教育与职业》，1939年第191期，第113-114页。

⑤ 黄嘉树：《中华职业教育社史稿》，陕西人民教育出版社，1987，第188页。

等具有政治色彩的刊物,但是职教社并未以政团组织为发展目标。不过,在昆明会议上,职教社不仅对以往的工作经验进行了总结,还深入地探讨了教育与政治之间的关系,明确了"教育应当跟着政治走"的发展方向,由此职教社逐步开始了在政团组织方面的实践。伴随着职教社发展方向的转变,它的性质也发生改变,呈现出双重属性,"一方面仍是教育团体,另一方面又带有日益浓厚的政治组织的色彩"[①]。

职教社在明确了"教育应该跟着政治走"的发展理念之后,便逐步开始了在政团组织方面的努力和实践。如1939年,黄炎培等人筹划以职教社社员为主要成员,拟成立名为"国讯同志会"的政治组织,后于1940年1月,秘密成立。在组织领导上,"国讯同志会"的负责人与职教社的负责人大体相同,黄炎培出任会长,副会长也是当时职教社的领导人如江问渔、杨卫玉、冷遹,由此也表明了这一组织是职教社在政团组织方面的具体实践。作为一个具有政治色彩的团体组织,该组织的政治主张,有研究者从《国讯》中进行了归纳总结,主要表现在以下五个方面:

(一)只有全国统一才能争取抗战的最后胜利,为了统一,应当拥护三民主义、拥护政府、拥护领袖,同时必须作到三合作,即民众与政府合作,地方与中央合作,各党各派间合作。最反对的是暴力斗争与破坏行动。

(二)政治必须不断地改进,必须造成一条轨道,使全国人民都能发挥他们的聪明才智,必须逐步实现民主政治,厉行法治,早日实施宪政,军政与民政必须划分,一方面实现军队国家化,一方面实现军民分权。

(三)加强一切建设,尽量利用民间资金,尤重吸收海外侨资,在劳资协调之下从事开发。

(四)文化教育须与国家生产事业及个人生计问题切实联系,获得综合之解决。

(五)建立中苏英美世界反侵略战线,与轴心国对抗。[②]

[①] 黄嘉树:《中华职业教育社史稿》,陕西人民教育出版社,1987,第189页。
[②] 黄嘉树:《中华职业教育社史稿》,陕西人民教育出版社,1987,第189-190页。

"国讯同志会"的成立是职教社在新时期新的发展目标的直接体现,是职教社明确发展政团组织的直接实践。不过,由于职教社没有在政团组织方面的实践经验和当时蒋氏政权对于民主政治的抵触,即便是职教社同人在政团组织的发展程序和人员训练等方面均做了不少的努力,但是最终"国讯同志会"没能取得公开合法的地位,无法开展活动,由此也就决定了它非常有限的社会影响。可以说,职教社在政团组织方面的初步实践在一定程度上以失败而告终,但是职教社并未放弃在这一方面的努力,尤其是后来职教社以一个重要派别加入到中国民主政团同盟,不断探索中国政治民主化的发展进程。

二、积极参与组建民主政团组织

中华职业教育社不但积极抗日救亡,还参与成立了两个重要的政治组织,即统一建国同志会和中国民主政团同盟,为争取国家的自由、民主奔走呐喊,在国家的社会政治生活中发挥了重要作用。

组建政团组织是参与政治生活的重要方式,职教社的本质属性是一个民间团体,但是其成员积极参与组建政团组织,以在社会政治活动中发挥作用。1939年10月,梁漱溟等人拜访黄炎培,一起认真仔细分析了当时国内的政治时局,最后联络第三党、国社党和救国会于11月成立了"统一建国同志会",以期联合中间党派组织,在中国近现代民主政治活动中发挥作用。"统一建国同志会"是中国民主政团同盟的前身。

中国民主政团同盟是在"统一建国同志会"的基础上发展而来的。起初,因为日军侵略日深和蒋氏政权独裁的野心而对民主人士打压,所以"统一建国同志会"并未公开。后来又随着时局演变,黄炎培等人对中间党派组织在争取和平、民主过程中寄予厚望,因此决定在"统一建国同志会"的基础上成立新的组织。有研究者指出,这一决定的原因在于:"一是因为它缺乏领导中心","二是因为它在名称上未表明是党派联合体"。[1]随后,黄炎培逐步征求了周恩来、沈钧儒、邹韬奋、江问渔、杨卫玉、冷遹等人的意见,其中主要是职教社主要负责人

---

[1] 黄嘉树:《中华职业教育社史稿》,陕西人民教育出版社,1987,第193页

的态度。最终,在经过细密的筹备与组织和多次开会商讨之后,大家同意成立"中国民主政团同盟",职教社也加入到这个新的组织之中。

经过前期的周密安排,1941年3月19日,中国民主政团同盟在重庆上清寺特园秘密举行了成立会,会上通过组织简章,选举黄炎培、张澜、左舜生、张君劢、梁漱溟、章伯钧、李璜、罗隆基、江问渔、冷遹、杨赓陶、丘哲、林可玑等十三人为执行委员,黄炎培、左舜生、张君劢、梁漱溟、章伯钧等五人为常务委员,黄炎培为常务委员会主席,左舜生为总书记。[1]中国民主政团同盟于1944年9月改名为中国民主同盟。

中国民主政团同盟是秘密成立的,起初并未公开,但这没有影响到它开展相关活动,如主办了《光明报》作为机关刊物。中国民主政团同盟的正式公开是在《光明报》刊发了《中国民主政团同盟成立宣言》和《中国民主政团同盟对时局主张纲领》。民盟公开发表的这两份代表自身性质的纲领性文件,对于当时的政治时局做了正确的分析,同时也理智地提出了在政治上应注重团结各方抗日势力、保障广大民群众的权利、改革现有的政治状况,从而实现民族的独立和建立一个民主、有效的政府。民盟的基本立场和主张得到了共产党的高度赞扬,将其成立看作是"抗战期间我国民主运动中的一个新的推动,民主运动得此推动,将有更大的发展,开辟更好的前途",并称赞民盟是中国民主运动的生力军。[2]民盟从秘密成立到正式公开,作为中国现代政党中的一个党派,一直为中国的民主化进程发挥着巨大的作用。职教社是民盟的一个重要组成部分,且其领导人多出任民盟的要职,由此可知职教社对民盟所产生的作用。

三、《救国通讯》

《国讯》,原名《救国通讯》,1931年12月创刊,1948年4月被迫停刊,总共发行457期,创办人为黄炎培、江问渔、杨卫玉等。当时为什么要创办《国讯》呢,第一期《例言》上说:"自东北难作,各地同志,以同人身居上海,交通便捷,纷纷

---

[1] 黄嘉树:《中华职业教育社史稿》,陕西人民教育出版社,1987,第195页。
[2]《中国民主运动之生力军》,《解放日报》,1941年10月28日。

投函询问消息；同人苦于不暇作答，创此通讯，以资公览。"①还规定"不拘篇幅""不定日期""免费寄阅"等。在内容方面，则分"国难要闻""国难大事记""各地消息""同志通讯"等，但是它的使命并不只是这些，在创刊号中有言："政治不应让一部分人包办，各方面对当局都在希望和请求取消党治，实现民治。"②

《救国通讯》创刊时，在首页明确指出了干救国工作至少应该抱有四种根本上的修养，分别是："一、高尚纯洁的人格；二、博爱互助的精神；三、侠义勇敢的气概；四、刻苦耐劳的习惯。"同时还强调指出："没有这四种，不配干救国，就干也干不了。"③以此来激发人们积极地参与救国。1933年，《救国通讯》第61期改名为《国讯》，1934年第72期由不定期出版改为半月刊，由此《国讯》成为一个以救国为目的的具有很强政治性的稳定的综合性刊物。《国讯》在卷首阐明了该刊的主张和刊发文章的标准。首先，创办《国讯》的目的在于救国，具体来说，就是："本刊认定'救国'做唯一的使命，精神重在对外，至于对内，特别注重两点：一生产，二团结。生产所以救贫穷，团结可以治涣散，无非想从物质上、精神上培养一些实力，希望全国一致，作对外准备。"④其次，《国讯》对于所刊发的文章，确立了十个方面，分别是：个人人格的修养、有关民族复兴的人物和事实、科学的发明和介绍、文化事业的现象和改进、生产事业的发展、教育现象与其改进、国货制造及推行消息、伪满洲国消息、义勇军消息、世界大局消息等。⑤这十个方面的标准聚焦于"国家、民族、民生"三个方面，相对应的要求就是注重"国防、团结、生产"三个领域，从而完成救国的目的。1934年，《国讯》第81期因应读者的要求，从半月刊改为旬刊。1937年，进入到全面抗日战争时期，上海失守，《国讯》出版到了第178期后被迫停刊。1938年，《国讯》伴随职教社内迁至重庆而

---

① 张雪澄：《坚持抗战、坚持民主的〈国讯〉》，载中华职业教育社编《社史资料选辑 第1辑》，中华职业教育社，1980，第13页。
② 张雪澄：《坚持抗战、坚持民主的〈国讯〉》，载中华职业教育社编《社史资料选辑 第1辑》，中华职业教育社，1980，第13页。
③《干救国工作》，《救国通讯》，1931年第1期，第1页。
④ 张雪澄：《坚持抗战、坚持民主的〈国讯〉》，载中华职业教育社编《社史资料选辑 第1辑》，中华职业教育社，1980，第14页。
⑤ 张雪澄：《坚持抗战、坚持民主的〈国讯〉》，载中华职业教育社编《社史资料选辑 第1辑》，中华职业教育社，1980，第14页。

复刊。复刊后的《国讯》对于之前明确的四项根本修养进行了修正与补充,修正的内容主要是将之前的第一条和第二条分别改为"高尚纯洁的品德"和"忠勇狭义的气概",添加了"正确进步的思想"一条,最终确定了五条基本的人生修养,从侧面反映出职教社在政治上的态度。事实上,《国讯》最初确定的四种人生修养和后来添加的一项内容就是中华职业学校对学生在人格修养上的五点要求。在政治上,当时《国讯》的主张主要为:拥护统一、民族平等、逐步实施民主政治、对敌抗战、大规模发动全国民众、各党各派无党无派一致合作等。①

随着《国讯》的读者越来越多,为了满足广大读者的需求,职教社分别于1939年增印香港版和昆明版,1940年增印桂林版,并且于1941年开设了国讯书店。抗日战争胜利后,1945年10月10日,《国讯》在上海复刊,并且刊期由之前的旬刊改为了周刊。1948年4月,国民党政府捏造罪名责令其停刊。

《国讯》作为中华职业教育社的机关刊物,是其参与政治活动的主要表现之一,期刊上刊载的内容大多以抗战救国为主旨,意在呼吁当时全民族的抗战热情,体现了职教社忧国忧民的情怀和为国家的安危而不懈努力的精神。

---

① 张雪澄:《坚持抗战、坚持民主的〈国讯〉》,载中华职业教育社编《社史资料选辑 第1辑》,中华职业教育社,1980,第14页。

第五章

重整社务,迎接新中国
（1946—1949）

1945年1月,黄炎培在重庆南泉起草了一份未公开发行的关于中华职业教育社未来五年间发展的设想方案,题名为《中华职业教育社今后五年间建设计划大纲草案》,在职教社的内部被称为"南泉大计"。在这份计划书中,职教社对当时中国的前途持十分乐观的态度,期待中国的职业教育事业能够获得大发展。1945年5月,职教社开会认真分析了当时中国的情形,认为当时抗日战争胜利可期,便通过了此项计划。1945年7月,职教社召开工作检讨会,讨论"复员计划",8月15日,日本宣布无条件投降,中国取得了抗日战争的伟大胜利。1945年9月16日,职教社办事部召开复员计划会议,讨论复员的方针、步骤,并于10月4日提交给理监事会议核定。总而言之,伴随着抗日战争的胜利,职教社开始有步骤地着手调整社的各项事业,复员上海,恢复以前的事业,同时也创建发展了一些事业,而且还积极参与到国家的政治活动之中。

第一节 各类机构调整与事业进展

1945年8月,中华民族取得了抗日战争的最终胜利,胜利后,中华职业教育社着手复员工作。职教社总社由重庆迁回上海,相应的各类机构也迁回上海,同时各地的办事处也有所变化。复员上海后,职教社不仅召开会议,组织新一届领导成员,还积极恢复发展以往的事业,如中华职业学校、上海职业指导所、职业补习学校等,同时也开辟了新的事业,如创办了比乐中学和设立上海伤残重建处,并创办《展望》杂志以宣传职教社的事业和政治主张与态度。经过调整,职教社的事业在复员后很快得以恢复并取得了新的发展。

一、总社及各类机构复员上海及相应的调整

职教社于1945年9月,召开了由总社及各地办事处负责人和在渝社办各机构负责人共同参加的会议,讨论社的复员方案。这次会议对中国战后职业教育事业的发展做出了过高的期望,不仅计划恢复、改进与加强以往的事业,还拟发展新的事业,并在武汉、南京、台湾等地设立办事处,以扩大社的影响力。但是由于当时中国不确定的政治形势,社的主要领导人大都忙于政治活动,加之社的人力、物力不足,致使计划都未能实现。

在抗战胜利的前夕,"职教社尚保有七个建制单位,即重庆总社及上海、桂林、云南、西康、成都、贵阳等六个办事处"[①],其中桂林、贵阳、西康办事处均陷入停顿状态,仅剩在重庆的总社以及上海、云南、成都三个办事处正常运转。由此可见,在全面抗日战争中,职教社的各项事业均受到严重的摧残。

1946年1月,职教社总社从重庆迁回上海,与上海办事处合并,重庆则改设办事处。虽然总社从重庆迁回上海,但是全面抗战期间在重庆所办的职业教育事业,如重庆职业指导所、中华职业学校渝校、补习学校等仍旧照办,只是后来因为经费困难、各相关工作人员的逐步复员,使得这些事业所需人、财均不足,最终只能宣告停顿。1946年6月,总社在重庆创办的中华工商专科学校迁回上海,重庆的办事处改为通讯处。伴随着国民政府还都南京,职教社的各项事业也陆续迁回了,同时当时的政局尚不稳定,严重影响了当时川渝地区的职业教育事业。至1947年底,职教社在重庆、成都两地的办事处都已名存实亡了。云南办事处在战争的环境中还能得到发展,但是战后昆明失去了交通枢纽的特殊地位,严重影响到昆明职业教育事业的发展。当时昆明办事处的主要工作是以补习教育为中心,全力举办补习学校、业余中学、中华小学等三项事业,在当时人力、物力都缺乏的情况下,昆明办事处也只是保持了这三项事业。

---

① 黄嘉树:《中华职业教育社史稿》,陕西人民教育出版社,1987,第232页。

第五章　重整社务,迎接新中国(1946—1949)

职教社在上海地区的各项事业损失最为惨重,不过随着抗战胜利,总社的逐步复员,上海地区的各项事业也逐渐恢复。如在日本投降后的1945年9月,在抗日战争中被迫改名为"工商学艺所"的中华职业学校沪校迁回原址陆家浜,并且恢复原来的校名。1946年5月,中华职业学校渝校迁回上海,与沪校合并为一,并且重新开始了校园建设,兴建校舍,同时购买学校需要的教学设备和仪器。最终,通过两年的不懈努力,中华职业学校的各项工作都已走上正轨,并且获得了进一步的发展。

抗日战争胜利后,因战争而停办的上海职业指导所于1946年1月正式恢复工作,由何清儒担任主任,孙起孟担任总书记,宋思明担任副主任。同时,复员上海后的职教社成立了职业教育研究所专门从事职业教育研究,由上海职业指导所主任何清儒兼任所长,负责《教育与职业》的编辑出版工作。职教社当时在上海开办的七所职业补习学校因为战争影响而先后停办,抗战胜利后,即刻着手恢复第一、二、四补习学校,特别是在总社复员上海后,恢复的进展更快,招收的学生数量很多。一开始职教社打算恢复其他四所补习学校,但是在"质的深入与实际效率的提高"的思想影响下,职教社不仅注重量的普及,更加重视补习学校开办的实际效果。这样职教社最后办理的只剩下第一中华职业补习学校,来集中开展职业补习教育。

职教社复员上海之后,随即于1946年8月,召开了第二届理监事会议,并产生了新一届理监事会。同年9月,职教社召开了第二届理监事第一次联席会议,互推黄炎培、江恒源、冷遹、潘公展、黄伯樵、顾树森、钱永铭为常务理事,潘序伦、蒋维乔、蕢延芳为常务监事,互选钱永铭为理事长,推举杨卫玉继续担任总干事。[1]当日下午在"比乐堂"举行欢迎新任理监事、社员联谊会。名誉理事长孔祥熙在会上致辞,谈其与职教社二十余年的关系,提倡教育、发展实业与国家富强的关系。常务理事黄炎培说:"本社实验理想之一的职业指导所,已为社会部列为行政部份(门)之一;首创的职业补习教育,今已遍布各地;最近开办的比乐中学,在普通教育中兼施职业教育,也是本社将理想付诸实验的一例。"[2]之后有老社员袁希洛、王炳台等相继发言,讲述过去社所开办的事业。

---

[1] 吴长翼:《中华职业教育社八十年(1917—1997)》,内部资料,未出版,第45页。
[2] 吴长翼:《中华职业教育社八十年(1917—1997)》,内部资料,未出版,第45页。

二、新环境下新事业的创建

职教社在归并、调整各项机构的同时,也发展社的各项事业。既有对之前已有事业进行重整,也有在新的环境下发展新的事业,特别是比乐中学和上海伤残重建服务处的创办。

(一)比乐中学

1946年9月12日,中华职业教育社在上海进行新创办比乐中学的开学仪式。学校董事长为江恒源,黄炎培、江恒源、杨卫玉、王艮仲、俞寰澄、盛丕华、孙起孟等人为董事,首任校长是孙起孟,校务主任是庞翔勋。

关于设立比乐中学的原因,黄炎培、江恒源、杨卫玉、何清儒、孙起孟发表《中华职业教育社创办比乐中学意旨书》,指出在初中施行职业指导,使学生"受过职业指导以后可以按着指导,升入分科的高中","依一般现况,高中毕业生中间无力升学的总是多数。这些青年如果受到职业性高中教育,毕业后便不致失业"。[1]"所设职业,除开专门技术以外,有通常必须具备的几种能力。……在中学六年中间,不变更规定课程,而能养成上述各种能力,于升学不致有妨碍,而于就业取得特别便利。"[2]由此,在性质上,比乐中学身兼普通中学和职业学校的两种目的,是一种将升学准备和职业技术训练结合在一起的新型中学。

在教学过程中,比乐中学通过将文化课知识与职业训练相结合,一面传授文化知识,一面锻炼实际技能。如在语文教学方面除一般要求外,还重视学生书法的训练,教一些浅近的应用文;数学课还训练珠算、简易测量;英语也重视应用,如会话、书信。[3]比乐中学组织有各种课外活动小组,在活动中培养学生各方面的才能。在思想道德训练方面,比乐中学开设有"公民课",课程的内容

---

[1] 杨善继:《回顾解放前的比乐中学》,载中华职业教育社编《社史资料选辑 第2辑》,文史资料出版社,1981,第95页。

[2] 杨善继:《回顾解放前的比乐中学》,载中华职业教育社编《社史资料选辑 第2辑》,文史资料出版社,1981,第95页。

[3] 杨善继:《回顾解放前的比乐中学》,载中华职业教育社编《社史资料选辑 第2辑》,文史资料出版社,1981,第97页。

主要是关于自由、民主、平等的内容,且这些内容的教材由校长亲自编写。当时比乐中学设立了一套合理有效的学校管理措施,比如组织学生自治会,定期举行大型讨论会、报告会,还有民主检讨会等,学校还根据学生的心理特点,每周五开一次周会,类型多种多样,如音乐周会、朗诵周会、友谊周会、演讲周会等。这些管理措施帮助学校营造了一种民主、平等、自治、活泼、严肃、积极向上的氛围,有利于建立和谐的师生关系,培养人才。

比乐中学校歌的第一句是:"比乐,比乐,我们有理想在憧憬着。"当时比乐中学试行了三种学校管理制度,分别是:"小班制""学费合作制"和"家校合作制"。这三种制度是比乐中学在学校管理方面的创新,对于学校的发展起到了重要的推动作用。具体而言,这三种制度的主要内容分别是:"小班制",顾名思义,就是班级学生人数少,不超过30人,旨在让教师熟悉和了解学生,利于学生在课程上人人都有发言锻炼的机会,同时也根据具体情况进行个别辅导;"学费合作制",是指针对家庭经济困难的学生,学校通过召开家长恳谈会,一方面向家长公布学校的经费状况,另一方面根据各个家庭条件的好坏而相互合作,互相补助,学校也会根据经费的实际情况而做出减免学费的调整。"家校合作制",是基于家长赞成发展起来的,家长推派代表参加重要的校务会议,学校计划、设科、教育原则与方法以及经费收支都向家长公布,并且定期举行家长恳谈会,相互沟通,提出发展意见,形成一种学校与家长相互信任的密切的合作关系。[①]通过这三种制度的施行,比乐中学在教学上、管理上、家校关系上都营造了一种平等、有效、和谐的发展氛围,这是一所学校得以发展的基础。在新中国成立前夕,比乐中学还成立了应变会、纠察队来保卫学校,迎接新中国的到来。

(二)上海伤残重建服务处

1947年6月,中华职业教育社受行政院善后救济总署的委托,成立了"上海伤残重建服务处",何清儒担任主任,宋思明为副主任。在抗日战争胜利前,职教社针对当时大批伤残战士的问题发起了一场"残而不废"运动,希望根据当时战士的伤残情况,开展适宜的教育,再开办特殊工厂,让伤残战士也能够自立。

[①] 吴长翼:《中华职业教育社八十年(1917—1997)》,内部资料,未出版,第47页。

但是因为时局的变化,这种设想直到伤残重建服务处的建立才开始付诸实施。

伤残重建服务处本着"虽残不废"的宗旨,对伤残人员进行职业指导、职业训练,并介绍就业,使其自食其力。伤残重建的步骤有二:第一步是与医院、学校、工厂及各公私立社会服务机构合作,每当伤残者前来登记,请求协助重建时,都指定专人和其谈话,诸凡残伤情形、工作、历史、家庭环境等,均予以详细之登录,再转送至医疗机关,予以彻底之身体检查,诊断其还有多少剩余体力,及从事何项工作为宜。必要时,协助其继续治疗。第二步则是根据伤残者之心理情况,了解其兴趣所在及智能如何,对识字者及文盲,备有不同之仪器,作为测验之用。①至于伤残重建的训练方法,则有机关训练、就业训练、私人训练及函授训练等。最后伤残者经过相当时期的职业训练,即由该处介绍或合作机关协助,使其得到终身之职业。而且服务处还派人经常去访问本人及雇主,以便随时解决他们在工作中所遇到的问题,使其工作效力逐渐增加。

服务处作为职教社的附属机关,隶属于社办事部,并由总干事、副总干事负责监督相应的工作。服务处设立问委员会,聘请社会上对此项工作感兴趣的知名人士为委员,推举主席一人,常委若干人,执行干事即正副主任各一人,负责执行相关的工作。同时,服务处下设总务、指导、介绍三组经办具体的工作,三组均设主任一人。服务处的经费主要来源于行政院善后救济总署的补助,同时还有服务处承担一些对外服务工作所获得的收入。

自服务处建立伊始,到上海解放之前,大约有200人在服务处登记或者是接受训练。为了扩大社会各界对于伤残人士的关注与重视,服务处不仅开展了具体的实践工作,还经常到电台播音,宣传服务处的目的与伤残重建工作的意义。

职教社所开展的伤残重建工作,对于维护社会稳定,安定民心有着重要的作用,从广义的范围上看,伤残重建属于职业教育的范围,因为它以职业训练为重点。职教社开展伤残重建工作是其对职业教育内涵认识的深化,尤其是将学校、医院、工厂企业等机构联合起来开展伤残重建工作,扩展了职业教育的实施范围。但是在当时政局不稳的情况下,职教社的这项活动也只能是杯水车薪而已。

---

① 《上海伤残重建服务处消息》,《社讯》,1947年第36期,第2页。

第五章　重整社务,迎接新中国(1946—1949)

(三)发行期刊

随着职教社的回迁,社的各项工作逐渐走上了正规,职教社在办学的同时,创办了期刊,开设了书店。黄炎培曾说,"教育是教人家做人,人的生活是多方面的,是综合性的",又说,"我们的社团,叫做中华职业教育社,这个名称,就说明了我们努力的全部意义……凡有利于我中华,我们有一分力用一分力。职业教育有利于中华,我们要用力,其它有利于中华,而和职业教育并不抵触,且配合得很好,我们当然也要用力"。[①]因此,办理各类期刊与出版社自然也是职教社所进行的实践活动。

职教社的机关刊物《教育与职业》,记录了职教社的发展历程,内容主要涉及职业教育理论,各省推行职业教育的计划或意见,各国职业教育制度或状况,实施职业教育的研究或参考资料,职业知识或修养,实业界的调查报告,国内外职业教育消息,以及中华职业教育社和中华职业学校的报道。[②]同时为了集中研究问题,还出版了许多的专号。《教育与职业》杂志在传播职业教育信息,介绍国外职业教育制度、方法,研究职业教育理论等方面都起着重要的作用,是时人讨论、探究职业教育的公共平台。

《展望》,是《国讯》的接替者。1948年,《国讯》杂志被迫停刊,其创办者黄炎培、杨卫玉等决定再办一个刊物,把《国讯》的战斗继续下去。而当时向当局申请一个期刊登记证特别艰难,凑巧1947年夏中国民主同盟曾取得一个《展望》杂志的登记证,只出版了一期,民盟便被国民党宣布为非法团体。经与《展望》发行人尚丁沟通,黄炎培、杨卫玉与罗涵先、陈仁柄协商,同意合作,利用已休刊的《展望》的出版许可证,出版《展望》周刊。当时展望杂志社的组织结构是社员大会,由社长、副社长、财务委员会、编辑委员会组成,俞寰澄为社长,黄炎培、陈仁柄为副社长,盛丕华为财务委员会主席,杨卫玉为编辑委员会主席。《展望》周刊有五个专栏,基本上是由中共上海文委成员和其他共产党化名撰稿。[③]职教社的成员也在《展望》上发表笔锋犀利的文章,如"揭露国民党军事上的惨败,及

---
① 吴长翼:《中华职业教育社八十年(1917—1997)》,内部资料,未出版,第49页。
② 吴长翼:《中华职业教育社八十年(1917—1997)》,内部资料,未出版,第49页。
③ 吴长翼:《中华职业教育社八十年(1917—1997)》,内部资料,未出版,第51页。

时而正确地报道和分析了战局,同时,尖锐地揭穿'和平攻势'的骗局,向广大人民指出前途,鼓舞斗志"[1]。《展望》周刊出版后,受到广大读者的欢迎,得到中国共产党地下组织的领导、教育和大力帮助。正如《展望》的编委李正文在1953年中华职业教育社的三十六周年纪念会上所说,"《展望》在解放前已是地下的公私合营,现在是正式的地上的公私合营了"[2],表明了《展望》与共产党一直以来的亲密联系。由于与共产党之间的亲密联系,1949年3月19日,《展望》第三卷第十八期刚出版,就被国民党政府查封了,被封后,《展望》杂志社做了善后处理,保存着力量,等待上海解放后复刊。1949年5月28日,上海解放了,《展望》《国讯》便立刻着手复刊的工作。由于《展望》和《国讯》实际上是一个刊物,《国讯》的原名是《救国通讯》,而当前救国的任务已经结束,《展望》体现出对国家未来发展的美好愿景,因此最后决定继续出版《展望》。关于《展望》杂志的特点,杨卫玉先生曾说:《展望》的特点就是继承了《生活》周刊的传统。[3]《展望》与《生活》周刊本身就存在血缘关系,职教社先是创办了《生活》周刊,接着又创办了《国讯》,而《展望》则又是《国讯》的延续。从《生活》周刊到《国讯》再到《展望》,可以将其看成是职教社宣传事业的不断延续,也是职教社在政治生活与救国运动中的不懈努力。当时为《展望》撰稿的除了共产党员和民建会、职教社同人以外,还有诸如罗隆基、周谷城等民主人士,由此可以看出这个刊物既是职教社协助共产党办的宣传机关,又具有统一战线的特点。[4]

    1949年6月1日,上海解放后的第三天,《展望》就在上海得到人民政府的批准登记而第一个出刊。1951年7月1日,《展望》被批准为公私合营,1955年时的《展望》每期发行数即已达到三十万份之多,遍及全国,1961年停刊。经历了十三个年头,《展望》共出版六百八十多期,深受广大读者的喜爱和支持。

---

[1] 尚丁:《"风雨如晦,鸡鸣不已"——回忆〈展望〉周刊》,载中华职业教育社编《社史资料选辑 第1辑》,文史资料出版社,1980,第165页。

[2] 尚丁:《"风雨如晦,鸡鸣不已"——回忆〈展望〉周刊》,载中华职业教育社编《社史资料选辑 第1辑》,文史资料出版社,1980,第165页。

[3] 尚丁:《"风雨如晦,鸡鸣不已"——回忆〈展望〉周刊》,载中华职业教育社编《社史资料选辑 第1辑》,文史资料出版社,1980,第167页。

[4] 黄嘉树:《中华职业教育社史稿》,陕西人民教育出版社,1987,第258页。

第二节　积极参与政治活动

抗日战争取得了完全性的胜利,但是国内的和平愿景并未得到实现,国民党政府立刻又发动了抢夺新政权的斗争。在抢夺新政权的斗争中,职教社深处其中,为了中国的和平进程而不懈努力,认清了国民党的真实面目,转向了中国共产党一边,取得了最终的胜利。

一、坚持斗争,推动政治协商会议的成功召开

抗日战争胜利后,职教社积极在政治生活领域组建民主政治团体,参与政治协商,发挥自身建言献策的作用,如1945年底职教社同人参与创建了民主建国会。1946年,中国共产党和国民党在"双十协定"的基础上召开了政治协商会议,商讨中国在抗日战争胜利后的社会发展走向,参会代表由国民党、共产党、民盟、青年党、无党派人士5个党团共计38人组成,会议分为改组政府组、施政纲领组、军事组、国民大会组、宪法草案组五个小组进行讨论。职教社的领导人之一黄炎培作为民盟的代表参加了施政纲领组。最终于1946年1月25日,各小组讨论完成,提出了"和平建国纲领"。

另一方面,由职教社同人所参与发起成立的民主建国会在政治协商会议期间积极行动,召开民众大会,听取群众的意见,并将意见传达给政协会议中的代表讨论,从而切实地发挥了作为中间组织上传下达的作用。在具体活动方面,如当时民主建国会曾主办三次"政治协商会议促进演讲会",并发起成立了"陪都各界政治协商会议协进会",提出"政协没有成功不许闭幕"的口号,先后召开了八次各界民众大会以搜集群众的意见。[①]不仅如此,民主建国会还为这些活动提供了经费支持和人力支撑,尤其是当时有着民主建国会和职教社双重身份的成员,如胡厥文、孙起孟、杨卫玉等,均积极参与筹备和组织这些活动,在一定程度上凸显出职教社在政治协商会议乃至中国民主政治生活中的努力与贡献。

[①] 黄嘉树:《中华职业教育社史稿》,陕西人民教育出版社,1987,第243页。

而且，在政治协商会议结束之后，职教社同人继续为和平、民主而不懈斗争，主要表现在反对内战、抵制伪国大、反对美帝扶持蒋反共和侵华暴行三个方面。[1]通过在这些方面的不懈斗争，职教社同人的政治认识进一步提升，尤其是更清醒地认识了国民党统治的本质，从而为职教社的政治选择指明了正确的方向。

二、认清国民党的本质面目，放弃中间立场，拥护中国共产党

1946年9月，职教社的机关刊物《国讯》因为经费困难而被迫停刊，但是不久后，由于职教社一直心系国家、民族的安危，认为应该发挥积极作用，便于1947年5月决定复刊，以发挥舆论作用。复刊词上如是说："现在内战愈打愈紧，经济愈趋下坡，民主愈形憔悴，几乎要窒息等死了！国家民族的危机，到了这样严重关头，我们一息尚存，怎能坐以待毙，默无一言呢？"[2]这鲜明地表明了职教社心系民族安危，国家安危，因而决定恢复《国讯》。同时，当时黄炎培也发表文章指出，中国的内战愈打愈紧，是因为美国的政策在转变，由罗斯福的扶助中国和平统一团结的政策，代之以武装中国作反苏先锋队的政策，而中国亦恰恰有人想利用美国的恐苏防苏心理，替美国担任反苏先锋队，而先从反共下手。[3]这标志着职教社同人已经认识到国民党反动派的本来面目。

虽然职教社同人已然发觉了国民党反动派的面目，但是这种认识却不够彻底，因为在职教社看来，国共双方势均力敌，都无法彻底消灭对方。虽然职教社认清了国民党是发动内战的罪魁祸首，但又未能充分认识到中国社会的未来在于通过革命战争建立一个全新的社会。在两相矛盾之下，职教社同人认为最终还是要回到"和"的路上来，由此过高地估计了当时中间党派在国共两党中的协调作用。后来的事实证明，国民党在其统治区内大肆镇压民主力量，屠杀民主人士，并且宣布民盟为"非法团体"，由此职教社同人希冀中间党派起作用的想法幻灭了。随着思想认识的进一步提升，对国民党反对民主、发动内战的厌恶，

---

[1] 黄嘉树：《中华职业教育社史稿》，陕西人民教育出版社，1987，第244页。
[2] 杨卫玉：《复刊词》，《国讯》，1947年第411期，第1页。
[3] 黄嘉树：《中华职业教育社史稿》，陕西人民教育出版社，1987，第250页。

职教社同人认识到共产党代表全中国人民的利益。尤其是在得知中共中央颁布《土地法大纲》后,职教社同人清醒地认识到中国共产党一心为民的本质,彻底改变了此前两相矛盾的认识,坚信中国共产党一定能够战胜、消灭国民党反动派,从而放弃了中间立场。

职教社同人思想认识的提升,主要表现在当时社的机关刊物《国讯》上发表的文章中,其内容大多是描述国民党的反动黑暗统治,批评国民党的反动政策,揭示国民党的统治本质,同时阐述共产党代表了人民大众的根本利益。尤其是1947年12月,毛泽东做了《目前形势和我们的任务》的报告后,黄炎培等人将此份报告付印后,发给民建会和职教社的成员们学习。同时,职教社还通过《国讯》来宣传中国共产党的方针、政策,帮助广大群众认识、接纳和拥护共产党。

1948年1月,职教社所办的《国讯》刊发了《中国土地法大纲》,这份大纲是中国共产党心系全国劳苦大众的土地改革政策,深得职教社同人的认同与赞扬,显示了职教社对中国共产党政策的理解、接纳与认可,从而表明了职教社放弃中间立场、拥护共产党的鲜明态度。同年5月1日,为了响应中国共产党发布的纪念五一号召,职教社的负责人黄炎培、胡厥文、杨卫玉等人集会讨论,一致同意,并委派孙起孟、章乃器和中国共产党联系,声明积极支持成立民主联合政府的号召,从而在实际行动上展现了职教社拥护共产党的态度。自此,职教社在政治协商会议和中国现代民主政治活动中一直发挥着一定的作用。

中华职业学校的发展
（1918—1949）

第六章

1917年5月，中华职业教育社在上海成立，旨在发展中国的职业教育，而设立职业学校则是开展职业教育实践的一项重要举措。立社一年之后，职教社于1918年5月在上海贫民区陆家浜的一处空地，建立了中华职业学校，以试验职业教育，为民族工商业培养所需的人才。中华职业学校作为职教社在职业教育领域的重要实践方式，从其诞生至新中国成立前夕，始终与职教社的生命历程相同步。具体而言，中华职业学校的发展大致可分为三个历史时期：一是1918年至1926年间的初创时期，二是1927至1937年间"黄金十年"的稳步发展期，三是1938年至1949年间在战火中的持续坚守期，这三个历史时期体现了职教社事业发展的历程。中华职业学校作为近代中国职业学校的排头兵，设置了贴近社会实际需求的学科，实行了符合职业教育规律和特点的教学模式，建立了满足学生身心特点的自治组织方式，从而培养出既具有高尚道德修养，又具有专业技能的人才，在社会上留下了良好的声誉。在抗日战争中，中华职业学校师生不惧战争，积极帮助、参与到抗日战争的洪流之中，保家卫国，体现出了浓厚的救国救民的情怀。通过中华职业学校的发展历程，可以看到中国近代职业教育发展的身影，认识其对于中国职业教育所产生的重要作用，把握其在中国近代教育中的地位。

第一节　中华职业学校的初创与摸索(1918—1926)

1918年5月,中华职业教育社立社一年之后,在陆家浜创办了中华职业学校。创办之初的中华职业学校,各项设施非常简陋,但是伴随学生人数的不断增加,师生共同合力扩建了校舍,并募集资金添建了相应的教学设备,学校日常工作步入正轨。创办初期,中华职业学校明确了办学宗旨,制定了教育方针,设计了校徽与校旗。在学科设置上,学校从实际调查出发,根据学生家长的职业背景和社会的需求,设置了相应的学科。在学校经费来源上,作为中华职业教育社的附属机构,学校经费由社负责,通过多方、多种渠道募集,保证了学校开办所需的经费。在学生管理上,学校提倡学生自治,设立自治指导部和职业市等机构,让学生在自我管理中锻炼自己的能力,训练自己的人格。经过这些合理、有效的措施,初创时期的中华职业学校取得了较大的成绩,学生培养质量较高,学校在社会上的声望日盛。

一、学校的办学宗旨、教育方针与校旗、校徽

1918年初筹办中华职业学校时,黄炎培为学校明确了办学宗旨,具体为:"本校之设立,一方面在使无力升学之学生得受适切之教育,以为职业之预备;一方面在辅助各种实业,以增进其生产能力为主旨。"[1]

中华职业学校校徽图案与职教社社徽相同,形状是三角形,顶端为"中华职业学校"6个字,下面图案借用中国古文字,以两手相向合抱成近圆形图案,外加一个圆图形,寓意"双手万能,手脑并用",将中华职业学校创立的宗旨和目标,以鲜明、简练的图案,形象生动地展现于世人。

校旗图案与中华职业教育社的社旗也相同。简单说来是"三横一竖":横的三栏寓意农工商,以农工商代表百业,竖的一栏代表教育,以双手表示农工商和教育的联合。校旗整体设计为白底红线黑字,白底表示心底的洁白,红线表示农工商教育各以赤心结合,黑字表示以文墨鼓吹双手万能。

---

[1] 中华职业教育社:《中华职业学校设立之旨趣》,载中华职业教育社编《社史资料选辑　第3辑》,文史资料出版社,1982,第12页。

校训"敬业乐群"由黄炎培根据《礼记·学记》为职校专门拟定。"敬业"指"对所习之职业具嗜好心,所任之事业具责任心","乐群"指"具优美和乐之情操及共同协作之精神"。[①]当时黄炎培对学生提出殷切的期待,希望学生明白,"人生必须服务,求学非以自娱,无论受教育至若何高度,总以其所学能应用社会,造福人群为贵,彼不务应用而专读书,无有是处"[②],同时希望学生不要看不起自己所习的职业,"职业平等,无高下,无贵贱。苟有益于人群,皆是无上上品"[③]。当时中华职业学校在对待工作与为人处世方面对学生均提出了要求,如要求学生热爱自己的国家,热爱自己的事业,胜任自己的本职工作,同时还应抱有互助合作的精神,谦虚诚恳的态度,勤俭朴素的作风等。

图6-1 校训

当时学校在思想教育方面,贯彻职业陶冶与公民训练并重的原则,将"敬业乐群"具体化为13项标准,分别为:对职业之性质应有准确之观念;对所欲入之职业社会应有相当的了解;对将从事之职业应具有相当之兴趣;养成负责之习惯;养成合作互助的精神;养成勤朴的习惯;养成合理的服从习惯;养成有礼貌的习惯;养成守法的习惯;养成公而忘私的德性;养成创造与奋斗的精神;养成应付一切的能力;养成现代公民所应具的德性与习惯。[④]这是对各个专业所制

[①] 庞翔勋,金兆祺:《记中华职业学校》,载中华职业教育社编《社史资料选辑 第2辑》,文史资料出版社,1981,第10页。

[②] 黄炎培:《职业教育之礁》,《教育与职业》,1923年第41期,第2页。

[③] 黄炎培:《职业教育之礁》,《教育与职业》,1923年第41期,第2页。

[④] 庞翔勋,金兆祺:《记中华职业学校》,载中华职业教育社编《社史资料选辑 第2辑》,文史资料出版社,1981,第11页。

定的共同标准,同时,还制定了各自专业的道德标准,例如农科专业须保持乡村淳朴的风习,充分养成农夫的身手;商科专业,须养成敏捷、决断的能力,充分发挥信实的美感,养成注重社会状况的习惯以及良好的礼貌等。

在遵循校训的基础上,学校领导还经常教导学生要有"金的人格""铁的纪律"。所谓"金的人格",主要表现为:高尚纯洁的人格、博爱互助的精神、侠义勇敢的气概、刻苦耐劳的习惯、正确进步的思想。[1]黄炎培经常告诫同学们要"自己尊重人格,同时还须尊重他人人格;互相尊重,实为人与人间最理想的境地"[2]。所谓"铁的纪律",就是:遵守学校的一套规章制度,从早操、集合到课堂、宿舍,乃至大会、实习、实验、就餐等,都必须严格遵守。[3]在这样的要求之下,不仅校长教师自觉遵守,学生也都能够自觉遵守,逐渐发展成为一种校风。

在学校创立之始,中华职业教育社为学校预定了将来的四条教育方针,如下:

一、欲预备将来之职业,固不可无相当之知识;而所得知识尤必十分精密正确,然后能达于应用。故本校对于所授各种知识竭力注意于正确。

二、仅有应用之知识而无纯熟之技能,则仍不足以致用。本校特注重实习,生徒半日受课,半日工作,务期各种技能达于熟练。

三、既得应用之知识,纯熟之技能矣,而无善良之品行,仍不足以立身社会。故本校特注重学生自治,提倡共同作业,养成其共同心、责任心,及勤勉诚实克己公正诸美德,俾将来成为善良之公民。

四、社会之事业有限,而各方之求事者日增。以学校毕业生徒而欲尽纳于社会固有事业中以求生活,势必不能;是故学生而无创设新业、增进生产之能力,实不足以生存于今日之世。本社有鉴于此,对于此点竭力注意养成之。[4]

---

[1] 庞翔勋,金兆祺:《记中华职业学校》,载中华职业教育社编《社史资料选辑 第2辑》,文史资料出版社,1981,第11页。

[2] 黄炎培:《中华职业学校成立卅周年告毕业和肄业诸同学》,载《中华职业学校成立三十周年纪念刊》,1948年5月15日,第3页,中华职业教育社档案馆,G289-004-0003。

[3] 庞翔勋,金兆祺:《记中华职业学校》,载中华职业教育社编《社史资料选辑 第2辑》,文史资料出版社,1981,第11页。

[4] 中华职业教育社:《中华职业学校设立之旨趣》,载中华职业教育社编《社史资料选辑 第3辑》,文史资料出版社,1982,第12页。

以上四条教育方针是中华职业教育社从知识、技能、品行以及生存四个方面对中华职业学校提出的要求,希望经过中华职业学校训练后的学生,能够做到:"一、将来为各种工厂职工或技师。二、将来能以一艺之长自谋生活。三、将来成为善良之公民。"①简言之,即学生经过职业学校的训练后,能够以自己所学成为各工场的善良职工,得以在社会上生存。

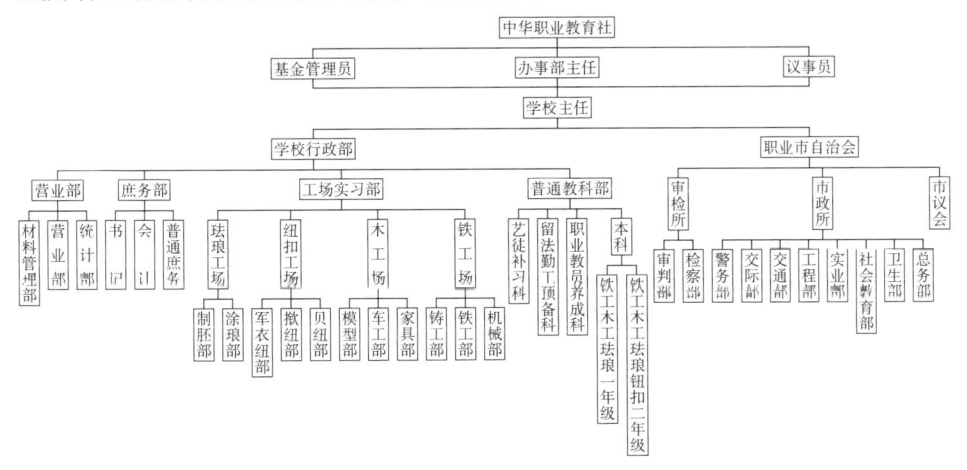

图6-2 中华职业学校内容组织一览

二、面向学生家庭背景和社会实际需求的学科设置与招生

中华职业教育社在成立之后,决定创办一所职业学校,并且附设各种工场,来试验职业教育。在职业学校开办之前,学校中设科是最重要最应先行研究的问题,因而当时对于职业学校的学科设置,曾做过较为详细的调查与研究。比如在1918年5月5日中华职业教育社第一届年会上,黄炎培在《年会词》中,谈及了中华职业学校学科设置的问题。他说道:"若夫调查之为事,第一须认定目的。第二乃研究方法。如为欲设职业学校而先调查社会之需要,以便于各科中定设某科,或于某科中定设某种。则其方法或调查该地方工价、物价之涨落与历年增减之比较,或就学校调查其学生父兄职业之种类,以验其多数之属于何

---

① 中华职业教育社:《中华职业学校设立之旨趣》,载中华职业教育社编《社史资料选辑 第3辑》,文史资料出版社,1982,第12页。

种。凡此吾社本年度间皆当稍稍试行之。"[1]由此强调了职业学校学科须依据社会上的实际需求来设置。随后,黄炎培等中华职业教育社的负责人先对中华职业学校附近的巽与、贫民、崇正、农坛、仓基、留云六所小学的学生父兄的职业种类进行调查。之后又委托省立第二师范附属小学利用学生课毕余暇,调查上海西南门内外各街道商店。最后得出的结果是,"除无甚重要而又不足为固定职业者外,均以铁工为最多,木工次之"[2],因而中华职业学校最后决定设立铁工、木工两科,同时附设铁工、木工两个工场。加之,当时市场上充满大量进口的珐琅、纽扣,而社会上正兴起一场抵制外货、提倡国货的运动,中华职业学校也顺应社会潮流,设立了珐琅、纽扣两科,同时分别设立了两科工场,以供学生实习,同时生产的产品销售也能弥补学校的经费。

1918年8月25日,在一切调查与准备就绪之后,中华职业学校公开向社会招收铁工科、木工科、纽扣科三科的学生。当时,一些学生家长了解到了中华职业学校的办学宗旨之后,均对此校抱有极大的希望,认为学校不仅可以培养学生吃苦耐劳的性格,而且也锻炼学生的操作技能,毕业后就能找到相应的工作。因而,在一开始招收的学生之中,以工人、农民子弟居多,当时铁工科、木工科各招收了20名学生,纽扣科招收了30名学生。

在初创时期,中华职业学校的学科设置并不是一成不变的,而是为适应当时社会需要及自身培养要求而进行了相应的调整与发展。简要而言,这一时期中华职业学校的学科设置处于探索的时期。如为了适应当时社会的需要,1919年8月学校增设职业教员养成科,1919年9月学校添设留法勤工俭学预备科,1920年8月添设商科,1922年2月添设职业师范科,1925年2月添设文书科,1925年9月添设机械制图科等。这些科目的设置大都是为了满足社会一时之需要,办理几届后便陆续停办了。当时珐琅、纽扣两科因于特殊环境而设立,在所培养的人才足够之后,便于1921年停办了这两科,最开始设置的木工科也在试办两届后,于1922年停止招生了。最后保留下来的主科主要是机械科、土木科以及商科三个主科。机械科由铁工科改名而来,因铁工是一切工业的基础,

---

[1] 黄炎培:《年会词》,《教育与职业》,1918年第7期,该文第2—3页。
[2] 中华职业学校:《中华职业学校近况》,中华职业教育社,1935,第1页,中华职业教育社档案馆,G289-004-0002。

社会上需求量日增,学生就业率高,铁工科越办越好。商科的确立是因当时上海乃通商大埠,工商业比较发达,各工厂、商店都需要财务会计人才。土木科在1930年8月才开始设置。虽然这一时期中华职业学校的学科设置处于探索时期,但是总体而言,其确立了一个总体的学科设置框架,比如机械科与商科的确立。同时,这一时期的学科设置状况更多地满足了当时社会上所急需,为经济社会的发展做出了重要的贡献。

三、方式多样、种类多元的教育经费来源

中华职业学校在层级上属于中华职业教育社的试验机构,归中华职业教育社管理,在经费上自然也依赖中华职业教育社。建校之初,因为学校经费所需,"1917年10月5日,黄炎培、阮介藩、穆藕初、顾树森商拟预算,拟定职业学校开办费为19750元,经常费为11728元,计划向社会募集资金"[1]。向社会募捐,由社会向中华职业教育社捐款、捐物也是职教社重要的经费来源之一。在拟定了中华职业学校的开办经费之后,黄炎培等人便按照拟定的计划向社会募集办学经费,公布了"创设职业学校募金启事",以3年为限。在募金启事公布以后,社会贤达之士相继进行捐助,如当时商务印书馆的高翰青等4人捐给中华职业学校印刷费及本版图书两项共600元,分两年给付,张謇等12人捐资10500元,都屏翰捐资100元等。[2]这些经费的筹得在一定程度上缓解了创办学校所需的资金困难。

但是,仅有此部分捐助是不足以维持学校的正常运转的,如在1918年9月学校正式开学上课的时候,学校所需的常年经费尚未筹得,以致学校无法正常运转。

为了筹得学校正常运转的经费,黄炎培等中华职业学校的负责人邀集朱庆澜、聂云台、陈光甫、史量才、朱少屏等上海工商金融各界人士开会商议募金办法,是次大会上,中华职业学校的负责人沈恩浮、黄炎培、聂云台等人相继报告了中华职业学校成立的经过和重要意义。最终,与会人员议定发起成立筹款委员会,预定筹款金额为5万元,同时拟定了分团募集资金的办法,分别由朱庆

---

[1] 唐威主编《中华职业学校校史1918—2013》,上海社会科学院出版社,2013,第8页。
[2] 唐威主编《中华职业学校校史1918—2013》,上海社会科学院出版社,2013,第8-9页。

澜、聂云台担任正、副总队长。随后募金团便积极开展此项活动,经由1919年9月中旬到10月底,在一个多月的时间里,中华职业学校共募得国币66785.50元,俄币22000元,远超于预定的筹款数额,凸显了筹款人员的工作成效,反映出社会各界人士对于中华职业学校的认可。当时上海的一些大实业家、金融家,如穆藕初、聂云台、宋汉章等人均是中华职业学校的赞助者。而且,当时的赞助形式不仅有经费,还有实物,如鸭绿江采木公司佟兆云捐木材标本1匣,中国驻仁川领事张国威捐自制白鸟标本一件,农商部等7个单位赠书8册,个人名义如刘芸生赠书16册、潘吟阁赠书6册等。即使是在此项活动结束之后,仍然有捐助者捐款捐物,如当时南洋烟草公司简照南兄弟捐3000元,南汇县教育局等6单位捐书7册等。[1]而且当时不仅国内的有识之士积极地进行捐助,还有一些海外华侨也对发展职业教育有着特别的热情,也积极捐助,比如当时的旅日侨商陈平斋、南洋华侨陈嘉庚等均慷慨赞助中华职业学校。

四、以学生自组织管理为核心的管理模式

中华职业学校在对学生进行管理时,积极组织学生进行自我管理,但是一切自我管理都必须遵循"一切自治事宜须与学校行政部所定规则不相抵触"[2]。因而为了有效地发挥学校学生的自治作用,学校设立了学生自治指导部,以此来帮助指导学生合理有效地自治。学生自治指导部又分四个委员会,即操作考查委员会、自治考查委员会、服务考查委员会和职业介绍委员会。

学生自治指导部在成立之初,便确定了养成健全人格和善良公民的目的。具体而言,健全人格由体格、道德、学业和情操四个方面组成,每个方面又有具体的要求,如体格要求强健活泼,道德包含修养品性行为的私德和服务公众的公德,学业要求习得人生必需的知识和应用的技能,情操要求有优美和乐的人生态度,等等。

中华职业学校在其创设之始,就十分重视学生的训育工作,目的是培养学生健全的人格和品性,为社会和国家服务。中华职业学校的训育工作是在学生

---

[1] 唐威主编《中华职业学校校史 1918—2013》,上海社会科学院出版社,2013,第9页。
[2] 中共中央马克思、恩格斯、列宁、斯大林著作编译局研究室编《五四时期期刊介绍·第3集》,人民出版社,1959,第311页。

自治指导部的领导下进行的,分为个别训练和团体训练两种。具体而言,个别训练分为个性考验、操行考查、作业考查、整洁考查及个别训话五项,其中个性考验和操行考查为每学期进行一次,作业考查和整洁考查每天都要进行,而且还会根据评定者的评定结果,每周公告一次,个别训话没有时间规定,可能随时都有。团体训练分为全体训话和学级谈话,全体训话为每周星期日晚上八点召集全体学生及负有训练责任的教职员,由教职员依次轮流训话,将一周来发现的学生行为的优缺点以及失当的事情,都提出训勉,时间约1小时,以此起到劝善规过的作用。学级谈话主要是指在每个学期中关于维持学风建设、师生之间意见交流、感情沟通等方面的谈话。另外,学校会对学生的公共服务进行考查,凡公共服务方面如全校大扫除、星期日整理大扫除等方面均依职务分任务,劳作日由自治指导员检查评定,每周通告一次。

中华职业学校自从提倡学生自治以来,自治的组织一直没有改变过,自治指导部的老师作为自治组织各部机关的顾问,对选举前的筹备手续,选举时监察投票,对市政所各科进行监督,等等。自治指导部负责支配学生组织的职业市。职业市由小组织和各村构成,每学期变化一次,而且指导部每学期会检查各村的学风纪律及卫生状况。如果村中的整洁风纪都很好并能很好地保持,自治指导部会进行表扬,评定其为模范村,如有多个村被评定为合格,则会分别评定为模范村(一)、模范村(二)……。指导部每学期会准备相互批评表,对各年级学生的自治能力进行考查,具体由各年级同学相互对其日常的品性、行为进行评价总结,并且注明是否及格。自治指导部职员在进行批评时会以此作为参考,如果有自治能力不及格者,则下学期会由自治指导部直接管理,不允许参加各村的小组织自治。同时指导部会邀请各界名人到学校进行演讲或是做讲座,以此来增加学生的学识。而且学校也会在学生的课外活动中组织诸多的娱乐活动,目的是图正当之娱乐,得共同生活之兴趣。

中华职业学校自治指导部在带领学生自治的过程中,自身也在不断改进完善,比如在指导员方面,一般学生自治指导部的教师多是兼任,平时多忙于其他事情,这就使其不能全神贯注地指导学生自治,从而影响了学生自治的效用。因而自治指导部安排专门指导员进行指导,使其将全部精力置于指导训练上,以减少不必要的错误发生。同时为了弥补因训话时间较短且缺乏系统说明致使学生对自治的真义及组织的方法产生误解,指导部便在星期日设自治讲演会,帮助学生理解自治的真正含义及有关自治的方法。

1918年6月,中华职业学校为了引导学生进行自我管理、自我教育、自我服务、自我提高,组织全校学生成立了学生自治会,以全校作为一市,将全体学生的自治组织称为职业市。职业市的目的是使学校生活与社会生活接轨,增强学生作为社会职业人的意识。

10月,中华职业学校召开了职业市自治会成立大会,确定了职业市的组织机关由市议会、市政所及初级审检所三部分组成,全体学生称为市民,将学生居住的宿舍划分为若干区域,称为村。学校为自治会配有专门的办公场所,同时将校园内的空地开辟出来称为学级园,由各科学生分组进行管理,并且在宿舍前庭分区种植花卉。

中华职业学校一开始是采用分区制的办法将学生的住宿划分为若干个区,各区共同构成一市,后来学校对其进行改革,将分区制改为村落制,以8人、16人或24人合组为一个团体,并将所居的地方称为村。每个村的名称、规章以及内部组织由学生自己决定,每学期重新组织一次,共二十个村。[①]中华职业学校为了表扬职业市各村自治的成绩,特制定了《职业市模范村规程》,规定全村村民都能遵守学校规定,能为公众事业而劳动,定时起居,均有生产能力,能够在一个月内不断坚持者,将由学校自治指导部进行考查,确认之后评定为模范村,并且模范村的数量没有限定,一切以实际要求为标准,达到即可成为模范村。但是如果在被评定为模范村之后村民中出现精神懈怠等现象时,将会由学校职员公议取消其模范村称号。这些都是为了鼓励各村积极地为了模范村而努力,同时也防止出现已是模范村而出现懈怠的现象,以提升学生进行自我管理和共同合作的能力。

1919年11月,中华职业学校为规范职业市的管理,修订了《职业市自治会规程》,明确职业市"专以办理本市自治事宜,练习个人服务社会为主旨"[②],并且对市民选举权、被选举权的条件进行详细规定。《职业市自治会规程》中对市议会、市政所及初级审检所的性质、职责、作用等都做了较为明确的规定。具体地,市议会为职业市的立法机构,是学生自治的权力机关,由各村中有选举权者

---

① 中华职业学校编辑:《中华职业学校概况》,中华书局,1921,第9页。
② 《中华职业学校概况:职业市自治会规程》,《教育与职业》,1920年第20期,该部分第1页。

第六章 中华职业学校的发展（1918—1949）

选出议员组成议会，全市二十村每村选出一名议员，各议员采用互选法来选出正副议长。市政所为全市行政机关，设有正副市长各一人，采取直接普选制的方法，由全体市民中有选举权者直接投票选举产生，市政所下设总务科、卫生科、实业科、工程科、社会教育科、交通科、警务科、交际科八科，负责校园内事务，每科由自治佐理员负责。初级审检所为职业市司法机关，分为检察、审判两部分，帮助检察长、审判长处理司法事宜，各设有推事一人，均由市议会选举，陈请高级审检所委任。审检所以开庭诉讼的形式对学生中违反自治规定、制度、纪律及控诉、矛盾等问题，依照职业市的规定进行调查、处理、调解。有关职业市的自治机关组织，如图6-3。

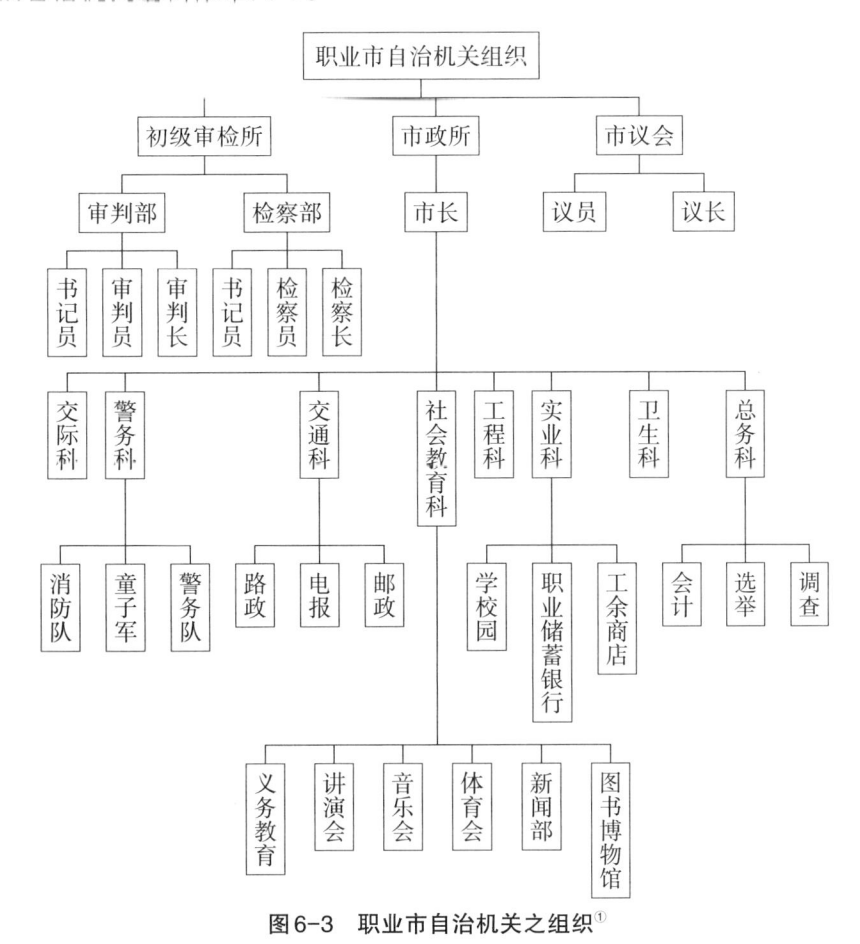

图6-3 职业市自治机关之组织[①]

---

① 《中华职业学校概况：学生自治会概况》，《教育与职业》，1920年第20期，该部分第9页。

职业市市民在积极开展各项活动时,会根据活动过程中的具体情况,制定相应的规程制度进行管理,以保证活动有效地进行。比如针对学生业余实习的组织情况,制定了《职业市工余商店组织规程》,规定组织中的职员由职业市市民有限责任股东组成,学校行政部职员随时进行指导,学生负责办理日常各项营业工作。警务科专门成立了由全校学生共同组成的消防队,负责全校的消防事宜,同时制定了《消防部规程》,设有消防部部长二人,负责处理各种消防用具、稽查全市消防事项、分配各项工作和职务、带领全体队员进行演习等。社会教育科还建立了图书博物馆,满足学生的精神需求,"专搜集各种书籍及博物标本,专备学生课余浏览,养成其读书习惯,增进其博物智识"[1]。

在职业市的组织和推动下,中华职业学校开展了多种活动,如文娱活动、体育活动、各种竞赛等,全校清洁卫生工作由学生划区包干,伙食工作由学生组织伙食管理委员会进行管理,寄宿学生的宿舍,编成若干村,由学生自行管理。[2]这些学生自我组织的活动,锻炼了学生自我组织管理的能力,增强了团队合作的精神,丰富了学生的精神生活。最终不仅提升了学生自身的实践能力,又提升了学生的自我修养,促使学生成为一位合格的公民。

第二节 稳步发展期(1927—1936)

作为中华职业教育社开展职业教育的重要机构,中华职业学校经过前10年间不断的摸索,从小到大,积累了丰富的办学经验。这一时期因为国民政府加强了对全国教育的集中管理,中华职业学校自然也被纳入到了政府的管理之下,在性质上被定义为一所私立中等学校。而在学科设置上,这一时期学校经过前期的探索,逐步确定了机械科、土木科、商科三大学科体系,学校招生人数呈明显增加的趋势,同时学校的经费来源呈现多样化的特征,并在校徽、校旗、

---

[1] 中华职业教育社:《中华职业学校概况:学生自治会概况》,《教育与职业》,1920年第20期,该部分第31页。

[2] 庞翔勋,金兆祺:《记中华职业学校》,载中华职业教育社编《社史资料选辑 第2辑》,文史资料出版社,1981,第12页。

校训、校歌等方面进行了完善。总而言之,这一时期,中华职业学校各项工作均呈稳定发展的趋势,学生的就业情况良好,学校在社会上的声誉和影响力进一步扩大,可以说这一时期也是中华职业学校发展的"黄金十年"。

一、十年间中华职业学校的简要情况

1927年,南京国民政府成立之后,为了加强对全国教育的统一管理,教育部颁行了一系列的法令法规,其中在《私立学校规程》中规定:"私立学校须经教育行政机关立案,受教育行政机关之监督及指导。"①由此,位于上海的中华职业学校于1928年向上海特别市教育局呈请立案,并获得批准,校名定为"中华职业学校"。后来又按照教育部的规定,校名出现多次变更,如1929年校名改为"私立中华职业学校",1930年校名又改为"私立中华职业中学校",1932年校名改为"上海市私立中华职业中学校",1935年校名又改为"上海市私立中华职业学校"。②虽然校名不同时期各有不同,但是可以看出当时中华职业学校在性质上被定义为一所私立学校。

1931年6月,中华职业学校向教育部核准备案,并按照教育部关于私立学校的规定对学校的组织体制、学科规划、课程设置等方面进行了相应的调整。同时,因为中华职业学校在性质上属于由中华职业教育社办理的一所私立中等学校,其一切规章制度、经费开支等均由职教社负责。在中华职业学校创立之后,中华职业教育社为了能够保证学校的正常运转,聘请了当时社会上一批知名人士担任学校的校董和经济校董。从创校到1927年间,担任学校经济校董的有宋汉章、王正廷、穆藕初、穆湘瑶、史量才、钱新之、施光铭、薛芬士、陈陶遗、曾孟朴、陈光甫、顾维钧等12人,担任校董的有张嘉璈、沈恩孚、韩国钧、张一鹏、方椒伯、黄炎培、郭秉文、虞洽卿、黄伯樵等9人。③1927年,中华职业教育社为了发挥学校校董会的作用,加强对学校的领导与管理,修改了校董会的规程,并规定校董会每季度召开一次会议,讨论学校的发展情况。1928年至1937年,担任学校校董的有宋汉章、王正廷、史量才、钱新之、王云五、杜月笙、陈光甫、张

---

① 《私立学校规程》,《总会公报》,1929年第1卷第9期,第270页。
② 唐威主编《中华职业学校校史1918—2013》,上海社会科学院出版社,2013,第27页。
③ 唐威主编《中华职业学校校史1918—2013》,上海社会科学院出版社,2013,第28页。

嘉璈、卢作孚、潘仰尧、顾树森、王志莘、潘序伦、王佐才、吴蕴初、虞洽卿、韩国钧、陈其采、顾维钧、程柏庐、郭秉文、沈恩浮、黄炎培、穆藕初等24人。[①]

这一时期中华职业学校的校徽、校旗、校训、校歌都已经明确且定型。在学校创办之初，黄炎培便为职校题词"劳工神圣"，后又结合《礼记·学记》为职校专门拟定了"敬业乐群"的校训。中华职业学校的校徽、校旗都与中华职业教育社的社徽、社旗相同。中华职业学校的校歌由黄炎培、江恒源作词，黄自谱曲，具体歌词内容为：

努力！努力！自己的努力过自己的生活。努力！努力！我的努力帮助别人的生活。努力！努力！一致的努力养成共同的生活，用我手，用我脑，不单是用我笔；要做，不单是要说，是我中华职业学校的金科玉律。[②]

从上述歌词内容，可以看出中华职业学校在精神和人格方面对学生所提出的严格要求，体现出学校的办学思想与校训精神。

这一时期，可以说是中华职业学校的辉煌时期，各项工作都步入正轨，学校的声誉日盛，受到社会的赞许。学校的发展依赖于学科的发展，因而学科的设置对学校的发展有着重要意义。中华职业学校是一所私立中等职业学校，其学科设置需贴近社会的实际需求，从其较好的声誉中，可以看出当时中华职业学校的学科有着稳定的发展。当时中华职业学校主要有机械科、商科、土木科三大学科，以下将对这三大学科进行详细介绍。同时，还会谈及学校招生、学校经费的筹措以及校舍的扩建等方面的内容。

二、中华职业学校三大主干学科办学概况

中华职业学校经过前期十年的不断探索，从而在这一时期确立了机械科、土木科、商科三大学科体系，这三大学科都是契合于当时社会上的实际需求而设立的，体现了职业教育学科教学的特点。

[①] 唐威主编《中华职业学校校史 1918—2013》，上海社会科学院出版社，2013，第28页。
[②] 《歌曲：中华职业学校校歌》，《中华职业学校职业市市刊》，1934年第1期，插页。

(一)机械科

机械科是中华职业学校在初创时即已开设的学科,当时称为铁工科,一开始学制为3年,1927年改学制为5年,1930年又改学制为6年。

1.培养目标

近代以来中国开始注重发展工业,但是发展工业需要人才,普通工厂中工程师与技术人才之间,必有管理工厂之中级职员若干人,上以接受工程师的指示,下以支配技术工人的工作,上下连接,责任重大。因而,中华职业学校设立机械科便是为了培养既有相当之学识以应付工程师之指示,又有纯熟的技能来指导工人的工作的人才。具体而言,其培养目标为:专收志愿习工之青年,"授以机械上电机上必要之知能,兼以陶冶其品性,使之成为善良之公民。初级毕业,得为工厂技手或助理员;高级毕业,得为工场管理员制图员及原动室机师等等"[①]。

当时机械科对学生的训练要求为:"1.须了解各种重要机械之基本原理构造及其使用法;2.须明了机械图之内容,并有绘制图样(描画、印画、实测、晒图)及依样指导工人装置之技能;3.须有机械简单之设计及整理草图之技能;4.须明了机械之制造过程及其方法。"[②] 机械科的修业年限,初级为三年,注重工场实习与机修方面的基本学科,高级为二年,注重学理与实验。中华职业学校办理机械科的主要目的在于"为社会造就善良公民,为工业界养成基本中级职员"[③]。

2.课程、教材与教学

课程的设置关系到人才培养的成效,合理的课程设置能够培养学生的知识与能力,这对于实践性强的职业学校而言就更为重要。中华职业学校的课程设置依据学生学习的阶段有重点地来展开,其具体课程表如表6-1。

[①] 中华职业学校:《中华职业学校十五周年纪念刊》,1933,第44页,中华职业教育社档案馆,G289-004-0001。

[②] 庞翔勋,金兆祺:《记中华职业学校》,载中华职业教育社编《社史资料选辑 第2辑》,文史资料出版社,1981,第12页。

[③] 中华职业学校:《中华职业学校十五周年纪念刊》,1933,第44页,中华职业教育社档案馆,G289-004-0001。

表6-1　机械科课程表[①]（1937年6月制订）

		纪念周	公民	体育	军训	国文	英语	数学	史地	物理	化学	音乐	制图	工作法	机械大意	应用力学	材料强弱学	机构学	工作机	原动机	水力学	电度实验	工厂管理法	工场实习	合计
初级	第一学年 上	1	1	2		5	5	算术6	2	理化大意2		1	几何画4											19	48
	第一学年 下	1	1	2		5	5	算术4 代数2	2	2		1	几投4											19	48
	第二学年 上	1	1	2		5	5	代数6		4			4	2										16	48
	第二学年 下	1	1	2		5	5	代数4 几何2	2	4			4	2										16	48
	第三学年 上	1	1	2		6	5	几何6		高等4	3		4	2	2									12	48
	第三学年 下	1	1	2		6	5	几何2 三角4		4	3		4	2	2									12	48
高级	第一学年 上	1	1		2	4	4	4		4	2		7	3										16	48
	第一学年 下	1	1		2	4	4	4		4	2		7	3										16	48
	第二学年 上	1	1		2	5	5	立几4 高代2					6			2	2	2		2				12	46
	第二学年 下	1	1		2	5	5	高代4 解几2					6			2	2	2		2				12	46
	第三学年 上	1	1		2	5	4	解几2 微积2					7						2	2	2	5		12	47
	第三学年 下	1	1		2	5	4	微积3					7						2		5	2		12	46

附注：初级二数学中机授应用数学。

从表6-1中可以发现，机械科的课程安排分为初级与高级两类，工场实习占据了课时的多数。具体而言，初级机械科的课程设置注重学员基本知识与技能的训练，目的是培养基本技能人才。高级机械科的课程安排又因年级而有所侧重，一年级的课程专为各校初级毕业考入本校高级机械科的学生补习各种基本学科知识，高级二、三年级的课程侧重本学科的理论、实习与实验。同时除了

[①] 庞翔勋，金兆祺：《记中华职业学校》，载中华职业教育社编《社史资料选辑 第2辑》，文史资料出版社，1981，第13页。

必修科之外，高级三年级的课程设置还会根据社会工作岗位的实际需要，结合学生的个人兴趣，强化他们在某一方面的特殊能力而开设一些专门的学科，比如电工、制图、机械制造、工业经营或普通机械等，从而扩大学生专业知识面与提升能力，使其更好地就业。

当时该校的教学重点旨在让学生切实学到扎实的基础知识。在具体的教学过程中，严格要求，反复巩固，同时在理论教授与实践操作方面更加偏向于实践，比如采用先操作后学习理论的方法，在第一、第二学年的课程中，每天的上课时间不超过3小时，实习时间则要求有4小时等。通过这样一种严格的有策略的教学，机械科的学生学到了丰富的知识与技能。如当时机械制图科，通过5年的学习，在老师的严格要求之下，学生的制图能力都达到了较好的水平，毕业之后到工厂工作，得到了一致的好评，有的学生毕业后甚至考入了交通大学。交通大学的教授看到职校同学所制的图，给了很高的分数并同意免修。在理论与实践相结合方面，当时电工学的教学是一个非常典型的事例：1924年黄伯樵担任校长期间，曾聘请同济大学的德国教授林拨到学校指导电工实习，建立了电工实验室。[①]当时学生实习的内容非常丰富，如电灯、电话的装接，电动机故障的检查，电流、电压、电阻的测量等。由此可知，当时中华职业学校的教学切合职业学校教育的特点，很好地处理了理论与实践教学之间的关系，既增加了学生的专业知识，也提升了学生的操作技能。

在教材方面，当时社会上职业教育的教材欠缺，学校难有合适的教材，有些学科甚至直接使用原版英文教材，而且即使有一些教科书，也多不合实用。这样一种状况严重影响了职业学校的教学工作与效果，因此，职校组织教师将教师平时的教学经验，编成讲义作为教材。当时职校教师编写的教材，涉及内燃机、材料力学、应用力学、工厂管理等领域的，编印了《机械制图》《机械工程》《工作法》《制图字体集》等。

3.实习与设备

实习是职业学校的关键内容，这是由职业教育的特殊性质所决定的。中华

[①] 庞翔勋，金兆祺：《记中华职业学校》，载中华职业教育社编《社史资料选辑 第2辑》，文史资料出版社，1981，第14页。

职业学校的教学实习是学校教学工作的重要环节,旨在培养学生具有一定的操作技能,并且提升学生在机械制造方面的理论水准。当时中华职业学校特设有大规模的实习工场,依照工作的性质,分别为钳工、锻工、木工、铸工、机工五个工场,每个工场的设备均可以容纳四五十人同时实习,五个工场同时能容纳四个班级二百余人实习。当时将不同班级的学生分别安排在上、下午轮流实习,半天在课堂学习书本知识,半天在工场实习,以此保证了机械科的学生都能有充分的实习机会。

各个工场均定有基本教程,各个学生均须轮流实习,依次进行,到达所规定的阶段后才算完成。当时各个工场都设有工场导师,负责各个工场的一切工作。在工场的实习教学方面,工场导师可以随时对学生进行教学指导及训育,同时均聘有丰富的实际工作经验的导工,负责分配和对各工种进行技术指导。[1]可知当时各个工场不仅积极组织有效的技术训练,还注重学生的思想道德培养。当时各个实习工场有一套简单而有效的实训流程,学生的作品均由导师批阅,评定分数,以便考绩,每周由工场导师提出六七个工作方面的重要问题,让学生按题作答,来增进他们的思考能力和判断能力,锻炼学生的研究能力。[2]这种实习方式,使学生从基本训练开始,逐次推进到实际的生产当中,能够很好地锻炼学生的实际操作能力,提升学生的技能。另外,各个工场立足于"自给自足"的原则,自行修理本工场损坏的机械设备,同时因为学校实习工场设备不足,学校还要求高年级学生到学校附设的中华铁工厂见习,以有效地开展实习工作。

当时中华职业学校非常注重学生的实习工作,可从五年中各工种的实习总时数和各年级学生的实习周时数反映出来。机械科五年中各工种的实习总时数分别为"钳工共6次,合计约1000小时;锻工共2—3次,合计约400—500小时;木工共3次,合计约600小时;铸工共3次,合计约600小时;机工共5次,合计约860小时"[3]。同时,各年级学生的实习周时数为初级一年级每周实习六个

---

[1] 庞翔勋,金兆祺:《记中华职业学校》,载中华职业教育社编《社史资料选辑 第2辑》,文史资料出版社,1981,第15页。

[2] 庞翔勋,金兆祺:《记中华职业学校》,载中华职业教育社编《社史资料选辑 第2辑》,文史资料出版社,1981,第15页。

[3] 庞翔勋,金兆祺:《记中华职业学校》,载中华职业教育社编《社史资料选辑 第2辑》,文史资料出版社,1981,第14页。

第六章 中华职业学校的发展(1918—1949)

半天,初级二年级每周实习五个半天,初级三年级每周实习四个半天,高级一年级每周实习六个半天,高级二年级每周实习四个半天,高级三年级每周实习三个半天。[1]由此可以看出,在时间安排上,各工种、各年级的实习时间较多,在方法上,采用先实习后学理论的方式,这样在时间上保证了学生有充足的实习,有效地培养了学生实际操作的能力。

实习教材是学生开展实习工作的基础,可以指导学生有效地开展实习。当时学校的工场在实习教材方面积极探索并取得了可喜的成绩,主要是由工场主任龚敏达和导工合作编写的。当时机械科各工场编写的实习教材情况为:钳工教材50份,车工教材40份,锻工、木模工教材各40份。[2]这套教材的内容根据当时各个工场实习的实际需求与基本要求,按照先易后难的原则编排,并附有具体的操作情况说明。同时,学校还将每份教材精心制作之后,挂于实习工场里,从而便于学生能够看图操作,提高实习效率。这套实习教材的编写有很大的影响,"是我国职业教学最早的一套教材,在当时南京举行的全国劳作展览会上得到很高的评价,并推广到全国其他职业学校"[3],凸显了当时中华职业学校在全国职业学校中的重要地位。

在学校建立之初,当时机械科的工场分为实习和营业两部分,一方面用于学生开展实习工作,另一方面发挥工场生产盈利的作用,为学校增添发展经费,扩充工场设备。例如1931年至1937年间,曾为郑州豫丰纱厂制造摇纱车120余台,为康元制罐厂生产了各种制罐机械,这都是由学生和技工一起进行实样测绘、加工制造的。[4]在工场生产的过程中,学生在技工的指导下,基本技能得到了训练,从而有效地将生产和教学实践相结合。

设备是学生实习的基础,工场没有相应的设备,学生的实习就只是空谈。中华职业学校从创办开始,就注重创设实习工场为学生提供实习场所。但是当

---

[1] 庞翔勋,金兆祺:《记中华职业学校》,载中华职业教育社编《社史资料选辑 第2辑》,文史资料出版社,1981,第14页。

[2] 庞翔勋,金兆祺:《记中华职业学校》,载中华职业教育社编《社史资料选辑 第2辑》,文史资料出版社,1981,第15页。

[3] 庞翔勋,金兆祺:《记中华职业学校》,载中华职业教育社编《社史资料选辑 第2辑》,文史资料出版社,1981,第15页。

[4] 庞翔勋,金兆祺:《记中华职业学校》,载中华职业教育社编《社史资料选辑 第2辑》,文史资料出版社,1981,第16页。

时中国工业发展的程度较低,效率不高,致使学校所教的知识未能有效地在实践中运用,因而中华职业学校多方设法,才使学校各工场的设备初具规模。在全面抗战期间,学校的一部分设备西迁重庆,一部分留在上海,前期所做的工作付之一炬,损失很大。抗战胜利后,学校在上海复校,实习工场始重新建设。当时除了钳工、锻工、木工、铸工、机工五个工场外,还开设有电气实验室、原动机实验室各一所,供给高级学生实验使用。

从上述各工场的实习设备状况来看,学校注重学生的实习,为学生提供了较为丰富的设备,而且每个工场的设备大致均可满足40人同时使用,表明实习工场的规模较大,保证了学生实习所需,从而能够有效地提升学生的实际操作技能。

(二)土木科

民国建立伊始,土木方兴,如在整理土地、开辟交通、营造建筑等方面,都需要土木技术人才。为了适应社会上对人才的需求,中华职业学校在机械科、商科之外,添设了土木科,培养中级土木人才。学校早在创办之初,曾短暂开设过木工科,招了两三届学生后便不再招生了,1930年8月又重新开设了土木科,以适应现代社会之需求。

1.培养目标

土木科以造就初等土木人才为目的。当时学校的培养目标为,"土木科专收有志于建设事业之青年,授以建筑、测量上必需之知识技能,兼以陶冶其善良品性,培养其健全体格,期以养成建筑、水利、路政上的制图员、管理员等"[1]。经过学校土木科培养训练后的学生,须具有三种能力,分别为"1.能使用一般测量仪器,了解各项测量方法,并绘出其结果;2.能精确描印和了解各项土木工程图样及晒图方法;3.能设计及监造一般土木工事"[2]。同时,土木科的学生除去平时在室内学习之外,还需要定期到野外作业与实地见习,学校也加强与社会的联络,以便学生接触实际业务。

---

[1] 庞翔勋,金兆祺:《记中华职业学校》,载中华职业教育社编《社史资料选辑 第2辑》,文史资料出版社,1981,第17页。

[2] 庞翔勋,金兆祺:《记中华职业学校》,载中华职业教育社编《社史资料选辑 第2辑》,文史资料出版社,1981,第17页。

2.课程、教材与教学

土木科的课程,在文化课方面与机械科相同,专业课则依据土木科的特点而设置,强调测量和建筑方面的专业知识。土木科的课程表如表6-2。

表6-2 土木科课程表①(1937年6月制订)

		纪念周	公民	体育	军训	国文	英语	数学	史地	物理	图画	音乐	制图	测量学及实习	房屋构造学	应用力学	材料强弱学	水力学	河工学	钢骨混凝土学	市政工程学	铁路工程学	土路工程学	桥梁工程学	建筑学	合计
初级	第一学年 上	1	1	2		6	6	算术6	2	理化大意2	2	1	3													32
	下	1	1	2		6	6	算术4 代数2	2	2	2	1	3													32
	第二学年 上	1	1	2		6	6	代数6		物理4	2		3													33
	下	1	1	2		6	6	代数4 几何2	2	4	2		3													33
	第三学年 上	1	1	2		5	5	几何6		高级物理4			土木制图4	4	2											34
	下	1	1	2		5	5	几何2 三角4		4				4	2											34
高级	第一学年 上	1	1	2	2	5	5	6		高级物理4			6	4	2											36
	下	1	1	2	2	5	5	6		4			6	4	2											36
	第二学年 上	1	1	2	2	5	4	立几4 高代2					建筑工程制图6	6	2	2	2									37
	下	1	1	2	2	5	4	高代4 解几2					6	6	2	2	2									37
	第三学年 上	1	1	2	2	4	3	解几2 微积1					房屋设计制图6	4				2		3	2		2	4	37
	下	1	1	2	2	4	3	微积3					6	4				2	3	2		2	4		37

附注:(一)除前列课程时间外,各级另有实习工作。(二)女生另有家事课程。

---

① 庞翔勋,金兆祺:《记中华职业学校》,载中华职业教育社编《社史资料选辑 第2辑》,文史资料出版社,1981,第18页。

土木科的课程安排也分为初级与高级两级,初级土木科课程注重基本知识与技能,高级土木科课程侧重于该学科的理论、实习和实验。在课程的组织上,各科之间多分段节,各个单元中的每一段节之间相互衔接,这样利于教师连贯教学,也便于段节之间的分割。在课程的学习方面,必要时可以结束,这样是为了方便学校中无法继续求学或是中途退学就业的同学,在进入社会后能够利用自己所学得的知识与技能。

教材问题是当时职业学校所面临的重大问题。在1930年学校设立土木科时,社会上适合当时职业学校所使用的教材极度缺乏,学校的教学大都为老师讲解,然后学生记录重要内容。不过,经过几年时间,有的课程的老师自编教材,进行讲授,这些教材都是老师根据自身的经验,以及社会职业的实际情况而编成,重在切实可行,使得学生在学习之后能够在实际情况中运用。

职业学校的教学原则是教、学与做合一,以此在具体实践中发展学生运用知识的能力,提升学生的技能。土木科在教学过程中,主要通过三条途径来训练学生,分别为:(1)自设建筑营业部,对外接受有关建筑的设计和监工任务;(2)视实际情况随时组织学生参与校外土木工程项目;(3)1933年学校建造"中华堂"教学大楼时,土木科的学生全程参与施工。[1]这些措施让学生从做中去学,学中去做,不断增加自身的知识、提高操作能力。

3.实习与设备

职校的教学方法是以理论与实践相结合为主,在学生整个学习过程中,处处以实习为重。当时学生除了上课外,要进行每周两个半天的实习,同时每半年要去野外实习测量,轮流学看仪器、量尺、打桩、记录等,要学好每一道工序,返校后立即进行计算。[2]学生们通过这样一种训练之后,基本掌握了测量的全部知识点和相应的技能。

土木科的实习依据培养目标,可分为四类,分别为测量实习、假想工程设计练习、木工及其他实习、实地参观及实习。具体而言,测量实习指根据学校设备尽量安排学生做各种测量,如使用测量链、罗盘仪、经纬仪、水平仪、平板仪等进

---

[1] 唐威主编《中华职业学校校史1918—2013》,上海社会科学院出版社,2013,第50-51页。
[2] 阮南田:《中华职业学校土木科概况》,载中华职业教育社编《社史资料选辑 第2辑》,文史资料出版社,1981,第41页。

行实习,最后一学期组织旅行测量队,做大规模的山地测量及道路测量;假想工程设计练习指由教师拟具工程设计之对象,按实际应有之设计步骤,就学生已有之技能,令其做基本设计练习;木工及其他实习指对学生授以木工技能上之实际训练,如模型制作、材料试验等;实地参观及实习指附近遇有各项土木施工时,由教师率领学生前往参观,如利用暑假组织学生到施工工地参观实习。[①]在这四种实习中,测量实习最为重要,又可分为初级实习、高级实习两种。具体而言,初级实习的内容有六种,分别为测链实习、罗盘仪实习、经纬仪实习、水平仪实习、平板仪实习、视距测量实习。高级实习的内容有八种,分别为仪器之校准、导线、小三角网、地形测量、土地测量、市区测量、路线测量、天体观察。

而且,当时校内还设有研究室,室内陈列各种建筑模型和建筑材料等,附以材料加以说明,同时还陈放了多种测量仪器,以供学生们研究。这些仪器和材料的准备,能够在直观上增强学生对土木科各课程的认识程度。

在实习设备方面,土木科自开设以后,陆续添置了设备与教学用具,专门设置了两间制图教室,教室内的桌椅均特别制造,以适合学生制图工作的需求。当时学校为了教学需要,仿照原来实物做出模型,与原物的结构布局一样,便于课堂上学生直观学习。学生们也在课余时间,搜集各类样品,将材料标本、历史图表、构造模型、仪器等分类陈列,建立了土木科陈列室,以便学习之用。

(三)商科

商科初创于1920年8月,学制3年,是时代需求的产物。当时上海是通商大埠,急需商业人才,中华职业学校为适应此社会潮流而开设商科。这一学科因社会需求量大,学生多,培养的质量较高,受到社会的欢迎,因而是学校非常重视的学科之一。

1.培养目标

简言之,商科主要为工商业培养人才。当时学校商科的培养目标,为"授以最新商业上必需之智能,并陶冶其善良品性,俾至任何商业机关服务或独立经

[①] 庞翔勋,金兆祺:《记中华职业学校》,载中华职业教育社编《社史资料选辑 第2辑》,文史资料出版社,1981,第19页。

营事业,均能胜任愉快。其修业年限初高级亦各三年。迩来毕业生之为各方罗致而任会计文书等职者,咸以满意见称"[①]。从最后的培养效果而言,商科对学生提出了六点要求,分别为:"1.须熟练钢笔、毛笔的正楷及行书;2.须养成优良、准确和迅速的珠算及打字技能;3.须明了商业上之普通知识、惯用术语及经营方法;4.能起草各项商业应用文件;5.须了解并充分运用簿记会计上的各项基本原理及方法,并能准确、敏捷、整洁地记录帐(账)目;6.能明了统计上的基本原理,并有绘制各式统计表的技能。"[②]可以看出,当时学校对学生的要求非常高,希望学生们能够扩宽自己的知识面,以便应对工作中的方方面面。

2.课程、教材与教学

商科的课程安排,文化课与机械科、土木科相同,在专业课上,根据社会的需求,学生可以自主选择在某一方面做强化训练。当时学校商科的专门课程偏重会计、零售、文书、批发和国际贸易等方面。商科具体课程表如表6-3。

基于"手脑并用"的原则,商科的课程设置力求简便,目的是让学生们有更多的时间来实习,在实习的过程中练就种种技能。当时学校为了方便学生的学习,开设了装备有各种特殊设施的教室,比如打字机教室,专门配有打字机,让学生在实物面前学习、操练。

在1927年之后,社会上已出版有较多的商科教材。当时学校的商科教科书以本校教师编著的教材为主。比如陈文、张英阁合编的《最新商业学》,陈文著的《最新商业簿记》,陈穗九著的《实用英文打字》等。陈文当时是学校的商科主任,陈穗九是学校培养的优秀学生。教材的编写涉及学科知识体系的建构,学校商科教材主要由学校师生自给自足,能够传承学校教学方面的丰富经验,体现学校的特色,同时在人才培养方面也独树一帜,在社会上拥有竞争力。

[①] 中华职业学校:《中华职业学校十五周年纪念刊》,1933,第51页,中华职业教育社档案馆,G289-004-0001。

[②] 庞翔勋,金兆祺:《记中华职业学校》,载中华职业教育社编《社史资料选辑 第2辑》,文史资料出版社,1981,第21页。

第六章　中华职业学校的发展(1918—1949)

表6-3　商科课程表①(1937年6月制订)

		纪念周	公民	体育	军训	国文	英语	史地	数学	自然	图画	音乐	商学	簿记	会计	珠算	商算	打字	经济	商法	统计	合作	商事学习	合计
初级	第一学年 上	1	1	2		7	7	本国地理2	算术5	生物2	1	1	商业常识2	初级簿记2		2								35
	下	1	1	2		7	7	2	5	2	1	1	2	2		2								35
	第二学年 上	1	1	2		7	7	本国历史2	代数5	化学大意2			货币银行2	高级簿记3		2								34
	下	1	1	2		7	7	2	5	2			广告销售2	3		2								34
	第三学年 上	1	1	2		6	6	世界地理2	几何4	物理大意2			汇兑金融2		3	2			3	2				36
	下	1	1	2		6	6	世界历史2	4	2			2		3				3	2				36
高级	第一学年 上	1	1	1	2	5	5						商业概论5	6		4			3	2				34
	下	1	1	1	2	5	5						5		6	4			3	2				34
	第二学年 上	1	1	1	2	5	6	本国商业地理2	高等数学2	应用化学2			商品2		高会2 银行会计2		应用珠算2		3	2		1	2	37
	下	1	1	1	2	5	6	本国商业历史2	2	2			2		2 2		2		3	2		1	2	37
	第三学年 上	1	1	1	2	5	5	外国商业地理2	2				商业实践2		政府会计3 审计2		2				2		4	35
	下	1	1	1	2	5	5	外国商业历史2	2				2		成本会计4		2				2		4	32

附注：(一)除前列课程时间外,各级另有实习工作。(二)女生另有家事课程。

---

① 庞翔勋,金兆祺:《记中华职业学校》,载中华职业教育社编《社史资料选辑 第2辑》,文史资料出版社,1981,第22页。表中数字之和与合计有不符之处,原因不明,未做改动。

商科在文化课方面的教学方法同其他学科一样,在专业课方面则凸显出自身学科的特点,注重学用一致。当时学习商科需要有小楷、簿记、珠算、打字等几项基本功,如果基本功不熟练,则一切都是空谈,因而学校非常注重基本功的训练。有一种听算法,教师口报数字,学生边听边演算,每报毕一题,随即指名令学生回答得数,[①]这样可以集中学生的精神,锻炼学生的听算能力。

3.实习与设备

无论学校的课程设置如何完备,教师的教学如何精到,但是学生只是听,没有切身的演练,则会成为书呆子,因而实习对于职业学校尤为重要。职业学校要组织学生到各工商业单位进行实地参观、调查与实习,以此让学生与实际接触。当时学校商科组织学生实习,主要包括书法练习、珠算练习、打字练习、簿记会计实习、商事实习、参观调查、商品的研究与调查等7个方面。

当时学校在理论课的讲授之外,特别注重实习,各个年级都开设有实习课,以培养学生的实际动手能力。学校不仅积极在校内创办相应的商科学生的实习机构,还积极与校外的工商企业沟通与合作,派学生前往实习。如学校为了帮助学生能了解社会上企业的真实情况,使书本知识与实际业务能融会贯通,常组织高级三年级学生到各银行、工厂、机关、交易所、海关、票据交换所等处参观,调查其组织与管理情形、营业概况或产品的制造程序,学生参观时随时记录,回校后须写成报告,汇交教师评阅。[②]这样一个完整的从书本知识到实地参观、调查再到撰写心得体会的学习过程,能够帮助学生通过实际的学习理解课本中抽象的理论知识,从而促使学生基本知识素养和技能的提升。而且当时商科的大部分学生在高三最后一学期时均会被派往银行、保险公司等工商企业进行实习,学校将实习作为一项必需的基础课程。学校不仅组织学生去各工商企业实地参观和实习,还利用有利条件,在校内设立实习机构,便于学生就地实习。如在全面抗战前学校设有中华商店,抗战胜利复校后学校组织消费合作

[①] 陈文,黄圭笙:《中华职业学校商科的课程、教材、基本功训练和参观调查实习》,载中华职业教育社编《社史资料选辑 第2辑》,文史资料出版社,1981,第30页。

[②] 庞翔勋,金兆祺:《记中华职业学校》,载中华职业教育社编《社史资料选辑 第2辑》,文史资料出版社,1981,第23—24页。

社,以供学生实习。同时为了锻炼学生组织与管理的能力,学校的章程、人事和具体工作均由学生自己负责管理。需要指出的是,当时学校为了便利学生就近实习,征得新华银行的同意,在学校开设分行,学生分组轮流参加实习,而且在实习过程中,该行派行员来校做示范表演,学生边学边做,受益匪浅。[1]

在实习设备方面,学校设有簿记教室、打字教室、商品研究室、中华商店、学校银行等。如学校在1932年成立了商品研究室,分门别类陈列主要商品及有关商品的刊物,组织学生分班按时前往研究,同时学生可利用到校外各工厂商店实习的机会搜集商品的样品和有关的书面材料,充实学校商品研究室。[2]设立的职业银行也是学校的一个教学设施,职教社通过与私人银行商议,在学校开设储蓄所,使高年级学生能就近实习。

三、学校招生人数不断扩增,且主要来源于江浙沪

中华职业学校经过前期的不断努力而奠定了基础,加之这一时期学校进一步发展,因严格教学而培养的学生受到了社会的好评,学校声誉日盛,报考的学生很多。从1927年至1937年,中华职业学校在校生人数情况,如表6-4。

表6-4　1927—1937年在校生人数一览表[3]

年度	1927	1928	1929	1930	1931	1932	1933	1934	1935	1936	1937
人数	440	507	706	897	983	870	1096	1351	1379	1589	1207

从表6-4中可以看出,总体而言,这十一年间中华职业学校每年所招的学生人数呈增加之势,1937年的学生人数已是1927年所招人数的近3倍,反映出这一时期中华职业学校在社会上的受欢迎程度不断增加。当时在招生情况方面,常出现报名者众多,超过正常招生名额的情况,即使是学校成立之初较为冷门的学科报名者也非常之多。如1929年机械科的招生情况,报名人数达到了

---

[1] 陈文、黄圭笙:《中华职业学校商科的课程、教材、基本功训练和参观调查实习》,载中华职业教育社编《社史资料选辑　第2辑》,文史资料出版社,1981,第33页。
[2] 庞翔勋、金兆祺:《记中华职业学校》,载中华职业教育社编《社史资料选辑　第2辑》,文史资料出版社,1981,第24页。
[3] 唐威主编《中华职业学校校史1918—2013》,上海社会科学院出版社,2013,第55页。

467人,超过了计划招生数额的5倍或6倍。[1]这种招生火热的情况,反映出当时中华职业学校在社会上的声望较高。

一般而言,民国时期能够进入高等学校的学生大都是家庭经济条件较好者,中华职业学校在初创时,学生的来源主要是周边贫穷家庭的孩子,或者是工农子弟。不过这一情况在这一时期学生的来源构成中有所改变,1932年上半年全校学生家长职业分类情况表,如下。

表6-5　1932年上半年全校学生家长职业分类情况表[2]

类别	商	农	学	工	法政	家居	交通	医	军警	其他
人数	484	78	74	73	62	39	37	24	10	12

从表6-5可以看出,1932年上半年学校共计招生893人,其中来自商人家庭的学生为484人,占总数的54.2%,超过半数,其他较多者为农业、工业、学界、法政等。由此反映出,一方面社会各阶层对职业学校的认可和认识程度加深,另一方面也凸显出职业学校自身的吸引力。同时,1932年上半年全校学生籍贯分布见表6-6。

表6-6　1932年上半年全校学生籍贯一览表[3]

籍贯	江苏	浙江	上海	安徽	广东	南京	四川	湖南	福建	湖北	广西	云南	山东	江西
人数	519	181	110	16	15	12	10	9	8	5	3	2	2	1

从表6-6可以看出,当时中华职业学校的学生主要来源于江苏、浙江、上海三地,这与中华职业教育社的社员分布的来源相吻合。江苏当时是南方教育大省,加之江苏省教育会的影响力,中华职业教育社的前身即为江苏省教育会下设职业教育研究所,职业教育在江苏省备受欢迎,因而来自江苏省的学生较多自属正常。

---

[1] 唐威主编《中华职业学校校史1918—2013》,上海社会科学院出版社,2013,第55页。
[2] 中华职业学校:《中华职业学校十五周年纪念刊》,1933,第36页,中华职业教育社档案馆,G289-004-0001。
[3] 中华职业学校:《中华职业学校十五周年纪念刊》,1933,第36页,中华职业教育社档案馆,G289-004-0001。

四、教育经费的筹措和校舍的扩大

学校经费事关学校是否能够正常运转以及发展。中华职业学校的经费来源呈多样化的特征,主要有"基金利息、政府补助、职教社和校董会补助、工场营业收入、学生缴费等"[1],其中学生缴纳的学费主要用于学校的日常运转,当时学生的学费标准为每学期每人34元。不过,学校在进行基础设施的建设时,如添建校舍或购置教学设施等,这些基础设施的经费则由校董会和职教社负责。如当时中华职业学校在建设"中华堂"的过程中,校董们便起到了很大的作用。在"中华堂"开始施工之前,选址与购地等方面,都是由校董们推选出代表负责交涉,并且校董们还负责征集募捐资金以及向银行抵押透支来获取资金。不管是在学校选址交涉方面,还是在建设资金募集方面,校董们都为"中华堂"的建设做了充足的准备。

当时中华职业学校所获得的资金资助来源,不仅有政府部门,还有一些民间团体。如当时国民政府教育部每年补助学校经费2000元,值得称许的是,1936年9月国民政府教育部对全国优良的职业学校进行补助,中华职业学校获得2万元补助经费,这是官方层面对学校开办成绩的认可与嘉奖。同时,中华职业学校还获得了一些民间教育团体或机构的资金补助,如1930年获得中华教育文化基金会补助每年6000元,英国退还庚子赔款给予学校1.8万元的经费支持等。有学者指出,从1927年8月到1937年7月的10年中,学校共支出费用80万余元,其中1937年度费用支出是1927年度的3倍。[2]由此,一方面可以看出学校的经费增长之多,另一方面也可以显现出学校发展的速度之快与规模之大。

这一时期,中华职业学校的经费还算充足,在校董们的努力下,学校的基础设施得以扩大与完善,当时学校的校舍有教室、办公室、宿舍、工场、职工教育馆等。需要指出的是,1933年8月中华职业学校建筑了一幢三层的大楼,名为"中华堂",供学校师生使用。同时,学校还建立了制图教室、打字教室、理化仪器室、实习工场、图书馆等方便学生实习与学习的场所。总计而言,学校当时共有307间校舍。学校原本在1936年底购买了土地,计划扩展学校的规模与空间,但是还没来得及实施,便因日本全面侵华而中断了。

---

[1] 唐威主编《中华职业学校校史1918—2013》,上海社会科学院出版社,2013,第58页。
[2] 唐威主编《中华职业学校校史1918—2013》,上海社会科学院出版社,2013,第58页。

第三节　全面抗战爆发到新中国建立前的坚守
（1937—1949）

1937年中国全面抗日战争爆发。中华职业学校地处抗日战争的最前沿上海，深受战争的严重摧毁，校舍几近毁尽，不过教学设施在师生奋不顾身的抢救下得以部分保存下来，为后来中华职业学校渝校提供了办学基础。1938年，内迁至重庆的中华职业教育社在重庆设立了中华职业学校渝校，留在上海的则称为沪校，后被迫改名为"工商学艺所"，复员后又改回原名。渝校在大后方根据当时当地的实际情况，有针对性地开展教学工作，展现了自身的特色，为大后方培养了许多建设人才，而留在上海的沪校因人员、财物的不足而在夹缝中继续坚持。1945年8月，中华民族赢得了抗日战争的最后胜利，全国处于复员状态，中华职业学校也从重庆复员上海，并在原校址上重建了校园，添建了教学设施，教学工作恢复了正常，而渝校则逐步沉寂。1949年10月，中华人民共和国成立，中华职业学校积极配合新政府的改造工作，融入新政府的管理之下，由此开启了新的发展征程。

一、中华职业学校沪校的变化

1937年7月7日，日本发动了卢沟桥事变，中国进入到全面抗日战争时期。"八一三"事变时，日军对上海南市地区进行狂轰滥炸，地处南市的中华职业学校受到严重摧毁，校舍几近毁尽，只有三层楼的"中华堂"得以保存下来。1937年8月底，各方面都处于紧急状态，学校原本应于9月初开学上课，但在此种情形下，只能在《大公报》《新闻报》等报刊上通知暂缓开学，等时局稍定之后，再登报通知开学事宜。当时学校既毁，无处办公，只能暂设临时办事处于中华职业教育社内，以待时局稍定，再做安排。

面对当时学校被毁严重的局面，学校果断决定将未被毁的图书、仪器、设备等一起送到设在职教社内的临时办事处，然后再转运至武汉，最后到达重庆，以在重庆建立中华职业学校。不仅如此，中华职业学校的老师们也积极为学校的

第六章　中华职业学校的发展(1918—1949)

发展建言献策,谋求学校的发展。经中华职校和中华职业教育社反复磋商,最后决定学校一面在上海坚持复课,一面到后方去建立新的办学基地。[1]因此,在1938年中华职业教育社迁往重庆之后,职教社便寻求在重庆设立新的职业教育办学基地,也就是中华职业学校渝校,而留守在上海的中华职业学校则被称为中华职业学校沪校。

当时留守在上海的中华职业学校积极准备复学工作,采取多种方式来搭建临时校舍。最终,在校董们和中华职业教育社的帮助下,上海浦东同乡会给予了非常大的帮助,学校租借了浦东同乡会大楼三楼9间房间作为校舍,其中1间为办公室,另外8间作为教室。沪校在顺利租借到办公教学场地之后,于9月中旬发出通告:"本校现订于9月27日在爱多亚路(今延安东路)成都路口浦东大楼开始上课,24、25日在法租界华龙路中华职业教育社凭原缴费单自上午八时至下午三时(未注册者须先行注册)领取减费缴费证。"[2]由此开始了沪校在上海夹缝中的教学活动,为抗战胜利后渝校的回迁保存了希望与基础。

1937年10月1日,中华职业学校沪校在上海浦东同乡会的大楼正式开学。开学之后,学校面临最重要的问题是教学设备的抢救与安置,幸好当时在危急关头,学校集中全校人力,全力抢救学校的教具、实习设备等材料,所幸大都已迁出,未迁出者为少数。中华职业学校同人面对着枪林弹雨,在战争的环境中,积极地、奋不顾身地抢救学校的图书与设备,使大部分学校基础教学设施都得以保存,从而使中华职业学校沪校能够在上海的租借地内继续开展教学工作。

虽然沪校在师生的共同努力下,得以在上海继续维持,但是由于时局的进一步恶化,尤其是1941年太平洋战争的爆发,日本的侵略活动更加疯狂,租借地内也不太平。不过,鉴于中华职业学校在当时社会上的影响力,学校做出停办的决定后,便遭到了学生家长们的反对,纷纷提出学校应继续开办。应行继续开办的理由是:"一则因上海教育迄无横被干涉之征象,最后关头尚未到达,一则深恐其子弟从此失学,亦非办法,以资救济,同时以学校百余同人在军队撤退后不辞艰辛,苦撑危局,一旦解散后,势必影响生计。"[3]家长们的上书理由是符合当时社会实情的,因此中华职业教育社便和中华职业学校沪校商议,决定

---

[1] 唐威主编《中华职业学校校史1918—2013》,上海社会科学院出版社,2013,第61页。
[2] 唐威主编《中华职业学校校史1918—2013》,上海社会科学院出版社,2013,第61页。
[3] 唐威主编《中华职业学校校史1918—2013》,上海社会科学院出版社,2013,第62页。

仿照沪地各部立省立中学办法,于1942年2月将沪校改名为"工商学艺所"。①改名后的"工商学艺所"由原任教员贾丰臻担任所长,相当于校长一职,继续在上海办学,一切规章程序均照旧。

1945年是抗日战争的最后关头,日本节节败退,开始征用租借地内的一些房屋,沪校的所在地也受到牵连。当时汪伪政府饬令学校搬迁,经过学校老师的努力,最后沪校的学生搬迁到了尚文小学。正当沪校在尚文小学复课,准备教学工作时,又面临着搬迁的状况,为了节省搬迁费用,全体师生将学校的图书、仪器等教学设备均从尚文小学搬到了陆家浜老校址。之后,沪校便在老校址中的"中华堂"内复课,开展教学工作,当时能够供教学所使用的房屋只有7间,最小的1间作为办公室,其他6间均为教室。虽然当时有了教学地点,但是能承载教学的教室却是不够当时学生所使用的,当时有20个班级,而仅有的6间教室是完全不够使用的,因此学校只能在教学时间上做精密的安排,以此解决教室不足的问题。虽然当时沪校面临着多方面的苦难,但是毕竟学校迁回了陆家浜原校址,给师生们一种"归家"之感。

二、该时期中华职业学校沪校的办学情况

1937年10月1日,中华职业学校沪校在浦东同乡会大楼开学,因时局的不断恶化而仅维持到了第二年暑假。当时沪校是王怀冰担任代理校长,沈方涵担任教务主任,杨锦堂担任训导主任。在返校学生数方面,由于战争的影响,社会不稳定,沪校开学时的学生人数仅有800多人,后来随着学生的逐渐返校,最后人数增加到1200多人。在学制上,学校采取五年一贯制,学期课程不论科级,每周均有20至24小时授课时间,共16周。当时鉴于学校校舍有限,只招收走读学生,学校以前的活动,诸如纪念周、谈话课、公民课等均照常举行。当时学校各科的实习情况分别是:商科在学校内,土木科等在震旦大学及法国公园进行,机械科暂租民屋数间布置工场。②

在学科设置方面,当时学校主要设有机械科、土木科、化工科、商科4科,均

---

① 唐威主编《中华职业学校校史1918—2013》,上海社会科学院出版社,2013,第62页。
② 唐威主编《中华职业学校校史1918—2013》,上海社会科学院出版社,2013,第65页。

分初级、高级两个班,能进入高级第二年级的只有本校初级毕业生,投考插班者须有相当年级之转学证书或其他证明文件。在招生对象方面,根据各个学科的性质而有所区别,如商科、土木科均招收男女学生,其他二科不招收女生。在招生考试方面,中华职业学校将基础科目和各个专业科目相结合,不仅考核基础知识,也注重专业技能的考察。具体情况为:学生入学必须参加学校的招生考试,考试科目除国文、算术、常识、英语、口试及体格检查外,商科一年级加试珠算,二年级加试珠算、簿记,土木、机械、化工3科一年级加试平面几何用器画,土木科二年级加试投影画。[1]从招考对象和招生考试方面的规定可以看出,学校在招生方面有着严格的要求。

当时学校经费是一个难题,中华职业学校秉持着学校开学、学生求学的原则,在学费上采取了灵活有效的策略。如在全面抗战初期每位学生每学期收学费25元,可分两期缴纳,中途如遇有特殊变故不能上课且一时没有恢复希望时,学校则考虑酌量发还部分学费。[2]但是随着上海彻底沦陷,经济的崩塌,物价飞涨,钱币贬值,生活指数日高,这些都严重影响了学校的发展。为了稳定学校的教职员工,中华职业学校对学费进行了数次调整,从增收2元、3元到最后增收4元,增收后的学费相较于当时上海其他中学所收取的学费而言仍较低。同时,学校收取的学费全部用于支付教职员工的薪金,从而稳定学校师资和其他工作人员,以此确保学校能够运转。

在全面抗战中后期,上海的物价惨不忍睹,经济瘫痪,不少学生因家庭经济困难在学期结束或学期中间而终止学业,沪校为了让学生完成学业,一面发扬艰苦办学的精神,维持低水平的学费,一面积极动员社会为学生减轻负担。比如设立单位和个人捐助的奖学金、助学金,免收教职员工子女的学费,成立"救济失学同学委员会"募集资金帮助困难家庭等,这些措施都很好地保障了学生能够顺利完成学业。

在这样一种艰难的时局下,中华职业学校沪校发扬艰苦奋斗的精神,始终坚持办学,根据当时社会的实际需要来培养人才。这一时期因社会需要,学校曾开设了一班化工科,仅对中华职业学校一直开设的三大主科进行简要介绍。

---

[1] 唐威主编《中华职业学校校史1918—2013》,上海社会科学院出版社,2013,第66页。
[2] 唐威主编《中华职业学校校史1918—2013》,上海社会科学院出版社,2013,第67页。

首先是机械科的办学情况。全面抗战时期,全国进入紧急战备状态,机械科因与国防建设紧密相关,而接到了当时国民政府陆军学校的致函。由于抗战需要大量的军事技术人员,国民政府的军官学校无力培养充足的技术人员,恰好当时中华职业学校开设有机械科,且社会反响不错。因而当时陆军学校来函,拟招收高中机械科或高中电气机械科之高年级生120名来校施以短期训练,后分任军事技术工作,凸显了中华职业学校在人才培养与社会服务方面的作用。

在课程设置和学习方面,机械科为贴近社会实际需求,采用先做后学的原则,一年级直接实习,二年级再进行理论讲授,从而避免因高深理论难以理解从而影响实习,开设的具体课程有物理、图画、制图、测量学、房屋构造学、应用力学、材料强弱学、水力学、钢骨混凝土学、市政工程学、铁路工程学、桥梁工程学、建筑学等。在教材的编撰方面,当时机械科的教材除了已有的之外,其他所需的参照欧美书籍、依据本国实情进行编译。①

在实习方面,当时沪校虽然得以在浦东大楼复课,却没有实习场所,只能在教室进行讲演式的实习,效果不好。而实习却是职业学校的"生命线",如果职业学校的学生失去了实习,等于"白学"。学校有鉴于此,积极寻找实习场地,最后借到三幢房屋,将当初留在上海的实习设备进行安装,成功地造就了机械工场、钳工场、铸工场、煅工场4间,供学生实习使用。当时虽然各工场内的实习设备与以前相比大有减少,但是在特殊时期有实习场地与设备也是一件不简单的事,而且学校也积极地购买一些新的机器,以扩大学生的实习范围与时间。当时机械科根据学生不同的学级而规定专习不同的技术,且学生的实习时间因学级的不同而有不同的规定,如高级班二、三年级的学生每周实习分别是4小时和8小时,且三年级的学生还会被派往中华铁工厂开展见习。由此可见,当时机械科制定了一套明确的、有针对性的学生实习方案,从而提高了机械科学生培养的质量。

其次是土木科的办学情况。土木科是中华职业学校的常设的学科之一,尤其是前期在学校基础设施建设方面发挥了重要作用。这一时期,沪校坚持培养土木科人才,以为社会建设所需。当时土木科的具体情况为:分高级、初级两

---

① 唐威主编《中华职业学校校史1918—2013》,上海社会科学院出版社,2013,第68页。

部,修业年限为3年,1941年土木科初高级学生共计383人,在学制上,该校初级毕业生可直升高级二年级,高级一年级则完全招收外来新生,除普通学科外,予以职业课程之补授。[①]当时虽然沪校在浦东大楼复课,但实习场所不足却是一个问题,如土木科的测量科目一开始根本无法实习,后来经过学校努力,借来震旦大学操场用以土木科高年级学生实习,但是初级学生实习则是非常困难的问题。而且在实习设备的使用方面,初年级学生的实习以了解仪器的原理、使用方法以及弊端为主,高年级的学生则以学会联合使用各仪器为主。[②]由于实习条件的不足,土木科的教学效果大打折扣,只能尽力做一些培养工作。

最后是商科的办学情况。整体而言,商科的教学情况也不甚好。抗战的全面爆发,上海沦陷,经济崩溃,都严重影响了学校商科的发展。1941年时,学校商科总计有413名学生,当时商科开设了公民、体育、军训等课程,还有国文、英语、数学、物理、化学等职业基本课程,以及职业专门课程如商学、经济、簿记、会计、珠算、打字、统计等。[③]在实习方面,本来学校以前有较为丰富的中英文打字机、计算机、弹簧算盘、广告实习教室、学校银行以及合作社等条件。但是在这一特殊时期,教学场地严重不足,商科的实习基本无法有效开展,严重影响了其教学效果。值得一提的是,当时沪校曾接受教育部委托代为编订商科职业学校课程标准。

总体而言,沪校地处当时沦陷的上海,受制于各方面条件的限制,各学科的发展均非常有限,不过,它发扬了艰苦奋斗的精神,生生不息,为战后渝校的回迁打下了基础,为中华职业学校保存了力量。

三、中华职业学校渝校的创办与发展

(一)中华职业学校渝校的整体概况

伴随着中华职业教育社的内迁,1938年1月,黄炎培、江恒源等中华职业教育社的领导人到达重庆,与当时中华职业学校校长贾观仁一同商议筹建中华职

[①] 唐威主编《中华职业学校校史1918—2013》,上海社会科学院出版社,2013,第68页。
[②] 唐威主编《中华职业学校校史1918—2013》,上海社会科学院出版社,2013,第69页。
[③] 唐威主编《中华职业学校校史1918—2013》,上海社会科学院出版社,2013,第69页。

业学校渝校。校址的选择是当时建设渝校的基础,江恒源、贾观仁等人在寻觅适宜校址的过程中,幸得当时巴蜀学校校长周勖成的大力帮助,周校长同意拨出该校一部分校舍以供中华职业学校渝校建设之用。随后渝校在巴蜀学校内设立办事处,陈文担任主任,同时渝校办事处还租借重庆学田湾一间80平方米的空房,置放从上海转移而来的重要教学、实习设备等,以作为学校的实习工场。学校前期工作准备就绪之后,7月底,渝校正式对外招生,报名者有百余人,8月底,学校实习工场开始投用。10月11日,渝校正式开学,第一期共招收学生185人,其中包括机械科、土木科、商科学生167人,当时国民政府教育部委托培养的机械职工训练班18人,学生中85%来自四川。

1939年,日军的侵略进一步加大,重庆也非一方安全之地,日军的飞机对重庆城区进行了大轰炸,致使重庆城内所有学校被迫停课,渝校也在停课后向中华职业教育社申请转移到乡下开展教学工作。最后,在学生家长的帮助下,渝校师生冒着生命危险,一路艰险,来到了江北县黄桷坪,5月7日,在学生家长的山间别墅中复课。日军对重庆的狂轰乱炸,致使学校的实习工场的房屋与实习设备均被炸毁,为了不影响学生的实习,学校派人外出考察,寻找新的场所建立实习工场,最终选址于江北县寸滩白沙沱。由此,渝校便一分为二,在9月开学之时,分成两处开展教学工作,商科、土木科、会计训练班在黄桷坪,机械科、机械训练班在白沙沱,黄桷坪校区由校务主任陈文负责,白沙沱校区由工科主任金一新负责,当时两校区的学生有700人。在渝校分开办学几年之后,1942年秋,土木科迁往白沙沱,1943年初,商科和会计训练班也迁往白沙沱,最终结束了渝校两地办学的状况,集中在白沙沱开展教学工作。

在渝校的组织结构方面,创办初期校长为贾观仁,1943年贾观仁辞职,江恒源接任,杨卫玉代理,1944年杨卫玉辞职,由徐仲年代理。同时,在校长下设校务主任,陈文担任校务主任并兼商科主任,下设教务、训育、事务三处。当时学校仍设有校董会,校董会主席为张群,校董有陈光甫、顾树森等。[1]

在学校办学情况方面,1938年10月,渝校正式开学时,当时学校除仍开设了机械科、土木科、商科三个常规学科之外,还接受教育部委托开设了机械职工

---

[1] 唐威主编《中华职业学校校史1918—2013》,上海社会科学院出版社,2013,第72页。

第六章 中华职业学校的发展(1918—1949)

训练班。在渝校初创之时,各方面的资源都非常有限,不管是在校舍,还是在教学设备方面,都不能很好地满足师生所用,师生只能发扬艰苦奋斗的精神,保证教学能够正常进行。一开始,学校租借巴蜀学校的三层楼为教学场地,同时学校师生发挥艰苦奋斗、自力更生的精神,建造了各类房舍,以为学校运转所用,但是因时局的变化,日机的轰炸,学校被迫迁往乡下,学校的实习工场也重新修建。在迁往黄桷坪之后,除了租借的已有的学校场地外,还建设了校舍10间,在白沙沱校区也添建了校舍60间。当时学校除了面临可能的敌机轰炸的危险,由于地处山区还遭受了几次水灾、火灾和风灾,这些客观的灾害对学校的打击也很沉重。不过,渝校师生并没有被重重困难所打倒,而是齐心协力,克服困难,保证了学校教学工作的顺利进行,为国家和社会培养了未来的新生力量。

在教学设备方面,渝校成立伊始,学校仅有初级商科、高级商科、初级机械科、初级土木科4个班级,教具尚能满足教学所需,但是随着学生和班级数量的不断增加,已有的教具已难以满足教学的需要。因而学校逐渐添置各类教学设备,包括教室用具、宿舍用具、膳堂用具、卫生用品、消防用品、医药等,如渝校创建至1941年,张家花园办事处添置办公用具10余件,黄桷坪校区添置各类用具1463件,白沙沱校区添置各类用具1281件等。[①]建校之初,学校只有155册图书,到1941年已增加到735册,涵盖了各个学科,同时学校也相继购置了一些教学仪器,如打字机、平板仪、经纬仪等。这一时期,渝校虽然经历了初建时的艰难,但在渝校师生共同努力下,逐渐渡过了难关,不管是在校舍,还是在教学设备等方面均有了较快的发展,很好地满足了学校发展的需要。

渝校在教学方面,承继之前所形成的良好学风,在稳固基础课程、丰富教学内容的同时,注重实习,锻炼学生的技能。当时在机械科、土木科、商科开设的基础课程有公民、体育、军训、国文、英语、数学、史地等。渝校曾开设会计训练班,属于一种短期职业训练的类型,学生只需一年便可毕业,受训练的时间很短暂。一开始学校仍按照商科的基础课程设置进行教学,但是学校很快意识到短期职业训练的课程设置应更加切合实用,以就业为导向。因而根据短期职业训练所受训时间短暂的特点,学校在课程设置上更加精当、充实,有针对性地开展

[①] 唐威主编《中华职业学校校史1918—2013》,上海社会科学院出版社,2013,第74-75页。

了一些课程,如将商学、经济、商法3门课合并成一门课"商事经济概要",课时量由每周7节减为4节,适当调整珠算、统计等课程的上课时间,并且注重课外练习等方面。① 这些课程内容的调整,使得教学更加有针对性,能够让学生在短时间内学到非常实用的知识和技能,体现出学校因"科"制宜、因时而变的教学特点。

总体而言,渝校从1938年创始到1946年7月返回上海,其间先后开办过机械科初级6届、高级4届,土木科初级2届、高级1届,商科初级3届、高级3届。② 在常规学科教学之外,还曾受教育部委托,开办过机械职工训练班和会计职业训练班,学制均为1年,分别办理了2届和7届。渝校不仅接受中央部门的委托,还接受了当地部门的委托,办理过中等建筑科、中等机械技术科等。当时渝校所招收的学生超过1000人,为当时全国工商、交通、企业等行业培养了许多人才,为抗日战争胜利后的国家建设提供了人才支撑。

1946年7月,渝校大部分师生开始返回上海同沪校合并,渝校校长江恒源辞职。因部分师生返回上海,渝校的各个学科也相应发生了变动,如中等建筑科由重庆市教育局收回,转令重庆大公职业学校接办,中等机械技术科、机械科、土木科学生除了一部分师生随校迁沪,其余川籍学生分别转入国立中央工业专科学校及重庆大公职业学校,商科继续使用重庆中华职业学校名义办学,等等。③ 当时学校学生的学籍先经由重庆市教育局核准并验印,然后由中华职业学校颁发毕业证书。

(二)中华职业学校渝校的办学特点

中华职业学校渝校是在当时极其恶劣的社会环境下创办的,一方面全面抗战的现实状况,另一方面是学生还需要学习相应的职业知识与职业技能。而渝校在此条件下,团结一致,卓有成效地走过了七年的战争岁月。这一时期,渝校也形成了自身的办学特点,如庞翔勋主任总结了四点特征,如后。④

---

① 唐威主编《中华职业学校校史1918—2013》,上海社会科学院出版社,2013,第75-76页。
② 唐威主编《中华职业学校校史1918—2013》,上海社会科学院出版社,2013,第77页。
③ 唐威主编《中华职业学校校史1918—2013》,上海社会科学院出版社,2013,第83页。
④ 庞翔勋:《回忆重庆中华职业学校》,载中华职业教育社编《社史资料选辑 第1辑》,中华职业教育社,1980,第59-61页。

1. 认真踏实的学风

众所周知,上海中华职业学校一直强调认真踏实、艰苦朴素的校风,而这个传统由校长贾观仁,教师陈文、黄圭笙,校友金兆祺等人带到了渝校。当时在教学方面,重视基础知识、基本技能的训练和理论联系实际,老师们上课前都认真备课,上课讲解清晰,要求严格,课后悉心指导。同学们在这些良师的指引下,学习积极性大大提高,课堂上聚精会神,专心致志地温习功课,认真做作业。当时老师特别注重基本技能的训练,如商科的珠算和钢笔小楷,土木科的测量和仿宋字书法,都是在老师指导下,学生经过长期的反复练习,做到正确、熟练。

2. 丰富多彩的活动

渝校的老师并不是一味地督促学生埋头读书,也会经常对他们进行思想教育,当时黄任之、江问渔、杨卫玉和孙起孟等一有机会来校,就做形势报告,学校的老师们也经常给同学讲解时事,宣传抗日。学校的经费不足以购买大量图书,全校师生将自己所藏书刊借给学校,组成"流通图书馆",受到了学生们的热烈欢迎,借阅的人非常踊跃。当时渝校的师生清晨就在山冈上进行体育锻炼,早操前先高唱抗日歌曲,在平时节日里,学校经常开展文艺活动,演出抗战戏剧,反映沦陷区人民的苦难,抗日战士的英勇斗争等。

3. 同甘共苦的生活

当时渝校的师生生活非常艰苦。校舍狭小,学生宿舍因陋就简,一个小房间摆上十几张双层床,拥挤不堪,饭堂就在走廊里,只有桌子没有凳子,学生都是站着吃饭,吃的是满碗沙粒石子的"八宝饭",营养很差,有的同学因此生病。黄昏自修时,教室里济济一堂,四五个同学合用一盏桐油灯,灯光微弱,烟雾弥漫,冬天窗户紧闭,更使人闷得透不过气来。就是在如此艰苦的条件下,同学们照样埋头认真复习,从不叫苦。在这样简陋、艰苦的条件下,师生们都能相互体谅,同甘共苦,相互关心,相互爱护,师生们推心置腹,促膝谈心,大家都讲出肺腑的真心话,真心诚意地一起解决困难。

4.短兵相接的斗争

当时渝校虽然看起来较为和平,但是由于国民党采取消极抗战、积极反共的政策,特务横行,进步青年受到了严密的监视和残酷的迫害,渝校也不是"一潭清水"。尤其是当时渝校有一位教导主任,此人是国民党的反动代表,时刻钳制学生的思想,限制学生的活动,动不动就对学生施加高压手段,引起了师生的严重不满。不仅是在学校内,师生同国民党反动政策做斗争,而且在学校外进步师生也同国民党、三青党开展激烈的斗争。

四、抗日战争胜利后的复校

1945年9月,中国赢得抗日战争的最后胜利,中华职业教育社已着手在上海复社,相应地,留在上海的中华职业学校即在原址,陆家浜路914号上复校。当时部分师生返回上海参加复校工作,渝校已没法维持,便于1946年夏结束,回到上海的部分师生同沪校合并为一,校长仍为贾观仁。

在复校工作一切完备之后,学校的教学工作也步入正轨,由于战时,学校的校舍大都毁于炮火之中,已影响到学校的教学工作了,学校的基础设施亟待新建。因而,学校自1947年起,便计划修建礼堂、教室及宿舍,购置各科所需的教学设备与图书,组织编订各科课程纲要以及课程表,编辑教材,同时调查毕业生的家庭情况,以此增设免费的学额等一系列的建设方法。值得一提的是,当时学校还重视校园的绿化建设,向有关部门申请各类花卉树木,学校领取后种植,来美化学校环境,体现了学校在校园建设方面的细心与周到。

复校之后,在组织架构上,学校主要设有董事会、校长、文书、教导处、事务处、会计室、校务会议、处务会议以及各种委员会。具体而言,董事会的组成人员为校董主席为张群,副主席为黄炎培,校董有王云五、郭秉文等。[1]各处室分别负责文书、课务、学籍、舍务、健康指导、图书、诊疗、庶务、会计等事务。[2]同时,学校还在招生、财务、编辑、事业推广等方面分别设立了经济稽核委员会、编

---

[1] 唐威主编《中华职业学校校史1918—2013》,上海社会科学院出版社,2013,第85页。
[2] 唐威主编《中华职业学校校史1918—2013》,上海社会科学院出版社,2013,第85页。

第六章　中华职业学校的发展(1918—1949)

辑委员会、职业教育推广委员会、招生委员会①等委员会,以此保证学校的正常运行。

在教师队伍方面,从复校到1948年,学校的教职员工人数不断增加,在性别结构上以男性为主,教员类型多为专任,如复校之初有教职员工53人,其中男性48人,女性5人,国内外大学及专科学校毕业者30人,到1948年度,教职员人数增加到73人,其中男性61人,女性12人,专任教师48人,兼任教师25人。②在课时量与薪金方面,学校规定:专任教员每周任课最多23小时,最少4小时,每月薪金最高220元,最低40元,每学期以6个月计算。③在学校招生方面,当时学校总共招收了1078人,而男生的人数就占据了绝大多数,有924人,女生只有154人,反映出当时学生性别比例的严重失衡。当时学校按照年级,向学生收取学费和杂费,总体而言,收取的费用较低,如初中年级学费40元,杂费10元,共50元,高中年级学费48元,杂费12元,共计60元。④

同时,学校还考虑到学生经济困难的情况,在校务会议上通过了《免费生规则》,奖助家庭经济困难的优秀学生,设立免费学额,不让优秀学生因经济困难而失学。针对本校教职员工的子女入学也有相应的福利措施,如专任教员服务未满2年者,减免1名子女的学费,满2年者减免2人,满3年以上者减免3人,即使是兼任教员,也可依据服务的年限来获得相应的减免福利,如满3年以上者减免1人,满5年以上者减免2人等。⑤可以看出,复校后的中华职业学校依据当时社会的实际情形做出了较为完备的规定,切实考虑到了学生的实际情况。

在学校基础设施方面,全面抗战前学校有校舍307间,经过全面抗战后仅留存了"中华堂"。复校后,学校设施的建设是基础,因而学校在已有条件的基础上进行整理、修建、重新规划,添建了不少教室、宿舍、仪器设备等,从而保证学校能够正常发展。在复校后不久,1946年,学校即添建了4间实习工场、4间教室、3间教员卧室、10间学生卧室、3间男女厕所、2间材料室等,第二年学校又添设了制图室、簿记室、原动机实验室等实习所用的教室,便于学生实习,同时

---

① 唐威主编《中华职业学校校史1918—2013》,上海社会科学院出版社,2013,第85页。
② 唐威主编《中华职业学校校史1918—2013》,上海社会科学院出版社,2013,第85页。
③ 唐威主编《中华职业学校校史1918—2013》,上海社会科学院出版社,2013,第85页。
④ 唐威主编《中华职业学校校史1918—2013》,上海社会科学院出版社,2013,第86页。
⑤ 唐威主编《中华职业学校校史1918—2013》,上海社会科学院出版社,2013,第86页。

还修建了校友会会所,将图书馆迁入其中,有书库及阅览室各2间。[1]这一系列学校基础设施的添建为学校在战乱后的复校、开学提供了基础。

值得一提的是,学校于1946年12月在校内兴建了一所大礼堂,耗资3亿余元,分别由中华铁工厂、中华职业学校、中华职业教育社分摊建设费用。当时,学校在基础设施建设与完善方面可谓竭尽全力,至新中国成立前夕,学校占地约为20.62亩。在校舍方面,学校有三层楼房一座,二层楼房两座,平房126间,其中包含了教室、办公室、师生寝室、礼堂、厨房、储藏室、图书室、阅览室、标本室、仪器室、实验室、体育器材室等,同时学校还修建有田径场、足球场、篮球场、排球场等运动场地,方便学生课外锻炼。在教学设备方面,有电灯、桌椅、办公台、校车、球类、图书、各科仪器、模型、挂图、打字机、钢琴等,同时还购置了急救药品放置于训导处及实习工场内。这些基础设施的建设,能够让学校在复校不久便进入正常的教学轨道,培养社会所需的各类人才。

当时学校开设的主要学科仍与战前一样,主要是初高级机械科、土木科以及商科。不过,这一时期学校也根据学科的实际情况与社会的需要进行了学科调整,如在全面抗战期间渝校曾受教育部的委托,办理机械、会计职业训练班及中等机械技术科,在渝校师生返回上海之后,奉教育部令,继续办理中等机械技术科。[2]又因为当时社会上对于工业化学的需求,学校添设了化工科,专收有志于此的青年,教授有关化学机械的知识与技能,同时土木科因毕业生就业困难,学校自1946年度暂停招生。由此,当时学校开设的主要学科为机械科、商科、化工科以及中等机械技术科。

在各科学生人数方面,1946年学校共计有1113名学生,其中机械科有443人,土木科有122人,化工科有49人,中等机械技术科有118人,商科有381人。其中有125名女学生,全部都分布于商科各年级之中。1947年度学生的人数,总计有1267人,其中机械科有452人,土木科91人,商科439人,化工科120人,中等机械技术科165人。商科中的女生有140人。比较1946年与1947年学校的学生人数,总人数呈明显增加之势,尤其在化工科方面,1947年较1946年增加明显,各学科中一直保持较多人数的为机械科与商科。考察当时学生的年龄段与籍贯,发现学生的年龄跨度从11岁到23岁不等,主要集中于14岁至18岁

---

[1] 唐威主编《中华职业学校校史1918—2013》,上海社会科学院出版社,2013,第86页。
[2] 唐威主编《中华职业学校校史1918—2013》,上海社会科学院出版社,2013,第87页。

第六章 中华职业学校的发展(1918—1949)

之间,人数最多的为16岁这一年龄,而学生籍贯中最多的是江苏,其次为浙江、上海、广东、安徽、山东等地。[1]

当时各学科在课程设置上基本贯彻"手脑并用"与"教学做合一"的原则,特别重视学生的实习。比如机械科须有半数时间在工场实习;土木科注重制作及测量并去校外建筑公司见习;商科在初级班时注重培养常用的基本技能,如珠算、小楷、簿记、打字等,在高级班时学生则赴各银行、商店、公司等地实习。[2]而且学校对学生的毕业也有严格的规定,学生在修业期满后不直接授予毕业证书,而是发修业期满证明书,待学生在外服务或是升学一年后取得了优良成绩证明书后,再授予毕业证书。[3]这种规定有助于学校验证其所培养的学生是否符合社会的实际需要,从而做出相应的教学调整,提高人才培养质量,同时也能够增强学生对学习与工作的认真态度。当时学校各科课程内容均依据教育部规定的职业学校课程纲要而编定,同时,学校为了明确各科的教学目标,也规定了各科最低限度的训练标准。[4]这样,学校能够根据各科的实际情况进行教学,教学活动不拘泥于已有的规定,只需满足最低标准即可,使得老师与学生能够在较为自由的氛围中习得知识与技能,同时还能够锻炼学生的品性道德。

在学生成绩考查方面,当时中华职业学校的考查方式与其他学校相比,略显宽松,这是由学校的学习方式所决定的,因为职业学校的学生需要投入更多的时间到实习中去,而实习工作却难以量化。不过,当时学校在学业考试方面还是较为严格的,每学期分作前后两季,每一季举行考试,称为季考,平时也会有不定期的小考,每次小考的平均成绩作为积分,与季考成绩平均,以此作为一季的成绩,再将两季的成绩平均作为学期成绩,上下两学期的成绩平均,作为一学年的成绩。[5]当时学校对学生的管理也较为严格,如学生缺课时间满一学期的三分之一以上,则不得参加考试等。[6]前面提及的对于颁发毕业证书的规定,也可算作是对学生实习的考查。

---

[1] 唐威主编《中华职业学校校史1918—2013》,上海社会科学院出版社,2013,第88页。
[2] 唐威主编《中华职业学校校史1918—2013》,上海社会科学院出版社,2013,第89页。
[3] 唐威主编《中华职业学校校史1918—2013》,上海社会科学院出版社,2013,第89页。
[4] 唐威主编《中华职业学校校史1918—2013》,上海社会科学院出版社,2013,第89页。
[5] 唐威主编《中华职业学校校史1918—2013》,上海社会科学院出版社,2013,第91页。
[6] 唐威主编《中华职业学校校史1918—2013》,上海社会科学院出版社,2013,第91页。

五、融入新中国

上海解放时,当时中华职业学校的校长为贾观仁。随着政治时局的变易,中华职业学校的领导也进行了调整,首先是1950年初,贾观仁校长向中华职业教育社的领导、学校校董会主席黄炎培致信,表示因病请求辞职。随后,黄炎培等中华职业教育社的领导商议,接受了贾观仁的辞呈,并决定聘任江恒源担任校长,庞翔勋为副校长兼教导主任,在庞翔勋到任之前,暂请比乐中学副校长杨善继兼代副校长一职。1950年3月11日,江恒源、庞翔勋上任,3月20日,上海市人民政府教育局正式批文同意贾观仁辞职和改聘江恒源继任中华职业学校校长。但是由于江恒源因生病初愈,不能经常到校,随后学校一切校务均由副校长庞翔勋全权负责。1951年11月,江恒源致信中华职业教育社,提出辞去校长一职,同年底上海市教育局发文同意并正式任命庞翔勋为中华职业学校校长。

在学校领导变更的过程中,当时中华职业学校的学科概况为,1951年度第二学期时,机械科、土木科、会计科三科合计有26个班级,1349名学生,专任教师15人,兼任教师11人,其中机械科共有18个班级,981名学生,专任教师8人,兼任教师7人;土木科共有3个班级,129名学生,专任教师3人,兼任教师1人;会计科共有5个班级,239名学生,专任教师4人,兼任教师3人。[1]从中华职业学校学科发展史来看,机械科始终是中华职业学校发展的重点,班级数多,学生人数远多于其他两科。需要指出的是,学校的教师人数不足,一千多名学生,仅有15名专任教师,即使加上兼任教师后的师生比仅约为1∶52,在一定程度上影响了学校的教学效果。1952年第一学期时,学校共有21个班级,1096名学生,教师人数达到了35人,学校因机械科学生人数众多,故主要增加聘任了机械科方面的教员,并且当时增聘教员的学历均为大学机械系毕业,从而保证了教师的知识素养。

伴随着全国开展工商业的改造运动,人民政府也开始着手接管全国各级各类学校。1951年7月12日,中央轻工业部告知中华职业教育社:"经本届教育部

---

[1] 唐威主编《中华职业学校校史1918—2013》,上海社会科学院出版社,2013,第124-125页。

第六章　中华职业学校的发展(1918—1949)

技术教育会议决定,技术人才的训练应由企业部门直接领导,因此希望职教社所创设的上海中华职业学校及中华工商专科学校移交该部办理或先行密切合作,专门训练轻工业技术人才。"[1]在7月14日,中华职业教育社便函复中央轻工业部:"关于你部呈请中财委核示的结果以及派员来沪了解后的具体方案尚请续示,以凭办理。"[2]随后,7月16日,中华职业教育社便致函中华职业学校校董会,传达了中央轻工业部的指示,并表明了中华职业教育社的态度,认为此项建议与中华职业教育社"化私为公"的方针相符合,承黄炎培理事长核示,已函复中央轻工业部,在原则上可以同意。[3]1952年1月11日,华东军政委员会工业部部长汪道涵为接管中华职业学校请派员监交事致函上海市教育局:"奉中央轻工业部指示,华东军政委员会工业部将于1月20日左右正式接管中华职业学校。兹定于1月19日上午九时由我部派员前往接管。"[4]由此,中华职业学校由上海市教育局领导正式变更为由中央轻工业部领导,在变更领导机构后,学校定名为"中央轻工业部上海中华职业学校",显示出中华职业学校的"部属"性质与地位。中华职业学校正式的交接时间是1952年1月23日,由中央轻工业部派华东军政委员会工业部接收并管理,1953年又改为直接由中央轻工业部管理,可知此时中华职业学校是一所部属直管的公立学校,其地位不言而喻。

---

[1] 唐威主编《中华职业学校校史1918—2013》,上海社会科学院出版社,2013,第120页。
[2] 唐威主编《中华职业学校校史1918—2013》,上海社会科学院出版社,2013,第121页。
[3] 唐威主编《中华职业学校校史1918—2013》,上海社会科学院出版社,2013,第121页。
[4] 唐威主编《中华职业学校校史1918—2013》,上海社会科学院出版社,2013,第121页。

中华职业教育社的机关刊物
——《教育与职业》

第七章

中华职业教育社在成立之后，曾短暂编辑《社务丛刊》来记录、宣传与交流当时中华职业教育社的发展状况、全国职业教育的发展情状。《社务丛刊》共出版4期，1917年10月中华职业教育社出版了《教育与职业》代替了《社务丛刊》，这是民国时期国内研究职业教育唯一专刊。在1917—1949年间，作为中华职业教育社的机关刊物，该杂志通过刊发职业教育的理论研究、实践经验与制度建设等方面的文章，传播了正确的职业与职业教育观念，推动了当时国内职业教育的兴起与发展，成为了全国职业教育的公共舆论平台。本章主要从《教育与职业》杂志的创刊、发展与运作、内容与影响三个方面进行简要的阐述，以期较为清晰地凸显其在近代中国职业教育发展中的作用。

第一节 《教育与职业》的创刊

期刊作为一种公共的舆论平台，旨在进行宣传与交流。中华职业教育社在成立之时，曾创办《社务丛刊》以报告社的发展情况，丛刊的内容和范围都非常有限，更多是社务报告。为了在更广阔的范围宣传职业教育，职教社创办了《教育与职业》，作为一个面向全国性的宣传与交流职业教育相关问题的专门性刊物，它是在当时社会大环境下因应社会实际需求的产物。创办之初，职教社旗帜鲜明地提出了创办《教育与职业》的宗旨与目的。

一、创刊时间与背景

1917年5月中华职业教育社成立,同年10月《教育与职业》在上海中华职业教育社创刊出版。中华职业教育社负责编辑、出版、发行《教育与职业》,黄炎培、杨卫玉、邹韬奋、何清儒等人均为编辑与主持人。作为社的机关刊物,该刊以宣传职业教育理念,刊登社团消息为主,是中国第一份以研究职业教育为主,兼及职业教育通讯的教育期刊。《教育与职业》的创刊和发行,从大的时代背景而言,有以下两个主要背景条件。

(一)盛行创办期刊的社会环境

1912年辛亥革命的胜利,中华民国的成立破除了中国长期以来的封建格局,中国进入了新的社会历史时期,1919年发生的新文化运动更是对中国社会的进一步洗涤,当时的社会思想以民主与自由为标榜,有了更为宽松的学术环境。1912年3月11日,在公布的《中华民国临时约法》第二章"人民"一栏第六条第四款中规定,"人民有言论、著作、刊行及集会结社之自由"[①],可以看出民国政府对于民间创办刊物是支持的。在这样一种宽松的社会环境下,各种各类教育思潮踊跃而生,诸如国家主义教育思潮、工读主义教育思潮、职业教育思潮等,同时各类民间性的教育团体也应运而生。有研究者曾进行不完全统计,民国年间创建的教育社团有236个[②],可以说当时教育社团得到了空前的发展。与此同时,这些教育社团所举办的专业性教育期刊也得到了较大发展,刊物的数量和种类都呈显著增加之势。《教育与职业》杂志便产生于这样一种"创办期刊热"的历史时期。

(二)发展职业教育的现实要求

中国的近代是一段多灾多难的历史,自第一次鸦片战争爆发,中国一直受到帝国主义国家的侵略,其间不乏中国人民的斗争与反抗,但是屡次反击失败。

[①] 商务印书馆编《中华民国临时约法》,商务印书馆,1916,第2页。
[②] 李华兴主编《民国教育史》,上海教育出版社,1997,第572页。

有些爱国人士认为中国的落后主要源于经济发展的落后,因而在当时兴起"实业救国"的热潮。加之第一次世界大战的爆发,帝国主义国家忙于战争而松于对中国的侵略,这一时期中国的民族资本主义经济得到了较为快速的发展,尤其是民族工商业得到了迅速的发展。然而,在发展民族工商业的过程中,工商界日感技术人才的缺乏,已阻碍了他们发展的步伐,而技术人才的培养又离不开教育。为了满足当时经济社会对于职业性人才的大量需求,专门的职业教育机构的产生成为必然。由此在1917年5月6日,黄炎培联合当时教育界、实业界、金融界等知名人士,如蔡元培、梁启超、张謇、宋汉章等48人在上海发起成立了中华职业教育社,该社团为民间自发组织而成,目的在于研究、试验、推广职业教育,促进社会经济的发展。中华职业教育社的成立为《教育与职业》杂志的出版创造了前提条件,因为《教育与职业》是中华职业教育社的机关刊物,在某种程度上可以说,没有中华职业教育社的创立就没有《教育与职业》杂志的产生。

二、创刊目的与宗旨

《教育与职业》是中华职业教育社的机关刊物,由中华职业教育社出版发行,其编辑与发行都由中华职业教育社负责,是中华职业教育社重要的舆论武器和宣传阵地。自1917年创刊至1949年,《教育与职业》共发行了208期,其中有社务报告78篇、社员行动16篇、社友消息12篇、社务述要3篇。除了这些专门的社务消息报告之外,还有社员所撰写的文章、中华职业教育社的会议记录等专门记录与宣传职教社的内容。从中可以看出,《教育与职业》杂志大力地宣传中华职业教育社,增强中华职业教育社的社会影响力。

另一方面,作为中华职业教育社的机关刊物,报道中华职业教育社的日常工作情况自是必然。不过《教育与职业》杂志同时也是一份专业性的教育期刊,尤其在职业教育领域,其专注于职业教育思想的传播、理论与实验的介绍等方面,是当时中国职业教育的公共交流平台,宣传与传播职业教育、服务民众。《教育与职业》在创刊号上即刊登了《中华职业教育社章程》,该章程涵盖了中华职业教育社的创办目的、主要任务、社团服务等内容。中华职业教育社的章程中虽未明确规定宗旨,但其在第一条已明确规定社员所应共信共守的义务,与宗旨无异。从章程的第一条规定中,可看出中华职业教育社的宗旨在于造福个人、社会、国家,具体呈现为谋个性之发展,为个人谋生之准备,为个人服务社会之准备,为国家及世界增进生产力之准备,达致"使无业者有业,使有业者乐业"的目标。

《教育与职业》作为中华职业教育社的机关刊物,在创办的过程中也遵循中华职业教育社的办社宗旨,为个人、社会、国家的发展而创立,二者在性质上具有共通性。在《中华职业教育社章程》第一条中,规定:"本社之立,同人鉴于方今吾国最重要最困难问题,无过于生计,根本解决惟有沟通教育与职业。同人认此为救国家救社会唯一方法。"[①]由此可知,创办《教育与职业》以及进行职业教育是当时救国家、救社会的途径。总的来说,当时《教育与职业》的办刊宗旨可总结为宣传职业教育、沟通教育与职业、为国家社会服务。《教育与职业》作为一份杂志,具有一般杂志所共有的创办目的,即宣传、传播、推广。比如有研究者认为:"同年[1917]11月15日,职教社为了研究职教理论和扩大职教声势,创办了《教育与职业》月刊。"[②]这里非常明确地指出了创办此杂志的目的,是为研究职教理论和扩大职教声势,而杂志所具有的广泛的流动性与阅读群体,正是中华职业教育社发展的一条重要举措。

第二节 《教育与职业》的发展与运作

《教育与职业》的发展与中华职业教育社的发展密切相关,全权由中华职业教育社负责编辑出版。通过分析其在1949年之前发行的期数,我们可以看出其发展历程,总体而言以1937年抗日战争的全面爆发为时间节点,1937年之前的《教育与职业》处于平稳发展期,1938年到1949年渐趋衰落。以下为《教育与职业》从1917年至1949年间的发行期数,大致呈现出该期刊整体的发展面貌。

---

① 《中华职业教育社章程》,《教育与职业》,1917年第1期,该文第1页。
② 黄嘉树:《中华职业教育社史稿》,陕西人民教育出版社,1987,第22页。

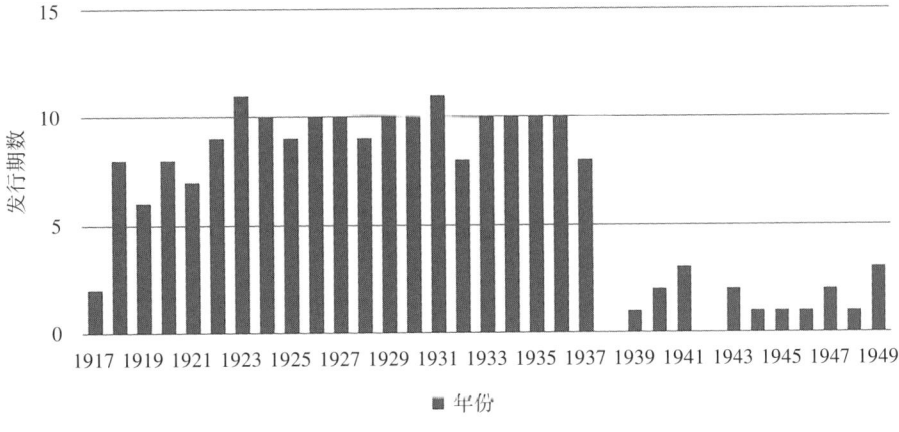

图7-1　1917年至1949年间《教育与职业》发行期数

一、发展阶段

从1917年创刊到1949年12月停刊,共出208期。根据对1917年到1949年每年发刊数量的统计汇总图(图7-1)的分析,发现《教育与职业》的发展可分为明显的两个阶段,第一个阶段是1917年至1937年的平稳发展时期;第二个阶段是1938年至1949年的衰落时期,以下对这两个时期分别进行分析。

(一)平稳发展期(1917—1937)

中华职业教育社在创立之后,出版发行了相关刊物,一开始《社务丛刊》作为中华职业教育社的机关刊物开始发行,登载、报道中华职业教育社的相关社务,月出《社务丛刊》一册,报告社中状况,出四册后停刊,而以杂志《教育与职业》继其后。[1]至于以《教育与职业》取代《社务丛刊》的原因,谢长法认为:"随着社员人数的迅速增加,社务也日加扩大;特别是由于《社务丛刊》以向社员通报社中情况为目的,很快显得不适应职教社的发展,不能起到职教社宣传、研究和推广职业教育的作用,于是,改革刊物之议乃起。"[2]1917年10月,《教育与职业》在上海创刊出版,初为双月刊,自第17期起改为月刊。

---

[1]《中华职业教育社成立以来之略史》,《教育与职业》,1917年第1期,社务丛录第2页。
[2] 谢长法:《中国职业教育史》,山西教育出版社,2011,第264页。

自创刊后,《教育与职业》每年的发刊期数相对稳定,基本保持在每年10期左右,每年根据不同的情况有所增减。此时,随着中华职业教育社的发展,职业教育研究的深入,《教育与职业》杂志的质量和规范性都有所提高,在职教界的影响力也日益扩大。可以说,1917年至1937年,是《教育与职业》杂志发展的黄金时期。

(二)衰落期(1938—1949)

1937年抗日战争全面爆发,在战争年代,各行各业都深受影响,经济、文化等领域的发展受到阻碍,教育作为文化的一个层面,也受到了很大的冲击。虽然在这一时期因战争的波及,《教育与职业》杂志的出版与发行受到影响,但是它能在战火中继续维持,尚未完全中断,实属一件不易之事。

《教育与职业》创刊于1917年10月,至1949年12月停刊,历时33年,共出版发行208期,合计203册,其中第133—135期、187—188期、189—190期、205—206期为合期发行。1940年,黄炎培曾对此刊进行评价,说道:"即就刊物寿命论,绵延到二十余年长久的,怕除本刊外,也不可多见。"[1]由此可知,即使在民国时期,论到期刊的影响力与持久力,《教育与职业》杂志也是非常重要的之一。自创刊至第188期,该杂志均在上海出版,1937年后,因为战事的波及,年出册数骤减。1938年10月,中华职业教育社迁至桂林,杂志社随之离开上海,1938年暂时停刊。从1940年第192期起,迁至重庆出版,1946年第201期后迁回上海。其间,因为战争的影响,1942年再次停刊,1946年12月,杂志在上海复刊,出版了第201期。历经了战争的影响,这一时期的《教育与职业》发展很不理想,但是并未中断,仍然坚持到了1949年第208期才停刊。因为战事的影响,这期间杂志的发行周期也随之变化,起初是月刊,全面抗战期间,改为不定期出版。

《教育与职业》每一期的发行数量,因缺乏详细的数据,不可得知,但是,可从杂志中的一些细节可了解到当时其发行的概况。如在1922年出版的第35期最后的封底页一栏中,可知该杂志"每期印行数多至四千五百份",在1926年出版的第76期的"广告索引"一栏中也提到"每月底按期出版,每期印行多至四五

---

[1] 黄炎培:《复刊词》,《教育与职业》,1940年第192期,第2页。

千份",可以看出《教育与职业》的发行量不低。不过,与同一时期的《教育杂志》的发行量相比,则略显不足,有研究者发现在1935年时,《教育杂志》曾提到它们的读者有三万以上,这个数量是《教育与职业》发行量的五倍。[1]但是,我们不能因为发行数量上的较大差异,而看低《教育与职业》的影响力。因为《教育杂志》是一份综合类的教育期刊,刊发各类教育问题,深受当时中国教育界的欢迎,各类教育研究者均为其撰文。同时《教育杂志》的发行单位为商务印书馆,是专事出版发行的机构,自然在此方面非常熟练。因此,《教育杂志》的发行量高于《教育与职业》自属正常。但从另外一方面考究,《教育与职业》刊布的内容大都聚集于职业教育领域,属于教育研究里的一个分支类别,加之当时专事职业教育的研究人员本就不多,社会上对职业教育关注度亦不够,读者群体相对也少得多,因而在当时的社会环境下,《教育与职业》能有如此的发行量着实不易。

二、历任主编

主编是一份期刊的负责人、掌舵者,期刊办得好,离不开主编的辛劳。纵览《教育与职业》的历任主编,基本都是对职业教育有着深刻见解的专家,同时也是中华职业教育社的社员,更有的是中华职业教育社的领导人员。这些都确保了期刊在内容选取上的专业性,有效推动了职业教育的发展。从1917年创刊至1949年停刊,《教育与职业》杂志的历任主编如表7-1。

表7-1 《教育与职业》历任主编情况表[2]

期数	时间	主编
第1—17期	1917.10—1920.2	蒋梦麟/顾树森
第18—24期	1920.3—1920.12	顾树森/俞泰临
第25—40期	1921.1—1922.12	王志莘

---

[1] 罗银科:《民国时期农村职业教育研究——基于农业教育的分析》,东北师范大学博士学位论文,2012年,第141页。

[2] 该表依据秦翰才在第100期所发表的《一刹那间一百期了》与《上海中华职业教育社志》编纂委员会编的《上海中华职业教育社志》,以及笔者所掌握的208期杂志进行对照整理而得。需要做出解释的是,第41~70期的审定人是黄炎培,第71~84期的审定人是黄炎培和杨卫玉,其余期号未标明审定人,还有第191期主编不详。

续表

期数	时间	主编
第41—70期	1923.1—1925.11	秦翰才
第71—87期	1926.1—1927.8	邹恩润/秦翰才
第88—89期	1927.9—1927.10	潘文安/邹恩润/秦翰才
第90—97期	1927.11—1928.8	潘文安/邹恩润
第98—109期	1928.9—1929.11	廖世承/潘文安
第110—121期	1930.1—1931.2	黄炎培/廖世承/潘文安
第122—148期	1931.3—1933.9	郑文汉
第149—152期	1933.10—1934.2	何清儒/郑文汉
第153期	1934.3	郑文汉
第154—189/190合刊	1934.4—1937.12	何清儒/郑文汉
第192—193期	1939.6—1941.3	陈选善/何清儒/孙运仁
第194—196期	1941.4—1941.12	何清儒/孙运仁
第197期	1943.1	何清儒/孙运仁/张若嘉
第198期	1943.5	孙运仁/张若嘉
第199期	1944.3	潘菽/孙运仁
第200期	1945.5	杨卫玉
第201—204期	1946.12—1948.10	何清儒/孙运仁/麦伯祥
第205/206合刊—208期	1949.6—1949.12	钟道赞/田乃钊

自创刊以来，《教育与职业》的主编历经多次变更。从1917年至1949年间，在杂志发行的过程中，曾先后担任过《教育与职业》杂志主编的有蒋梦麟、顾树森、俞泰临、王志莘、秦翰才、邹韬奋、潘文安、廖世承、郑文汉、何清儒、陈选善、孙运仁、张若嘉、潘菽、杨卫玉、麦伯祥、钟道赞、田乃钊等人。这些人大都是职业教育专家，在职业教育领域有所成就。一般而言，民国时期各类杂志的主编们大都会在杂志上刊发自己撰写的文章，《教育与职业》的主编们也不例外。据统计，《教育与职业》的主编中，除了张若嘉外，其他人都曾在《教育与职业》上发表自己撰写的文章或是翻译的外文文章。

总体上，民国时期《教育与职业》共发行了208期，除去社务丛录、附录、社友消息以及作者难以查询的文章外，共刊载各类文章计有3139篇。根据文章的作者进行分类整理,并对文章(包括译文)数量在10篇以上的作者进行排序,得出发文章数量在10篇以上的作者共有21人,其中曾担任过主编的有13人。从发文时间与数量上对照,发现各主编在任职期间发文数量普遍较高,其中尤其以黄炎培、何清儒和郑文汉三人发文最多。1917年至1949年间《教育与职业》主要发文作者的统计情况,参见图7-2。

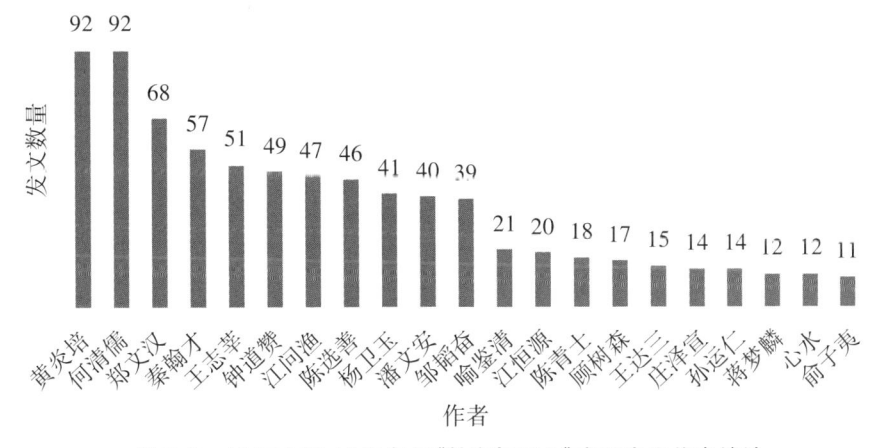

图7-2 1917年至1949年间《教育与职业》主要发文作者统计

三、经费来源

图7-3 职教社第一年度(1918年)经费一览[1]

---

[1]《本社第一年度经费一览表》,《教育与职业》,1918年第7期,插页。

《教育与职业》作为中华职业教育社的社刊,它的发行及出版经费是中华职业教育社经费开支的一部分,而且经费的管理与运行也跟中华职业教育社密切相关。图7-3为中华职业教育社第一年度经费一览,据图可知,中华职业教育社的经费来源主要有社费、政府及相关部门的补助、特别捐赠等,这些经费一定程度上也为《教育与职业》提供了支撑。

(一)社费

《教育与职业》的经费主要由中华职业教育社提供,社费来源主要有两种。一是社员缴纳的社费。中华职业教育社的社员有三种,永久特别社员、特别社员、普通社员。"现有永久特别社员三十五人,特别社员二百三十九人,普通社员三百五十一人。其收到银三千六百六十七圆有奇,支出银一千圆有奇。"[1]根据缴纳社费的不同,分别成为不同种类的社员,享受不同的优待条件。二是民间或海外人士的捐助。在中华职业教育社第一年度中,共计收入社费4326元,占收入比例的二分之一以上,所以社费是中华职业教育社的主要资金来源。

(二)政府及相关部门的补助

民国时期,政府有关部门会给予教育团体一定的资金补助。如在《教育与职业》第三期《呈请教育部及本省省长补助社费》一文中记载道:"本社因组织伊始,一切施行各项事业,在在需款,由是呈请教育部及省长酌予补助经费,以示提倡,嗣经教育部批准给一次补助费五百元,省长批准自本年度起拨给银三千元。"中华职业教育社在之后的发展过程中,均曾得到政府部门的补助,如财政部的补助等,还有当时的中华教育文化基金会也为中华职业教育社提供资金补助。

(三)爱心人士的捐赠

民国时期,爱国有识之士对教育事业非常热心,如当时一些国内外的富商、官员均会以个人的名义捐助教育。中华职业教育社的社务发展以及《教育与职业》的顺利刊行,也离不开爱心人士的捐赠。如在1918年出版的《教育与职业》

---

[1]《中华职业教育社成立以来之略史》,《教育与职业》,1917年第1期,社务丛录第2页。

第四期的《文牍》中,有《函齐震岩省长谢赐补助常年经费》《函李秀山督军请赐补助经费》等,这几篇函文表达了对捐资人士的感谢之情。其中提到捐赠者的官位,有相关人士的个人捐助,也有相关部门的捐助等。在中华职业教育社第一年度的经费表中,记有菲律宾华侨以及陈嘉庚等对中华职业教育社的经费捐助。

除了中华职业教育社的社费对《教育与职业》进行经费补助外,该杂志本身也有一些获利渠道,比如订阅费、广告费等,在一定程度上能够确保《教育与职业》杂志的日常运行。

1.杂志订阅费

《教育与职业》作为一份面向社会公开发行的杂志,每册均会标明定价。起初,每册定价为银一角五分。如在第七期《本社第一年度收支报告》中有关于杂志的收售记录:收售《教育与职业》杂志银二十六元八角四分。虽然杂志的出版发行能够获取一定的订阅费,但是总体而言,在除去稿酬、印刷费、薪金等经费后,余留的订阅费金额较少。这些余留的订阅费是杂志运行经费的一小部分来源。

2.杂志广告

广告是杂志中常见的内容之一。《教育与职业》在刊行的过程中,逐渐开设了各类广告专栏。这些广告专栏种类众多,就内容而言,主要涉及书籍介绍、其他杂志预告、生活用品等。如在书籍介绍方面,《教育与职业》曾刊发过实用学生字典广告、手工书广告等多方面的广告。通过刊登这些广告,《教育与职业》可以获取一定的版面费以补充杂志运行所需的经费。

第三节 《教育与职业》的内容与影响分析

《教育与职业》作为一份专门的宣传介绍职业教育理论与实践等方面的刊物,其内容涉及的范围非常广泛,但都与职业教育有关。同时开设了较多的栏目进行专门性的报道,尤其是开辟的"专号",则是对于职业教育中的某一具体问题开展的专题性的讨论。作为一份在近现代中国甚至是当今都有重要影响的职业教育领域的专门性刊物,它不仅报道职教社的消息、引介国外职业教育理论、宣传国家职业教育政策、推广具体职业教育实践模式,对中国近现代职业教育的发展具有重要的推动作用,同时,还积极宣传抗战爱国的思想,表现出强烈的爱国热忱。

一、杂志内容与栏目设置

《教育与职业》杂志自1917年创刊至1949年停办,共出版了208期,刊载各类文章计3139篇。在这208期中,"有专题的讨论,有研究的报告,有外文的译述,有教材的供给,有人物的叙述,有书报的介绍,有职教的消息。材料种类相当的多,对于提倡、推进、研究、实施职业教育,供[贡]献极大"①,基本覆盖了职业教育的各个方面。在当时,"国内专门讨论职业教育的刊物只有这一种,所以所负的使命,极为重大"②,凸显出其在职业教育界的地位之高。从创办时间而言,它也是民国众多教育期刊中创办时间最为长久者,至今依旧存在,且对职业教育的发展仍发挥着重要的作用。《教育与职业》在民国时期出版运行的过程中,其刊物的栏目设置也随着当时社会情况的变化而有所变更。从期刊发表的内容而言,当时《教育与职业》每期都会刊载七至八篇研究性的文章,涉及职业教育的理论、职业学校介绍等。此外,还设置有"杂俎""社务丛录""通讯""调查""附录""文牍"等通告性或是即时性的报道,紧跟当时职业教育发展的形势,这些栏目的数量都不固定。总的来说,当时该刊刊载的主要内容包括职业教育某一问题的专论、与职业教育相关的研究与调查报告、译述中西职业教育的名著、关于职业教育的书报介绍、与职业教育相关的特殊计划、与职业教育相关的经验谈以及中华职业教育社和中华职业学校的相关报道等。③除此之外,此刊还曾开辟了一些专号,诸如"职业指导号""职业学生自治号"等。

1917年10月20日,《教育与职业》月刊在上海创刊,首任主编由蒋梦麟担

---

① 何清儒:《历年来的研究与编辑》,《教育与职业》,1947年第202期,第7页。
② 何清儒:《历年来的研究与编辑》,《教育与职业》,1947年第202期,第7页。
③ 《上海中华职业教育社志》编纂委员会编《上海中华职业教育社志》,上海古籍出版社,2007,第246页。

任,最初定每卷12期,每年出一卷,自第37期开始,改为每卷10期。起初,期刊的版式为32开,内容多聚焦于职业教育的理论研究和国外职业教育的介绍,同时兼有办理职业学校的章程和办法。为了扩大中华职业教育社的舆论宣传效果,自1926年1月第71期开始,杂志在出版内容方面增加了约一倍,内容涉及与职业教育相关的方方面面。明显地,这是"大职业教育主义"对《教育与职业》杂志在内容上的影响,促使其在刊发内容选择上不只局限于职业教育,还关注整个社会与经济的发展需求。在黄炎培、邹韬奋、江问渔等职业教育专家的引领下,该杂志不管是在理论方面,还是在方法方面,抑或在时事方面,对职业教育都有着非常重要的影响力。20世纪20年代初,当时每期杂志的刊印数达4000余份,被时人所公推为研究职业教育的唯一参考刊物。[①]在职业教育理论研究方面,《教育与职业》注重邀请职业教育专家撰稿,介绍当时有关职业教育的新理论与新方法,同时注意调查中外职业教育的实施状况,广泛搜集各方意见。该杂志上曾开设一些专号,主要为针对当时职业教育的热点问题展开讨论,具体见本书第二章。

这些专号的开辟,能够对职业教育中的某一具体问题开展较为详细的专门研究,对提升职业教育理论和传播职业教育思想发挥了重要作用。

二、作用与影响

《教育与职业》具有发行时间久、影响范围较广、专业性强的特点。当时中国影响力最大的综合性教育期刊——《教育杂志》,曾在第11卷第4期上对《教育与职业》杂志进行了评价,其如是道:"本杂志为中华职业教育社发表意见之总机关,中华职业教育社为中国惟一研究职业教育之机关,故《教育与职业》杂志亦为中国惟一研究职业教育之参考书。出版以来风行海内外,其价值不问可知矣。"总的来说,自1917年10月创刊至1949年12月停刊,《教育与职业》始终生机勃勃,站在职业教育研究的最前线,刊载了许多我国近现代职业教育家群体的研究成果,以及大量的国外职业教育理论成果,为提倡和推进中国职业教育的发展,构建中国特色职业教育体系做出了重要的贡献。《教育与职业》所产生的影响与作用可从以下六个方面进行分析。

---

① 谢长法:《中国职业教育史》,山西教育出版社,2011,第265页。

(一)宣传中华职业教育社

《教育与职业》由中华职业教育社所出版发行,属于中华职业教育社的下设机构组织,宣传中华职业教育社的社务是它的义务与责任。在《教育与职业》的创刊号上,率先刊载了中华职业教育社的章程,自其创刊起,宣传中华职业教育社即是其办刊目的之一。从1917年至1949年间,《教育与职业》中刊载了159篇与中华职业教育社相关的文章,具体分布状况如表7-2。

表7-2　1917年至1949年《教育与职业》中刊载中华职业教育社相关文章数量及年代分布

年份	篇数	年份	篇数	年份	篇数	年份	篇数
1917	4	1926	0	1935	3	1944	1
1918	7	1927	1	1936	4	1945	3
1919	1	1928	7	1937	5	1946	2
1920	2	1929	13	1938	0	1947	1
1921	5	1930	14	1939	1	1948	2
1922	14	1931	16	1940	7	1949	5
1923	6	1932	5	1941	4		
1924	5	1933	8	1942	0		
1925	2	1934	6	1943	5	总计	159

据统计发现,《教育与职业》共发表计有3139篇文章,在这些文章中除去专门设置的专栏内容外,涉及中华职业教育社的文章有159篇。这159篇文章中,包括了中华职业教育社与其他社会组织之间的合作、社员活动,中华职业教育社代拟的议案等。

《教育与职业》从创刊起就开辟了专栏报道社务,不过专栏的名称并不是固定的。比如第1期、第2期名为社务丛录,属于附录一栏,第3期名为社务丛刊,第28期名为社务校务丛录,第39期名为社务报告,第89—95期、97—99期、102期、106—110期名为社员行动消息,包括社员运动消息和社员消息,第90期、96期、99—105期、108—110期名为中华职业学校校友会消息,又称校友运动消息,第108—110期名为社务述要。由此可见,虽然专栏的名称有所不同,但是内容都是与中华职业教育社有关,或者涉及中华职业学校。这些专栏的开辟能够向社会报道中华职业教育社的动态,扩大中华职业教育社的社会影响力。

(二)引入国外职业教育

职业教育在中国属于舶来品。《教育与职业》是介绍、引入国外职业教育的主要途径之一,其刊发了较多当时国外的职业教育理论与最新职业教育消息。从1917年创刊至1949年,33年间共计出版了208期,粗略计算,共刊载各类文章3139篇,其中介绍国外职业教育的文章有685篇,约占总数的21.8%,占比较大。

关于每年介绍国外职业教育文章的情况,具体如表7-3。

表7-3　1917年至1949年《教育与职业》刊发国外职业教育的文章数量及年代分布简表

年份	篇数	年份	篇数	年份	篇数	年份	篇数
1917	5	1926	69	1935	49	1944	1
1918	27	1927	25	1936	52	1945	0
1919	14	1928	17	1937	44	1946	7
1920	18	1929	13	1938	0	1947	10
1921	9	1930	19	1939	0	1948	2
1922	11	1931	38	1940	1	1949	10
1923	55	1932	25	1941	0		
1924	61	1933	19	1942	0		
1925	49	1934	35	1943	0	总计	685

从表7-3中可知,在1917年至1937年间,对于国外职业教育的介绍较多,尤其是1924年至1927年和1931年至1937年间,相较于其他年份介绍得更多。在1938年至1945年间,因为战争的影响,期刊难以为继,对于国外的介绍基本处于没有的状态,战争结束后,虽也有介绍,但与之前相比,数量大为减少。同时,也可以看出,整体而言,1917年至1937年间,中国职业教育较为关注国外职业教育发展动态,为自身能够保持较好的发展提供借鉴。

前述从整体数量上进行了简要分析,以便呈现杂志对国外职业教育的关注度。这些文章所涉及的国家较多,共计有41个,还有25篇文章国别不详。从区域上看,主要有"欧美""世界""欧洲""各国""南洋""北欧"等,从国别上看,主要为美国、日本、英国、德国、法国、苏俄/苏联、丹麦、意大利、菲律宾等,具体如表7-4、表7-5。

表7-4　1917年至1949年《教育与职业》刊发国外职业教育论文的区域分布表

区域	篇数
欧美	16
世界	7
欧洲	7
各国	3
南洋	2
北欧	1

注明:表中区域名的划分都是取自原文,所指代的不是区域里的所有国家,而是某个或某些。

表7-5　1917年至1949年《教育与职业》刊发国外职业教育论文国别分布表

国家	篇数	国家	篇数	国家	篇数	国家	篇数
美国	338	菲律宾	8	土耳其	2	缅甸	1
日本	94	加拿大	7	新西兰	2	南非	1
英国	61	捷克斯洛伐克	6	埃及	2	葡萄牙	1
德国	37	奥地利	5	印度	2	西班牙	1
法国	23	澳大利亚	5	瑞士	1	暹罗(泰国)	1
苏俄/苏联	22	墨西哥	4	比利时	1	叙利亚	1
丹麦	15	朝鲜	3	古巴	1	英属马来联邦	1
意大利	11	瑞典	2	荷属东印度(印尼)	1	智利	1
国别不详者	25						

注明:篇数仅做粗略统计,有的文章不是只介绍某一个国家,而涉及多个国家,所以会出现重复计算的情况,总计的数目也就不再是685篇。

从上述两表中可知,当时对于国外职业教育的介绍主要为欧美地区,涉及的国家主要为美国、英国、德国、法国等,尤其是对美国职业教育的介绍,占了多数。日本因其距中国近,易于学习,也居于前列。

在内容上,这些文章涉及了国外职业教育的各个方面,如职业指导、各类职业教育、职业陶冶、实施状况、调查报告、通论、统计、农村改进、职业学校、实施方法、职业调查、计划、职教会议、职业人员、中学职业科、职教法规等,其中介绍最多的为职业指导方面。同时在这927篇文章中,由中国学者对国外学者的文章直接翻译而成的有217篇,占总数的23.4%,还有部分文章为中国学者在国外访问后,结合自己在国外的所见所感而作。值得提及的是,当时还有一些外国学者投稿,虽然数量很少,但也足以显示出《教育与职业》内容来源的广泛性与丰富性。

从整体上看,《教育与职业》所刊登的外文文章受时代的变化而相应有所调整。如在其整个发展历程中,由于1922年新学制颁布后,中国的教育以美国为学习对象,而这一时期《教育与职业》所刊发的外文数量呈明显增加之势,其中介绍美国职业教育的文章更是数量大增,这是中国教育的"美国化"倾向在职业教育领域的呈现。可是,在新中国成立的1949年,由于当时中国共产党与苏联的关系密切,《教育与职业》上介绍苏联职业教育的文章开始增加,这是政治因素的影响,也同当时中国教育的总体走向相一致。不管在学习对象上重欧美,还是偏向苏联,《教育与职业》介绍了大量的国外职业教育理论与最新讯息,为职业教育在中国的传播与发展,为建构中国自己的职业教育模式,提供了各方面的借鉴。

(三)宣传中央和地方的职业教育政策

民国时期,教育团体对于全国的教育发展有着重要的影响,如当时的全国教育会联合会便深深地影响了民国教育的走向,在1922年学制的制定过程中起了主导作用。中华职业教育社对职业教育在近代中国的发展有着重要的作用,当时很多与职业教育相关的政策、方针均为中华职业教育社所提交的议案。《教育与职业》杂志中有一部分文章便涉及当时中央及地方的职业教育政策或方针。从1917年至1949年间,此刊刊发的涉及职业教育政策与文件的文章数量及年代分布如表7-6。

表7-6　1917年至1949年《教育与职业》中职业教育政策与文件文章数量及年代分布

年份	篇数	年份	篇数	年份	篇数	年份	篇数
1917	3	1926	10	1935	15	1944	0
1918	6	1927	3	1936	14	1945	0
1919	4	1928	5	1937	6	1946	0
1920	7	1929	7	1938	0	1947	6
1921	1	1930	4	1939	0	1948	6
1922	7	1931	23	1940	1	1949	2
1923	7	1932	6	1941	1		
1924	3	1933	24	1942	0		
1925	7	1934	13	1943	1	总计	192

需要做出说明的是,当时教育部颁布的法案条例和出台的涉及职业教育的新规定,各省市出台的对于职业教育的新条例、新方案,均属于教育政策范畴。从表7-7可知,当时《教育与职业》共刊登192篇职业教育政策的文章,其中以1931年至1937年较多。这些法案、方针登载的方式,有的是直接刊登,还有一些地方的规定或条例是置于消息专栏,或是以附录的形式附设于杂志的后面。总体而言,这些法案、方针的刊载,有助于民众及时了解中央或是地方的职业教育方针或政策,从而有针对性地开展职业教育试验,同时这样一种方式也成为中央及地方普及职业教育政策、方针的途径。

(四)职业教育实践推介和理论探讨

《教育与职业》所刊登的文章,大多为当时知名的职业教育家所撰写,这些文章有的是探讨某一具体的职业教育理论问题,有的则是介绍实施职业教育的具体情况,如各地方办理职业学校的经验等,以期更好地推动职业教育的发展。

自1917年至1949年,该刊刊登的职业教育理论文章的数量及年代分布和职业教育实践推介的文章数量及年代分布如表7-7和表7-8。

表7-7 1917年至1949年职业教育理论探讨的文章数量及年代分布

年份	篇数	年份	篇数	年份	篇数	年份	篇数
1917	6	1926	39	1935	47	1944	7
1918	15	1927	51	1936	59	1945	2
1919	16	1928	48	1937	41	1946	4
1920	8	1929	49	1938	0	1947	12
1921	15	1930	23	1939	0	1948	4
1922	23	1931	20	1940	16	1949	3
1923	18	1932	54	1941	26		
1924	23	1933	72	1942	0		
1925	17	1934	41	1943	11	总计	770

表7-8 1917年至1949年职业教育实践推介的文章数量及年代分布

年份	篇数	年份	篇数	年份	篇数	年份	篇数
1917	8	1926	52	1935	71	1944	4
1918	28	1927	39	1936	57	1945	2
1919	12	1928	78	1937	39	1946	10
1920	15	1929	35	1938	0	1947	19
1921	31	1930	20	1939	0	1948	2
1922	29	1931	41	1940	25	1949	12
1923	39	1932	42	1941	0		
1924	32	1933	95	1942	18		
1925	41	1934	56	1943	10	总计	962

首先需要对上述两个统计表做出说明的是，这里的文章仅统计了国内职业教育方面，并未将国外职业教育计入，因为前述已专门讨论了国外职业教育文章的情况，故不再纳入讨论。根据上述两表统计可以发现，《教育与职业》上刊登的理论性文章与实践类文章的数量差异不是很大，但总体而言，实践类文章多于理论探讨类文章。众所周知，教育理论与教育实践是密不可分的，理论问题的发现往往来源于实践，而教育实践的开展和发展又离不开理论的指导。因而对于《教育与职业》杂志而言，在内容选取上没有完全偏向于哪一方面，不管是职业教育理论的讨论，还是职业教育实践的介绍，都是其所刊载内容的核心。在另一层面，也可以凸显此杂志的目的，即宣传中华职业教育社相关消息，探讨职业教育理论，指导职业教育实践。

针对这些数量较多的实践类文章，再做进一步的分析，会发现实践指导类文章中有71篇是关于实践的调查报告。关于这些实践的调查报告的数量及年代分布，如表7-9。

表7-9 1917年至1949年职业教育实践类调查报告的数量及年代分布

年份	篇数	年份	篇数	年份	篇数	年份	篇数
1917	1	1926	4	1935	7	1944	0
1918	7	1927	1	1936	4	1945	0
1919	5	1928	2	1937	4	1946	0
1920	1	1929	6	1938	0	1947	0
1921	5	1930	0	1939	0	1948	0
1922	6	1931	4	1940	0	1949	1
1923	0	1932	4	1941	0		
1924	1	1933	4	1942	0		
1925	1	1934	3	1943	0	总计	71

这些实践类的调查报告，有关于地方办学情况的调查，有关于青少年心理情况的测验，也有毕业生的就业调查等。这些调查报告涉及当时社会上有关职业教育各个方面的问题，为理论的探索提供了现实的依据，同时也为教育专家们了解社会的具体状况，提出相应的对策建议，为开展教育改革提供了素材或样本。

(五)促进职业教育的发展

《教育与职业》杂志在内容的选取上紧跟当时职业教育的时代热点,并且是当时职业教育发展的引领者。这里,将1917年至1949年的历史划分为三个阶段:1917年到1922年新学制颁布是第一个时期,1923年到1937年抗战全面爆发是第二个时期,1938年到1949年新中国成立是第三个时期。将每个时期的职业教育热点问题,及其在《教育与职业》中相应时期的文章数量情况,整理后如表7-10。

表7-10 三个时期职业教育热点问题与《教育与职业》相关文章对照表

时期	时代热点问题	文章数量(篇)
1917—1922	1.中华职业教育社成立	24
	2.黄炎培职业教育思想	40
	3.职业学校	132
	4.职业调查与参观	38
	5.1922新学制颁布	16
	6.师范教育	27
	7.女子职业教育	18
	8.农村职业教育	37
	9.引入国外职业教育	84
	10.补习职业教育	14
1923—1937	1.国外职业教育	570
	2.农村职业教育	204
	3.职业学校	167
	4.补习职业教育	109
	5.女子职业教育	108
	6.毕业生就业与出路	26
	7.提倡国货	24
	8.普通学校增设职业教育	64
1938—1949	1.荣誉军人与职业教育	7
	2.抗战与职业教育	10
	3.苏联职业教育	6
	4.技术人才培养	5

由表7-10可知,当时比较热门的职业教育热点问题有国外职业教育、农村职业教育、职业学校教育、补习职业教育、女子职业教育等,这些热点问题的发文量在《教育与职业》的发文中占有相当大的比例,可以说,《教育与职业》是与时代相接轨的,是密切联系社会的。

一方面,《教育与职业》有自身发展的需要,必须紧密联系时代与社会,另一方面,由于其是民国时期唯一的专门以职业教育为研究对象的杂志,因而其在传播与发展职业教育方面有着一定的地位和影响力。当时一些社会热点问题,正是通过《教育与职业》而传播开来的,比如在提倡农村教育、补习职业教育方面,《教育与职业》刊发了许多关于此方面的文章。加之,中华职业教育社在此领域的实践,创办了一系列的职业学校、职业补习学校,从而促进了职业教育界的新发展。而且在宣传中华职业教育社、传播黄炎培的职业教育思想等方面,《教育与职业》杂志起到了非常重要的作用,可以说这是一个非常重要的宣传平台与窗口,同时间接引领了中国职业教育的发展方向。

(六)宣传抗战爱国思想

民国时期,中华职业教育社作为一个民间教育团体,其关注的重点与中心在教育领域,希望通过发展职业教育来挽救中华民族。《教育与职业》作为中华职业教育社的机关刊物,是其宣传工作的桥头堡,在宣传抗战爱国思想方面同样发挥着重要的作用。1931年,日本悍然发动了"九一八"事变,《教育与职业》杂志与中华职业教育社所创办的另外一份杂志《国讯》一起成为中华职业教育社的主要宣传阵地。当时,这两份期刊刊登了大量社会知名人士发表的抗日言论,积极动员民众抗日,同时《教育与职业》仍继续报道中华职业教育社的各项职业教育活动,宣传各种职业教育理论,在宣传抗战爱国的过程中,不忘自己的"本心"。

在面对日本的侵略之时,当时社会上发起坚决抵制日货、提倡国货的运动,提倡生产自己的产品,使用自己的产品。据粗略统计,从1923年到1937年,《教育与职业》上共发表了24篇以提倡国货为主题的文章,还有其他一些文章也含类似的思想,这些都表明《教育与职业》所秉持的爱国主义精神。从1937年抗

第七章 中华职业教育社的机关刊物——《教育与职业》

日战争的全面爆发至1949年新中国成立,虽然因战争的影响,《教育与职业》的出版量急剧减少,相应地,文章数量也减少甚多,但是杂志仍然刊发了10篇与抗战有关的文章,继续为宣传抗战爱国思想而努力。由是观之,虽然教育领域为《教育与职业》的中心工作,但是在民族危亡的关键时刻,该杂志知晓民族大义,在舆论方面为抗战服务,同时也体现了中华职业教育社的爱国热情。

中华职业教育社大事记(1917—1949)[①]

中华职业教育社(以下简称为职教社)在上海成立,一直到现在都发挥着重要的作用,有必要对其在新中国成立前的事迹进行梳理。

1917年

1月,职教社发起人蔡元培、黄炎培、蒋梦麟、梁启超、张謇、严修、沈恩孚、张元济、史量才、聂云台、穆藕初、伍廷芳、王正廷、宋汉章等48人发表《中华职业教育社宣言书》、组织大纲及募金通启。

5月6日,职教社成立大会在上海市方斜路江苏省教育会(原名江苏学会总会)召开,大会通过《中华职业教育社章程》,决定设临时干事会处理社务,推定沈恩孚为临时干事会主任。

5月15日,黄炎培赴南洋英、荷殖民地,调查华侨教育状况。

6月15日,职教社根据成立大会决议,用通信方式选举产生黄炎培、沈恩孚等12人为议事员。

7月29日,职教社议事员会成立,决定设办事部;同日公举黄炎培为办事部主任,蒋梦麟为办事部总书记,沈恩孚为基金管理员,临时干事会即被取消。

8月,江苏省教育会附设职业教育研究会加入职教社,设研究部,顾树森为主任。

10月6日,旅居新加坡侨商陈嘉庚决定资助职教社,自1918年至1922年每年捐助职教社叻银2000元,5年共计10000元。

10月,职教社设立编辑股,编译书刊。

[①] 本大事记主要对照《上海中华职业教育社志》编纂委员会编辑的《上海中华职业教育社志》与《教育与职业》杂志全套电子版资料编辑而来。

10月25日,职教社创办的机关刊物《教育与职业》杂志首发,蒋梦麟任总编辑。

11月,职教社议事员会决议各地设通讯处,并通过《中华职业教育社通讯处简章》。

12月3日,江苏省省长公署批准中华职业教育社备案申请。

1918年

1月,职教社北京、江苏省靖江县、山东省济南市通讯处成立。

3月,职教社江苏省金坛县、泰县通讯处成立。

3月20日,职教社为筹建中华职业学校成立捐金委员会。

3月26日,职教社与江苏省教育会、寰球中国学生会、建设会、上海市青年会合办茶话会,欢迎美国驻华公使芮施恩及夫人。

4月30日,职教社共有社员833人,其中普通社员548人,特别社员248人,永久特别社员37人。

5月5日,职教社首届年会在上海举行,上海总商会会长朱葆三任大会主席,马相伯等发表演说,黄炎培致"年会词",阐述职业教育的三大目的,年会(或称社员大会)每隔一两年召开一次,至1937年共召开17次大会。

6月15日,职教社创办中华职业学校,在陆家浜校址举行奠基礼。

6月16日,黄炎培、蒋梦麟赴东三省及朝鲜调查教育。

8月25日,中华职业学校首届学生开学,设铁工、木工、纽扣、珐琅四科。

9月8日,中华职业学校正式开学。

12月25日,职教社与江苏省教育会、美国大学总会等8个中美团体宴请美国总统指派来华考察的克兰氏。

1919年

1月8日,职教社与江苏省教育会、北京大学、南京高等师范学校、暨南学校共组新教育共进会。

1月25日,黄炎培赴新加坡、吉隆坡、仰光考察教育。

4月,职教社举行欢迎会,欢迎菲律宾华侨薛敏洛、李清泉等回国考察教育、实业。

5月,职教社在中华职业学校内举行第二届年会,并补中华职业学校开幕式。会议期间专门搭建展室,展览中华职业学校自制作品等。

7月,职教社与上海留法勤工俭学会合办留法勤工俭学预备科,黄炎培代表职教社与上海12个团体组织教育促进团,聂云台通过聂爱春堂捐款12000元,与职教社合办女子职业学校。

7月21日,蒋梦麟辞去职教社职务,赴北京代理北平大学校务。

8月,《教育与职业》杂志刊发职业指导专号。

10月27日,职教社与上海市各公团欢迎、欢送美国新旧驻沪领事。

11月,《教育与职业》杂志为中华职业学校设职业市(学生自治会),出学生自治专号。

1920年

3月,职教社发表创设职业指导部宣言,组织职业指导委员会,陆规亮为主任。

3月1日,黄炎培赴安徽省当涂县代为当地规划举办职业学校事宜。

3月4日,职教社安徽省芜湖市通讯处成立。

3月29日,职教社与江苏省教育会等九团体致电北平政府,要求政府迅速做出处置鲁案[①]的办法,以伸民意。

5月29日,职教社在上海举行第三届年会,附设玩具展览会及职业教育图表展览会。

6月18日,职教社议事员会改选,黄炎培继续当选办事部主任。

7月6日,职教社议事员会议决中华职业学校增设经济校董会。

8月,中华职业学校发行债券,扩充工厂,添办商科。

10月4日,职教社成立农业教育研究会,邹秉文任主席,并发表宣言书。

11月,职教社在中华职业学校内设职工教育馆,发表募捐办法。

是年,职教社成立农村改进研究会。

[①] 鲁案:1919年4月20日,山东省济南市举行10万人"山东国民大会",要求北洋政府坚持青岛及路矿由巴黎和会公断,直接交还中国,废除"中日密约"。

1921年

1月30日，黄炎培、王志莘赴菲律宾等地提倡职业教育，并为中华职业学校募款。

1月，《教育与职业》杂志刊出农业教育专号。

5月31日，职教社设社务讨论委员会，袁观澜任主席。

6月28日，职教社在上海召开第四届年会，邀请菲律宾教育局副局长澳希亚斯报告菲律宾教育状况与趋势。

8月17日，职教社发起组织"全国职业学校联合会"，在上海举行成立大会，通过简章，并决定以后每年开一次年会，与职教社年会合并举行。

8月18日，职教社与上海总商会、商科大学合作成立上海商业补习教育委员会。

9月8日，职教社欢迎美国哥伦比亚大学教育学院主任孟禄博士。

9月19日，职教社公布试行《职业介绍规则》。同月，职教社与《申报》特约，专栏发表职教社文件，继而在各重要都市及南洋华侨集中的商埠共特约39种报纸专栏发表职教社文件。

10月，职教社调查得全国有职业学校27所，甲、乙种实业学校及补习学校700余所。

10月，在全国教育会联合会第七次代表大会上讨论"学制系统草案"，职教社承担征求对职业教育部分意见的任务。

1922年

2月1日，职教社主办的首届职业学校出品展览会在中华职业学校举行，8省50所学校参展，展品3039件。

3月6日，职教社决定编辑发行英文中国职业教育季刊及英文职业教育年报。

3月21日，中华职业学校添设职业师范科。

5月19日，职教社在上海举行第五届年会及全国职业学校联合会首次年会，决定年会与职教社年会同时有分有合地进行，至1937年共举行15届年会，1次临时会议。

9月,邹韬奋负责编辑《教育与职业》。

11月,据职教社调查,全国时有职业学校达1353所。

1923年

1月,自该月起由江苏省财政厅在国库项下拨付2000元,补助职教社。

1月,中华职业学校添设补习科。

5月22日,职教社在上海召开第六届年会,改选议事员,第一次修改社章,吸收团体社员,会议建议以各国退还庚子赔款酌拨职业教育经费。

5月,职教社受江苏省委托,代拟江苏省职业教育计划。

5月,职教社添聘杨卫玉为办事部副主任。

7月,职教社设立职业指导股,并组织职业指导委员会,由刘湛恩、邹韬奋负责。

7月,职教社应中华职业学校联合会的要求,会同江苏省教育实业联合会,在南京东南大学举办暑期职业教育演讲会,讲授职业教育概论、职业教育课程、职业知能测验、职业指导。

8月,职教社与东南大学合办暑期学校职业教育组。

10月,全国教育会联合会议定新学制师范及职业科课程标准,委托职教社拟制职业科课程标准。

12月,职教社协助全国教育会联合会拟定职业学校课程标准。

是年,职教社创设业余补习学校。

1924年

1月,职教社与各教育团体合组平民教育促进会,职教社负责职工教育馆及第一业余补习学校。

3月5日,职教社创设南京女子职业传习所。

3月,职教社与上海中华针织厂于中华职业学校合办简易工艺科。

4月,职教社先后在上海、南京、济南举办一星期职业指导运动。

5月,职教社在中华职业学校内办择业预备科。

5月,职教社在武汉举行第七届年会,同时举行第三届职业教育出品展览会。同时举行全国职业学校联合会第三届年会。

6月,职教社在武昌举办职业指导运动。

7月14日,职教社与江苏省教育会、江苏省立第一中学合办南京暑期学校职业教育组。

9月,职教社受全国教育会联合会委托编写的新学制职业课程草案告竣。

1925年

3月,职教社与自治学院、江苏省教育会等6个单位欢迎德国社会学家兰德雷,并请其讲演2周。

5月,职教社在南京举行第八届年会,同时举行全国职业学校联合会第四届年会及江苏省职业学校成绩展览会。依第八届年会之决议,募立百年基金,同时设专门委员会,朱琛甫为委员长。

5月,中华职业学校添设简易工艺科、机械制图科。

6月,中华职业学校开办高级商业夜校,推王志莘为主任。

8月11日,职教社受山西省委托,设计山西省职业教育计划,计划中首次提出乡村职业教育划区施教办法。

8月,职教社受江苏省委托,每年代为拟定江苏省职业教育发展计划,并与江苏省上海县立第三小学合作设业余补习学校。

9月,职教社《生活》周刊创刊,由王志莘任主编。

10月10日,职教社与江苏省教育会、上海家庭日新会合作开展公民教育运动,同时受江苏省职业教育实业联合会委托,在南京市代办江苏省第二届职业教育成绩展览会,次日,与江苏省教育会合作成立"江苏省中等学校职业指导研究会"。

10月26日,职教社与江苏省教育会合办高级商业夜校。

12月,黄炎培提出"大职业教育主义",发表于《教育与职业》第71期。

1926年

2月22日,职教社在江苏省苏州市举行首次专家会议,提出职教社应参与政治活动的意见,并于此后每年召开一次专家会议,至1937年,共举行专家会议10次。

3月，职教社与上海各商业教育单位合作举办"经济商学讲座"共14讲。

5月3日，职教社与中华教育改进社、中华平民教育促进会、东南大学教育科农科等组织联合改进农村生活董事会，黄炎培任董事长。

5月6日，职教社在浙江省杭州市召开第九届年会，议决以后每两年举行一次年会。

5月，职教社在杭州举办江、浙两省职业教育出品展览会。

5月26日，职教社议事员会改称董事会，增设评议会，黄以霖任董事会主席。

6月16日，联合改进农村生活董事会在江苏省昆山县徐公桥试办农村改进试验区。

7月，中华教育义化基金会董事会决定，自该年度起3年内从庚子退款中，向职教社每年拨款15000元，当年另增拨5000元，补助职业教育；同时职教社与江苏省立第二农业学校及江苏省女子职业学校合作，在苏州第二农业学校内试办家庭园艺讲习所。

8月5日，职教社选举首届评议员。

8月，职教社与江苏职业教育学校联合会合作，成立毕业生就业指导委员会，同时在中华职业学校内增设工商补习夜校。

9月1日，职教社在当选评议员中抽定任期两年者6名，任期一年者5名，王云五任评议长，设立社员资格审查委员会。

9月6日，职教社百年基金筹集募得10200元，募集结束后，成立中华职业教育社百年基金保管委员会。

9月20日，职教社创设职工补习学校和淞沪工业补习委员会。

9月，职教社设立社员资格审查委员会。

10月，《生活》周刊改由邹韬奋任主编。

12月18日，职教社决定，民国16年初迁入辣斐德路新出租屋。

1927年

2月19日，职教社董事会决定黄炎培出国考察。

3月23日，职教社办公所在社屋被国民党强占。28日收回。

3月,黄炎培拟出国考察职业教育,职教社办事部主任由杨卫玉代理。

8月7日,职教社任期一年的5名评议员改选。

9月10日,上海设上海职业指导所,刘湛恩任主任。

9月,职教社与上海青年会合办暑期职业指导讲习所,同时试办工读团。

9月,职教社呈请军事当局,提倡军队职业教育。

11月28日,职教社与寰球中国学生会、上海女青年会、青年会、中国青年协会等联合举行上海职业指导运动。

12月8日,职教社与南京青年会合作组建南京职业指导所,由刘湛恩任主任。

12月,职教社所办两所南京女子职业传习所由南京市教育局接办。

1928年

1月15日,职教社在上海所办2所职工补习学校改为市立,仍由职教社管理。

2月,职教社与南京晓庄乡村师范学校合作开设佘儿岗中心木匠店及中心茶馆。

2月9日,职教社委托上海职业指导所、中华职业学校合办文书讲习所。

4月1日,职教社与上海职业指导所合办的佣工训练所开学。

4月9日,职教社委托上海职业指导所、中华职业学校合办文书讲习所。

4月15日,职教社参与试办的江苏省昆山县徐公桥乡村改进试验区内成立徐公桥乡村改进会。

5月7日,中华职业学校校友会会所在校园内落成。

5月13日,职教社第十届年会在江苏省苏州市召开,薛笃弼、孔祥熙、钱新之、张仲仁任大会主席,蔡元培派代表致辞,黄炎培提出改进农村宜以教育为中心。并附开全国职业学校联合会第六次年会及苏州职业学校成绩展览会。

6月26日,黄炎培辞去职教社办事部主任职,改任常务董事,职教社评议员会选举江恒源为办事部主任,杨卫玉连任副主任。

7月,职教社拟定《中小学实施职业指导办法》,在江苏省嘉定县武村、昆山县徐公桥试办信用合作社。

12月22日,美国孟禄博士到职教社参观。

1929年

1月8日，菲律宾总商会代表桂华山到职教社参观。

1月23日，职教社与南京特别市教育局联合开办南京职业指导所。

3月23日，美国法学博士奥邱尼到职教社参观。

3月29日，职教社上海职业指导所主任刘湛恩到瑞士日内瓦，出席第三届世界教育会议。

5月2日，职教社建筑委员会成立，钱新之任主席。

6月1日，职教社董事会改选，钱新之任董事会主席。

6月，职教社设农村服务部。

7月29日，职教社与上海10县教育局合办的暑期讲习会开幕。

8月1日，职教社开办职业专修学校。

8月，教育部指令，准每年拨助职教社附设中华职业学校银三千元，徐公桥乡村改进区二千元。

8月，职教社在杭州召集全国职业学校联合会第七届年会，大会议决会名改为"全国职业教育机关联合会"。

9月13日，职教社设新农具推行所。

9月17日，职教社办事部副主任杨卫玉赴日本考察农村教育、补习教育、职业指导。

10月13日，职教社董事会议决，创设江苏省镇江市三益蚕桑制种场，18日在中华职业学校开职员大会，宣布制种场集股。

10月，职教社设立职工补习晨校。

11月24日，职教社在江苏省镇江市东乡创办黄墟乡村改进试验区。

11月27日，经国民政府外交部同意，职教社设海外介绍部。

是年，职教社创办江苏省昆山县陆景乡村小学。

1930年

1月，《教育与职业》改由黄炎培、廖茂如、潘仰尧主持，开办通问学塾，《生活》周刊从该月起独立经营。

2月9日,职教社在江苏省嘉定县南翔镇南园举行第四次专家会议,会后发表《中华职业教育社宣言》。

2月,职教社开办镇江三益蚕桑制种场。

4月8日,日本教育考察团访问职教社。

4月,职教社成立女子职业教育研究会。

5月1日,上海特别市教育局送达职教社立案执照。

5月12日,职教社评议员兼会计主任王志莘、中华职业学校校长赵师复等赴日本考察职业教育。

6月28日,华龙路新址大楼落成,职教社迁入办公。

7月,在职教社新址举行第十一届社员大会及第八届全国职业教育机关联合会会议,会议议决改称全国职业教育机关联合会为全国职业教育讨论会。

7月,中华职业学校开办土木科。

9月,职教社发起学术讲座,每星期六讲一次,同时开办徐公桥乡村改进讲习所。

10月3日,职教社在上海筹设的业余图书馆开馆,并受三友实业社委托代办女子新式缝纫传习所。

12月,职教社聘请陆叔昂为徐公桥乡村改进会总干事,黄齐生为乡村改进讲习所主任。

是年,职教社接办浙江省绍兴州山善庆农村小学。

1931年

1月14日,国际联盟代表徐利克访问职教社。

2月1日,职教社通问学塾与上海市商会商业夜校通问班合办《通问月刊》首期出版。

2月,职教社分别创办江苏省吴县善人桥农村改进区和浙江省绍兴县诸家桥乡村试验学校。

2月21日,在苏州举行第六届专家会议,推选蔡元培、胡庶华、刘湛恩为会议主席。

3月19日，黄炎培、江恒源、潘仰尧经大连、沈阳以及朝鲜，赴日本考察职业教育，4月24日返回上海。

4月，职教社创办江苏省泰县顾高庄农村改进区，代办宁波白沙乡村改进区。

5月13日，职教社职业教育推行计划委员会成立。

7月26日，职教社改选4名董事和5名评议员。

7月，职教社聘贾佛如为中华职业学校校长。

8月1日，职教社在江苏省镇江市举行第十一届社员大会暨第九届全国职业教育讨论会，蔡元培任大会主席。

9月7日，职教社开设第一中华职业补习夜校。

9月26日，职教社联络上海市各界人士成立"抗日救国研究会"。

10月13日，职教社设补习教育部。

10月，职教社联络三友实业社、家庭日新会、中华妇女节制会、普益社女子部、女子职业学校联合会，举办中华改良服装展览会。

11月2日，职教社联络上海各界爱国团体在中华职业学校举行抵制日货宣誓大会。

12月，职教社创办不定期、不收费的《救国通讯》刊物，并设立中国国货指导所。

1932年

2月15日，职教社办事员会议议决节缩政策，宣布减薪。

3月，职教社协助上海市市民地方维持会创办"一·二八残废院"，以收容参加淞沪抗战的残疾将士，并设立"一·二八"后战期补习科。

4月2日，职教社评议会发起成立"战后社会改造研究会"。

5月6日，职教社立社15周年纪念日，因国难当头，纪念活动从简，在中华职业学校职工教育馆举行纪念会，决定编著《职业教育之理论与实际》，总结15年来研究、实践成果作为纪念。

5月15日，职教社根据潘序伦提议15周年纪念会决定，筹设大规模补习学校，组成筹备委员会，由钱新之、潘序伦等9人组成。

5月，职教社上海指导所与上海市民地方维持会在难民收容所合办职业指导实验总院。

6月24日，教育部聘职教社办事部主任江恒源等为职业教育设计委员会委员，并通令各省市限制设立普通中学，增设农工科职业学校。

7月，职教社改选10名评议员，与建华、亚美两电台签约广播演讲，内容为国难问题与职业教育问题，等设函授学校，并设置南京办事处。

8月，由穆藕初、江恒源出资，职教社举办的上海私立位育小学成立。

8月，职教社在福建省教育厅举行第十二届社员大会暨第十届全国职业教育讨论会，同时举办福建省职业教育展览会。

9月，职教社创办每周一次以抗日救国为中心内容的学术讲座，由蔡元培、陶行知、杜重远、潘光旦、章乃器、舒新城等分别主讲。

11月，职教社开办第二中华职业补习学校。

是年，职教社创设全国农村改进机关联合会。

1933年

1月，《救国通讯》改为半月刊，职教社将原设职工补习晨校、第一中华职工补习夜校、通问学塾和业余图书馆合并为第一中华职业补习学校。

2月2日，职教社第六次专家会议在上海举行，同时职教社与南京路商界联合会共同组织职业教育补习委员会。

3月10日，职教社国货指导所为推进工作，成立理事会。

3月，职教社接办江苏省镇江市丁卯农村小学。

4月，职教社开办印刷学讲座，接办申新职工子弟学校。

5月3日，职教社办南京路商业补习学校，经上海特别市教育局核准备案。

6月，职教社办理私立上海妇女补习学校。

7月，职教社在开封举行第十三届社员大会暨第十一届全国职业教育讨论会。

7月，职教社办理无线电研究所。

8月，职教社在上海设立第三中华职业补习学校及暑期补习班。

10月14日，职教社受鸿英教育基金会委托，举办鸿英乡村小学师资训练所，与职教社新设之农村服务专修科合并，统称漕河泾农学团。

10月20日,职教社联合上海市部分中学,组织上海市中等学校职业指导研究会。

11月28日,教育部委托职教社编订职业学校教材大纲及设备标准,职教社召开会议讨论相关事宜。

是年,职教社开办中华事务代办所。

1934年

1月6日,职教社在漕河泾农学团举行农村问题座谈会,根据会议决定,由黄炎培拟定《农村改进工作纲要》。

1月,职教社编印的《救国通讯》改为《国讯》,仍为不定期刊物。

2月24日,职教社在沪西园场召开第七次专家会议,会后发表宣言,黄炎培提出设立"民族复兴教育设计委员会",负责编写学校教材,黄炎培、李公朴、黄齐生等9人被推选为委员会委员。

3月1日,漕河泾农学团开学。

5月,职教社发起的人事管理学会成立。

6月,职教社办理荻山自治实验乡。

7月1日,职教社主办的江苏省昆山县徐公桥乡村改进区试验计划完成,移交地方。

7月13日,职教社第十四届社员大会在江西省南昌市举行。同时,还举办江西省职业教育展览会。

7月,职教社在江苏省上海县创办鸿英乡村小学。

是年,职教社成立事务管理设计委员会。

1935年

1月5日,受全国学术工作咨询处委托,职教社上海职业指导所办理上海方面的学术咨询工作。

2月9日,职教社在上海举行第八次专家会议及评议员会联席会议,蔡元培、刘湛恩、欧元怀、俞庆棠为主席团成员,论题为"复兴民族目标下之青年职业训练具体方案",并通过实施办法。

2月,职教社办理无锡申新三厂劳工自治区,创办浙江省长兴县小溪口农村改进区,与四川省教育厅合办蓉南农村教育推进区。

3月,上海各界组织学生国货年会运动推行联合会,会场设在职教社,杨卫玉任总干事。

7月,职教社参与合办中国职业补习学校。

8月,全国职业教育讨论会第十四届年会在青岛召开。

8月,职教社参与发起成立"上海职业届救国会"。

8月,职教社与上海县教育局合办上海县县立道南乡村小学。

1936年

1月,黄炎培赴武汉、四川等处调查职业教育。

2月,第十届专家会议和评议员联席会议举行,以讨论"国难教育"为中心。

7月,职教社添设劳工服务部,聘姚惠泉为主任。

8月,职教社在湖北省武汉市设立办事处,陆叔昂任办事处主任,并在武昌柏木岭建立农村改进区。

8月,职教社在成都举行第十六届社员大会暨全国职业教育讨论会第十四届会议,对四川的职业学校教育、职业补习教育、职业指导、职业训练、农村改进提出了建议和计划。

12月,上海职业指导所受全国经济委员会委托,开办公役训练班。

1937年

3月,职教社负责组织的上海市职业补习教育推进委员会成立。

3月31日,黄炎培及职教社办事部主任江恒源应江西省政府邀请赴赣考察,协助江西推行职业教育。

4月19日,职教社在上海成立第四中华职业补习学校。

5月6日,职教社在比乐堂暨浦东同乡会大厦内召开立社20周年纪念会暨第十七届社员大会,同时召开全国职业教育讨论会第十五届年会。

5月,职教社在上海举办江、浙和上海三省市职业教育成绩展览会。

8月13日,日军进攻上海,职教社全体教职员工、学生,在社董事会领导下,紧急动员,进行救济慰问等工作。《国讯》和《教育与职业》刊物被迫停刊。

10月,中华职业学校决定迁往四川省重庆市,部分留在上海市。

1938年

2月1日,职教社广西省办事处在桂林市成立。

2月,职教社在上海成立第五中华职业补习学校。

6月,职教社代办江苏省救济旅外失学青年工读服务团。

6月,职教社与重庆青年会联合设立重庆职业指导所。

6月,职教社在重庆建立中华职业学校渝校。

10月,由广西省政府出资,职教社派员创办广西职工训练所,职教社迁往广西省桂林市,上海市改设上海办事处,潘仰尧任主任。

10月,职教社成立四川办事处。

1939年

2月,职教社四川办事处设立巡回职工补习教育队及星期讲座。

2月,职教社在上海成立第六、第七中华职业补习学校。

3月,职教社成立桂林职业指导所。

4月16日,职教社在昆明召开工作讨论会,历时三个星期,总结立社22年来的工作。

5月15日,职教社在昆明成立云南办事处,聘喻兆明为主任。

6月,职教社成立贵阳通讯处,后改为贵阳办事处,同期创办广西平乐职业学校。

9月,职教社上海办事处受上海东华银行委托,开办华艺工科职业学校。

10月10日,职教社创立重庆中华职业补习学校。

12月,职教社四川办事处办理蓉南农村教育推进区。

是年,职教社在广西省政府和地方人士支持下,兴办中华营造厂和义民纺织厂。

1940年

1月,总社迁至重庆,广西设立分社。

1月5日,职教社几位负责人发起成立"国讯同志会"。

2月,职教社参加发起荣誉军人服务促进会并参加筹办伤残军人职业教育。

2月,职教社成立湖南办事处。

5月6日,职教社在重庆举行立社23周年纪念座谈会。

7月,职教社社刊《教育与职业》改为季刊,于该月复刊。

7月,职教社附设重庆中华职业补习学校创办函授补习班。

7月,职教社广西分社设南宁社会服务处。

9月29日,职教社邀请周恩来在"星期讲座"上进行演讲,内容为"国际形势与中国抗战"。

12月,中共中央下达《关于统一战线工作部的组织和工作的指示》,明确职教社是党的统战工作的主要对象之一。

1941年

1月,职教社举行工作单位联系会,商讨年度工作方针。

3月19日,职教社等机构的代表沈钧儒、张澜、章伯钧、梁漱溟、左舜生、张君劢、黄炎培,经过多次协商,秘密成立中国民主政团同盟,黄炎培任首任主席。

5月,职教社呈请教育部筹办职业教育补习班。

5月6日,职教社举行立社24周年纪念会,上海办事处编《职教通讯》刊印纪念专号。

6月,职教社重庆职业指导所订定《协助重庆各级学校举办升学就业指导演讲办法》。

8月,职教社香港办事处成立,聘何清儒为主任,并拟办职业学校、职业指导所、华侨服务部等。

12月,太平洋战争爆发,日军占领上海租界,日伪令上海办事处各所属机构向日伪政府登记。职教社誓不登记,上海职业指导所和各职业补习学校相继停办,中华职业学校留在上海的部分改名为"工商学艺所"。

1942年

2月,职教社广西分社受广西省政府委托,筹设职业指导研究班。

3月,职教社总书记孙起孟调任云南办事处主任,前主任喻兆明调至总社。

4月,职教社附设重庆中华职业补习学校函授部,扩大组织,单独设置,正式成立中华函授学校。

5月6日,职教社举行立社25周年纪念会,并陈列理念出版物及各种图表等。

8月6日,职教社在渝郊沙坪坝中央工校举行第十六届职业教育研讨会,修正通过《职业教育设施纲领》。

11月4日,职教社董事会议决依社会部《人民团体组织法》,改董事会及评议会为理监事会。

1943年

2月,职教社整理关于事务管理之资料,集成《事务管理概要》一书,由商务印书馆出版。

3月,职教社筹设都江实用职业学校。

4月4日,职教社第一届理监事选举开票,黄炎培、钱永铭等当选为理事,王云五、潘序伦等为监事。

5月6日,职教社举行立社26周年纪念大会,并举办展览,周恩来前来参观。第一届理监事会宣誓就职,钱永铭为理事长。

5月,职教社机构略有改变,办事部主任改称总干事,推选理事杨卫玉担任总干事。

9月,职教社云南办事处创办昆明中华小学。

9月,职教社在重庆创办中华工商专科学校。

10月7日,职教社推请张群为中华职业学校暨工商专科学校董事长。

1944年

1月7日,社立中华工商专科学校董事会向教育部呈准立案。

2月,职教社开办四川灌县农业职业学校。

4月11日,职教社参加湘桂难民救济工作。

是年秋,职教社在昆明创办中华业余学校。

1945年

1月,职教社于西昌成立西康办事处,聘蒋仲仁为主任。

4月12日,职教社社刊《教育与职业》满二百期,举行纪念座谈会。

5月,职教社分析当时局势,制订了"战后五年计划",即"南泉大计"。

7月,职教社召开工作检讨会,讨论"复员计划"。

8月5日,职教社发起组织工商管理研究会,聘刘攻芸、王云五等为工商管理研究员,许昌龄为主任干事。

9月16日,职教社召开干部会议,决定对原有事业或恢复,或改进整理,或进一步加强,桂林、贵阳、西康办事处停止。

9月,被迫改名为"工商学艺所"的中华职业学校留上海市部分,迁回陆家浜路原址,恢复中华职业学校校名。

9月,被停办的第一、二、四中华职业补习学校陆续恢复。

10月10日,《国讯》在上海复刊。

10月26日,职教社总干事杨卫玉抵上海,筹备中华职业教育社复员事宜。

12月16日,职教社在重庆白象街实业大厦与迁川工厂联合会等发起成立中国民主建国会。

1946年

1月,职教社迁回上海市,上海办事处撤销,上海职业指导所恢复,重庆改设办事处。

2月,职教社成立职业教育研究所,《教育与职业》由该所负责编辑。

2月13日,职教社聘何清儒为副总干事。

5月,中华职业学校渝校停办。

5月6日,职教社举行立社29周年纪念会,黄炎培讲话提出职教社办事三宗旨:一是抓住中心;二是与时俱进;三是人尽其才。

5月10日,职教社理监事会公推王艮仲、俞寰澄、沈肃文等为基金管理委员,组成职教社基金管理委员会,举行第一次会议。

5月,原由上海迁往重庆的中华职业学校迁回上海陆家浜路原址,与中华职业学校留沪部分合并。

6月,职教社在重庆创办的中华工商专科学校迁往上海继续办学。

8月1日,职教社理监事会改选,产生第二届理监事会。

8月,中华工商专科学校迁往上海,增设会计科和银行科。

9月4日,职教社理监事会首次联席会议推钱新之继任理事长,杨卫玉为总干事,贲延芳等为常务监事。

9月16日,职教社创办在普通中学内设职业教育的实验性学校比乐中学开学,聘孙起孟为校长。

11月26日,美国驻华大使司徒雷登访问职教社及中华工商专科学校,并做演讲。

年底,职教社修正办理补习教育的指导思想为"质的深入与实际效率的提高",集中精力办好第一中华职业补习学校,第二、第四中华职业补习学校开始独立办学。

是年,经冷遹提议,设立四益农场训练所。

1947年

2月10日,职教社举行专家会议,讨论职业学校化工科课程及设备标准、普通中学职业指导、职业补习学校教材等问题。

2月,职教社经美国哥伦比亚大学师范学院允可,保送学生赴该校留学。

5月6日,职教社立社30周年,黄炎培、江恒源、杨卫玉、孙起孟、何清儒、贾观仁等联名发表《中华职业教育社成立三十周年宣言》,论述职教社之宗旨及之后努力方向。

6月1日,职教社受救济总署委托筹建的上海伤残重建服务处正式成立。

12月,重庆和成都的办事处结束工作。

1948年

4月10日,职教社举行《国讯》结束会议,并讨论续刊《展望》事宜。

4月22日,职教社重组的《展望》杂志社成立,俞寰澄为社长,杨卫玉任编委会主席。

5月6日,职教社举行立社31周年及钱永铭理事长任职20周年纪念仪式。

5月15日,中华职业学校30周年校庆,黄炎培出席讲话。

1949年

3月,《展望》周刊被国民政府上海市社会局以"违反国策"罪查封停刊。

6月1日,《展望》经上海市人民政府批准登记复刊。

9月16日,黄炎培、江恒源、杨卫玉至华北人民政府与董必武等共商职教社迁北平之事。

10月,为推行特殊教育工作,职教社联合有关单位正式成立上海市特殊教育工作者协会,会同中国红十字会共拟伤残军人重建计划,并向新政协提出建议。

11月6日,职教社第三届理、监事会在上海举行。

12月,职教社常务理监事会决定,职教社总部迁往北京,上海设分社,《教育与职业》杂志停刊(共出版208期)。

附录

附录1

中华职业教育社宣言书[①]

今之策国是者,莫不重教育;策教育者,莫不谋普及。夫教育曷贵乎普及,岂不曰教育普及,则社会国家一切至重要至困难问题,根本上皆得缘以解决也。今吾中国至重要至困难问题,尚有过于生计者乎?兴学二十余年,全国学校亦既有十万八千余所,何以教育较盛之区,饿殍载途如故,匪盗充斥如故。更进言之,谓今之教育而能解决生计问题,则必受教育者之治生,较易于其未受教育者可知。而何以国中自小学以至大学,学生之毕业于学校而失业于社会者比比。此国人所谛观现象,默审方来,而不胜其殷忧大惧者也。

甲寅之秋,同人有考察京津教育者,某中学学生数百人,其校长见告:吾校毕业生,升学者三之一,谋事而不得事者二之一。乙卯、丙辰两岁,江苏省教育会以毕业生之无出路也,乃就江苏公私立各中学调查其实况。乙卯升学者得百分之二十二,丙辰得百分之二十九,此外大都无业,或虽有业而大都非正当者也。今岁全国教育联合会各省区代表报告,则升学者仅及十之一,或不及十之一。若夫高等小学,今岁调查江苏全省毕业者四千九百八十三人,而收容于各

[①] 本文及后面的附录内容,依相对较早、较权威之版本,尽量照录原文,不做修改,但对明显排版错误、文字差错、多字漏字及个别异体字、异形词等进行修改。原文为竖排的,"列左""如左"等改为"列下""如下"。原文无标点的,依据句意加了标点,原文标点与现代使用习惯明显不符的,依据现行标准进行了调整。本书正文中的引用,也基本以此为原则。

中等学校者,不及四之一。此外大都营营逐逐,谋一业于社会,而苦所学之无可以为用者也。

或曰:此之所云,普通学校耳。则试观夫实业学校、专门学校。有以毕业于纺织专科,而为普通小学校图画教员者矣;有以毕业于农业专科,而为普通行政机关助理员者矣;甚有以留学欧美大学校专门毕业,归而应考试于书业机关,充普通编译员者矣。所用非其所学,滔滔皆是。虽然,此犹足以糊其口也。其十之六七,乃并一啖饭地而不可得。实业学校毕业者且然,其他则又何说。然则教育幸而未发达未普及耳。苟一旦普及,几何不尽驱国人为高等游民,以坐待淘汰于天演耶。曩岁同人鉴于教育之不切实用,相与奔走呼号,发为危言,希图教育当局之省悟。今则情见势绌,无可为讳,盖既不幸言而中矣。

简而言之,吾侪所深知确信而敢断言者,曰今吾中国至重要至困难问题,厥惟生计。曰求根本上解决生计问题,厥惟教育。曰吾中国现时之教育,决无能解决生计问题之希望。曰吾中国现时之教育,不惟不能解决生计问题,且将重予关于解决生计问题之莫大障碍。此而不思所以救济,前途其堪问耶!

救济之道奈何?或曰:此社会事业不发达之故。夫人才而有待夫现成之事业耶,抑事业实待人才而兴也?或曰:此用人而违其长者之咎。然吾闻农场尝用农学生矣,其知识其技能或不如老农也。商店尝用商学生矣,其能力未足应商业用,而其结习,转莫能一日安也。吾侪所深知确信而复敢断言者,曰方今受教育者之不能获职业,其害决非他方面贻之,而实现时教育有以自取之也。

且教育曷贵也,语小,个人之生活系焉;语大,世界国家之文化系焉。今吾国文明之进步何如乎?行于野,农所服者,先畴之畎亩也。游于市,工所用者,高曾之规矩也。夫使立国大地,仅我中华,则率其旧章,长此终古,亦复何害。独念今世界为何等世界,人绝尘而奔,我蛇行而伏。试观美利坚一国,发明新器物,年至四万种。安迭生一人,发明新器物,多至九百种。我未有一焉。谁为为之,无新学识以应用于实际,无新人才以从事于改良,教育不与职业沟通,何怪百业之不进步。由是吾侪深知确信而复敢断言,曰吾国百业之不进步,亦实现时教育有以致之也。

同人于此,既不胜其殷忧大惧,研究复研究,假立救济之主旨三端,曰推广职业教育;曰改良职业教育;曰改良普通教育,为适于职业之准备。

依教育统计,全国中学四百有三所,而甲种实业学校仅九十有四,高等小学七千三百一十五所,而乙种实业学校仅二百三十。夫中学毕业力能升学者,或不及十分之一,高等小学毕业,力能升学者,或不及二十分之一。数若是其少,谋生者数若是其多。乃为学生升学地之中学、高等小学数若是其多,为学生谋生地之实业学校数若是其少,供求不相剂若此,职业教育之推广,其可缓耶!又况甲乙种实业学校,固未足以括职业教育,而尽给社会分业之所需也。虽然,属于普通性质之中学、高等小学数既若是其多,则一时欲广设职业学校,俾适合乎十分之一、二十分之一中学、高等小学毕业生升学者与谋生者之比,不惟财力将有所不胜,即进行亦嫌其太骤。故同人所主张,一方推广职业学校、职业补习学校,一方于高等小学、中学分设职业科。谓惟此于事实较便,影响较广耳。

虽然,仅言推广职业教育,而谓足解此症结,则又何解于实业学校毕业生失业者之纷纷。盖吾国非绝无职业教育,其所以致此,亦有数原因焉:一曰其设置拘统系而忽供求也。美瑟娄博士有言,苟与我六十万金办中国职业教育,我必以二十万金充调查费。夫职业教育之目的,一方为人计,曰以供青年谋生之所急也;一方又为事计,曰以供社会分业之所需也,然则今时之社会,所需者何业,某地之社会,所需者何业,必一一加以调查,然后立一校,无不当其位置,设一科,无不给其要求,而所养人才,自无见弃之患。今则不然,曰农,曰工,曰商,不可不备也。农若干科,工、商各若干科,苟为法令所无,匪所宜立也。其所汲汲者,在乎统系分明,表式完备,上以是督,下以是报,而所谓时也,地也,孰所需,孰非所需,均在所不暇计。二曰其功课重理论而轻实习也。自《小学校令》有加设农商科之规定,各地设者不少,顾农无农场也,商无商品也,不过加读农商业教科书数册,其结果成为农业国文、商业国文而已。所谓乙种农、工、商学校,亦复如是。即若甲种,其性质既上近专门,其功课更易偏理论。今之学生,有读书之惯习,无服劳之惯习,故授以理论,莫不欢迎;责以实习,莫不感苦。闻农学校最困难为延聘实习教师。夫实习既不易求之一般教师,则所养成之学生,其心理自更可想。而欲其与风蓑雨笠之徒,竞知识之短长,课功能于实际,不亦难乎。三曰其学生贫于能力而富于欲望也。实习非所注重,则能力无自养成。然而青年之志大言大,则既养之有素矣。上海某银行行长,录用学校毕业生有年,一日本其经验语人曰:今之学生,学力不足,而欲望有余,不适于指挥,徒艰于待遇耳。夫银行,新式事业也,犹且如此。则凡大多数之旧式事业,学徒执役,则极其下贱,学成受俸,则极其轻微,其掉头不屑一顾可知。夫生活程度,必与其生活能力相准。办事酬报,必与其办事能力相当。若任重有所不胜,位卑又有所不屑,奚可哉！此第三病根,实于受普通教育时代种之。故同人所主张:改良职业教育,必同时改良普通教育。

救济之主旨如上述,其施行方法奈何？曰调查,曰研究,曰劝导,曰指示,曰讲演,曰出版,曰表扬,曰通信答问。其所注意之方面,为政府,为学校,为社会,而又须有直接之设施。曰择地创立都市式、乡村式男女子职业学校,日、夜、星期职业补习学校。而又须有改良普通教育之准备。曰创立教育博物院。迨夫影响渐广,成效渐彰,又须设职业介绍部。其为事曰调查,曰通告,曰引导。

今欧美之于职业教育,可谓盛矣。德国一职业学校,分科至三百多种。美国黑人实业学校,凡房屋以及房屋之砖之瓦之钉,屋内一切家具,马车以及车之轮之褥之油幔,马之缰及马之豢养,御者之衣及履,食物如面包以及制面包之麦之粉,若牛肉,若牛油,若鸡蛋,若牲畜之豢养及屠宰,无一非出学生手。凡归自欧美者,莫不艳称而极道。然试考其发达之源,英仅自一九零八年苏格兰设教育职业局始。美仅自一九零七年波士顿设少年职业顾问所始。其后经舆论之赞成,极一时之响应,以有今日。可知谋事无所为难,作始不嫌其简。同人不敏,所为投袂奋起,以从事于本社之组织。十年而后,倘获睹夫欧美今日之盛,学校无不用之成材,社会无不学之执业,国无不教之民,民无不乐之生,乃至野无旷土,肆无窳器,市无游氓,因之而社会国家秩序于以大宁,基础于以确立,斯皆有赖夫全国同志群策群力之赞助,以底于成,而非同人一手一足之所能为役矣。同人所敢言者,矢愿本其忠诚,竭其才力,终始其事。一切组织,具如别订。盖诚目击夫现象之大危,心怵夫方来之隐患,以谓方今最重要最困难之问题,莫生计若。而求根本上解决此问题,舍沟通教育与职业,无所为计。惟我教育家、实业家与夫热心谋所以福国家利社会诸君子有以教之。

附录2

江苏省省长公署批第1768号

原具呈人　黄炎培　沈恩孚

呈及章程名单书刊均悉,该社鉴经济竞争之潮流,谋人民生活之能力,集合同志组成斯社,事伟愿宏,至渘赞许,所拟章程,亦甚完备,应准备查应候教育部批示只遵此批。

中华民国六年十二月三日

江苏省长齐

教育部批准备案第899号

呈暨章程并丛刊各件,均悉。世界棣通,经济竞争,日愈剧烈,吾国国民以缺乏谋生之知识技能,致失竞争之力。长此以往,自安陋劣,恐终尢以自保,兴言及此,不寒而栗。该员等发起职业教育社,欲从教育上解决生计问题,热心毅力,实堪嘉尚。应即准予备案,并望联合同志,积极进行,实力劝导,增进国民生活能力,济国家于富强之域,始简毕巨,将于该社卜之。此批。

中华民国七年一月十五日

教育部长范

附录3

议事员第一次会议通过的议事细则

第一条　议事员会以本社全体议事员组织之。

第二条　议事员会以一、四、七、十月十八日下午三时为常会期,遇必要时,得开临时会。

第三条　议事员会之主席,于到会议事员中临时推定。

第四条　凡值开会,须由本社事务所于会期前三日通告各议事员(远道者提前通告)。惟开临时会时不拘此例。

第五条　开议时,以到会议事员过半数之同意为议决。

第六条　议事员会由主席临时指定书记员一人,司开会时之纪录。

议事员会之书记员,得以办事部之书记员兼任。

第七条　开会时决定之议案,由主席签字,交办事部执行。

第八条　本社之预算案,于年度开始之前一届议事员会议决。决算案,于年度终了之后一届议事员会议决。

如有特别支出须超过预算案者,应先经议事员会之认可。

第九条　本细则如有未尽事宜,得于开会时修正。

办事部会议细则

第一条　本会议以办事部全体及基金管理员组织之。

第二条　本会议由办事部主任召集。以每周土曜日上午十时举行(事简时每二周会议一次)。

第三条　本会议以办事部主任为主席。主任因事故缺席时,总书记代理之。

第四条　本会议由主席于书记中指定一人,司会议时之纪录。

第五条　本会议决定之议案,由主席签字,交各职员执行。

第六条　本细则有未尽事宜,得于会议时提出修正。

办事部办事细则

第一条　除日曜日外,每日午前九时至午后五时为办事时间。余时及日曜日全日,应有办事员一人轮值。

第二条　各员经事件,每日分别记入办事日记。

第三条　函牍起草后,应交总书记及主任签字。如有一人他出,俟其归后,由起草员送交补签。

第四条　受到函件应作复者,除不得已外,宜即日作复。

第五条　各项文件以办事员一人专司保管。

第六条　各员因故须告假时,先向主任说明。

第七条　各员担任办理事务,遇外出或告假时,宜托他员代理并向主任说明。

第八条　本细则依章程第十四条订定施行。

中华职业教育社董事会议规则

1.董事会由本社全体董事组织之。

2.董事会职权,依本章程规定为:

甲)保管本社资产并筹划本社经费;

乙)审核本社每年经费预算、决算；

丙)核定本社大政方针；

丁)聘任本社办事部主任、副主任；

戊)提出评议部评议员候选人。

3.董事会为执行各项职权,得以事实上的需要设各项委员会。其委员不以董事为限。

4.董事会以三、九两月第一星期之星期一中午十二点为常会,期遇必要时得开临时会。

5.董事会主席由董事互举之,一年一任,连举得连任,主席不到会时,于到会董事中临时推定之。

6.凡值开会,须由本社办事部,于会期五日前通告各董事(远道者提前通告),唯开临时会,不拘此例。

7.董事会议决权,以到会董事过半数之同意行之。

8.董事会会议时,由主席临时指定书记员一人,司开会时之记录,亦得以办事部之书记员兼任之。

9.董事会议决案,由主席签字,交由办事部执行。

10.本社之预算案及进行计划,于年度开始之前一次董事会议决之。其决算案及社务报告,于年度终了之后一次董事会议决之。

11.本规则如有未尽事宜,得于开会时提议修正。

中华职业教育社评议员会议事细则

第一条　评议员会以本社全体评议员组织之；

第二条　评议员会公选主席一人,一年一任,连选得连任,主席不到会时,于到会评议员中临时推定之；

第三条　评议员会设书记一人,得以办事部职员兼任,司开会时之记录及开会前后通知、报告等事宜；

第四条　评议员会以一、四、七、十月第一星期一下午五时为常会期,遇必要时得开临时会。凡值开会应于会期五日前通告各评议员(远道者提前通告),

唯开临时会不拘此例；

第五条　评议员会须有半数以上评议员出席方得开议；

第六条　评议员因事故不能出席时，得委托他评议员代表，但每一评议员以代表一人为限；

第七条　评议员会议事，以到会评议员过半数之同意为议决；

第八条　评议员会议决事件，由主席签字，交办事部执行；

第九条　本细则依社章第十二条之规定由评议员会议定，如有未尽事宜得于开会时修正。

中华职业教育社常任评议员规则

第一条　常任评议员依社章第十三条于评议员中选出；

第二条　常任评议员的名额占评议员现额四分之一（内一人为评议会主席）；

第三条　常任评议员每年改选一次，连选得连任；

第四条　常任评议员受本社办事部之咨询，协同解决一切问题，并协助办事部推行各项社务；

第五条　常任评议员每年与本社办事部举行联席会议一次，如有重要事件，并得开临时联席会议，该会议通用办事员会议事细则；

第六条　本规则由评议员会依社章第十三条议定，如有未尽事宜开会修正。

附录4

中华职业教育社募金通启

敬通启者：

　　同人等组织中华职业教育社，其理由及办法具如刊布，兹定六年一月开始募集社员并分筹社费，由其杰、元济、家修任临时基金管理员，以上海中国银行及上海商业银行为收款机关，一俟经费筹募成数，即行宣布开办，同人等或居发起或表赞同咸认斯举为救国家救社会唯一事业，凡我同志，尚鉴微忱，宏此远谟，端资大力，倘加欣助，实所拜嘉，幸公鉴焉。

附录5

中华职业教育社组织大纲(1917年)

第一条　本社之立,同人鉴于方今吾国最重要最困难问题,无过于生计。根本解决,惟有沟通教育与职业。同人认此为救国家求社会唯一方法。故于本社之立,矢愿相与终始之。

第二条　本社事业之目的如下列:

甲、推广职业教育。

乙、改良职业教育。

丙、改良普通教育,俾为适于生活之准备。

第三条　本社事业之种类及其项目如下列:

第一类

甲、调查

调查现行教育之状况。调查职业界之状况。调查社会百业供求之状况。调查学校毕业生之状况。调查各地已办职业教育之状况。

乙、研究

会集研究或通信研究,此为关于各类各项事业所以构成本社意思之总机关。

丙、劝导

劝政府使注意促办职业教育。劝导社会有力者倡办职业学校。劝普通学校之堪以兼办职业教育者，务注意办理并指导之。劝职业学校之有须改良其教育方法者，务注意改良并指导之。劝导学生与学生父兄，凡青年力不能升学者，速受职业教育。劝导社会，咸注意职业教育。劝导社会已经任事而有受补习职业教育之机会者，勿失机会。劝职业界，录用学校毕业生。劝导学校毕业生，使就相当之职业。

丁、指示

甲项办理调查时，有以丙项各目方法来问或有所质疑，则就所知指示之。

戊、讲演

定期讲演，临时讲演，出发讲演，就学校讲演或就各业中心地讲演，社员讲演或邀请名人讲演。

己、出版

杂志，书籍，图，表定期刊布或临时刊布。此为关于各类各项事业所以发表本社意思之总机关。

庚、表扬

职业学校与普通学校分设职业科之办有成绩者，征取其方法，或以文字，或以影片，发表于杂志，并随时随地表扬之，俾社会注意，兼介绍使各校参观。

辛、通讯答问

有关于职业教育之疑问，不及面质者，得通讯质之。除就所知解答外，亦得通讯转问职业专家。

第二类

甲、设立职业学校

男子职业学校（都市式、乡村式），女子职业学校（都市式、乡村式），男女子职业补习学校（日课、夜课、星期日课、暑天课）。

乙、设立教育博物院

凡关于职业教育之教材与普通学校之教材皆搜集陈列之。第一步，使小学校之教授获此观感，渐近于实际，为多数学生将来受职业教育之准备。俟经费渐充，影响渐广，仿美圣路易教育博物院办法，多备教材，轮流借给各学校实地使用。

第三类

组织职业介绍部

此俟职业教育成效渐见,影响渐广,然后设立。其事为调查,为通告,为引导。

以上各类各项事业,视财力、能力所及、次第设立之。

第四条　本社员分两种如下:

甲、普通社员。

乙、特别社员。

第五条　凡合于下列各项资格之一,经社员二人以上之绍介,得以其志愿为本社普通社员、或特别社员:

甲、办理职业教育者。

乙、有志研究职业教育者。

丙、热心提倡职业教育者。

第六条　普通社员入社费两圆,岁纳社费两圆。特别社员入社费贰拾圆,岁纳社费贰拾圆。特别捐费无定额。

凡入社费于入社时纳之,岁费于每年五月纳之。

第七条　社员有纳特别捐费贰百圆以上并担认岁纳如数者,与一次特别捐费贰千圆以上者,皆为特别社员,并免其前条规定岁纳之社费。

第八条　凡社员皆有参与会集研究、通信研究,并领受定期出版物或本社特别赠与临时出版物之权。

社员之纳特别捐费者,于杂志披露之。其金额一次纳至贰百圆以上者,并于举办第二条第二类事业时,题名于建筑物。

第九条　本社职员分两部如下:

甲、议事部。

乙、办事部。

第十条　议事部议事员由特别社员互举,至少以七人为限,多以三十五人为限。

议事员皆名誉职,任期三年,连举者连任。

第十一条　议事部之职权如下：

甲、公举本社主任；

乙、公举基金管理员；

丙、审核预算决算；

丁、议决本年度办事方针。

议事细则由议事部自订之。

第十二条　办事部设主任一人，总书记一人，其余书记、会计、干事及其他各项办事员员额，视各项事业兴办后，依其繁简定之。

第十三条　主任由议事部于特别社员中选举之。总书记以下各办事员，由主任延聘之。

主任负办事部完全责任，其任期及薪金额，议事部定之。

总书记有协助主任办理本部事务之职。主任有事故时，总书记代理之。

主任及总书记于议事部议事时，皆有出席报告或陈述意见之义务。

凡办事部办事员有以议事员兼任者，其议事员之资格仍存在之。

各项办事细则由主任定之。

第十四条　基金管理员一人，由议事部于议事员内公举，其任期，议事部定之，并得以议事部之公决酌支公费。

凡办事部会议时，基金管理员有出席之义务。

关于基金之管理规则，议事部定之。

第十五条　本社经费，以社员入社费、岁费、特别捐费充之。不足时，议事部负筹画之责。

第十六条　本社取交通之便利，设于上海，徐图推广事业于各地。

第十七条　此项组织大纲，由发起人同意订立。

附录6

中华职业教育社章程

1917年5月6日成立大会议决
1923年5月27日第六届年会修正
1926年5月6日第九届年会修正

第一条　本社之立,同人鉴于吾国最重要最困难问题无过于生计,根本解决惟有从教育下手进而谋职业上之改善,同人认此为救国家救社会唯一方法,矢愿相与终始之。

第二条　本社事业之目的如下列:

甲　推广及改良职业教育;

乙　改良普通教育俾为适于生活之准备;

丙　辅导职业之改进。

第三条　本社事业之种类及项目如下列:

第一类

甲　调查:(一)调查现行教育之状况。(二)调查职业界之状况。(三)调查关于职业教育之材料。(四)调查社会百业供求之状况。(五)调查学校毕业生之状况。(六)调查各地已办职业教育之状况。

乙　研究：会集研究或通讯研究——此为关于各类各项事业所以构成本社意思之总机关。

丙　劝导：(一)劝政府督促并推广职业教育。(二)劝导社会注意职业教育。(三)劝导社会有力者倡办职业教育。(四)劝导工商家倡办补习教育。(五)劝导一般学校注重职业教育。(六)劝导职业学校改进其教育方法。(七)劝导青年之不能升学者使受职业教育。(八)劝导职业界录用学校毕业生。(九)劝导学校毕业生使就相当之职业。(十)劝导已经任事而有受补习职业教育之机会者勿失机会。

丁　计划：(一)受中央或地方政府之委托计划职业教育。(二)受团体或个人之委托计划职业教育。

戊　讲演：(一)定期讲演。(二)临时讲演。(三)出发讲演。(四)就学校讲演或就各业中心地讲演。

己　出版：杂志、书籍、图表定期刊布或临时刊布——此为关于各类各项事业所以发表本社意思之总机关。

庚　表扬：职业教育机关之办有成绩者及实业机关之倡办职业教育者，征取其方法或以出品或以文字或以影片随时随地表扬之。

第二类

甲　倡办或代办职业教育机关；

乙　倡办或代办补助职业教育之图书馆、博物院、科学馆等；

丙　倡办或代办补助职业教育之实业机关。

第三类

甲　设职业指导部；

乙　设职业介绍部；

丙　举行职业教育出品展览会；

丁　设职业教育出品介绍所。

以上各项事业视财力能力所及次第举办之。

第四条　凡有正当职业之个人及农工商业或教育团体，愿研究并提倡职业教育者，得以社员二人以上之介绍并经审查及格后，为本社社员。

审查社员资格规则由评议部订定之。

第五条　本社社员分二种如下：

甲　岁纳社费银二圆者为普通社员，有选举及被选举为本社评议部评议员之权，并得无偿领受本社定期刊及其他出版物。

普通社员社费于每年四月纳之，停纳社费满一年者消失其社员资格。

乙　普通社员愿纳社费银二百圆以上者为永久社员，有选举及被选举为本社董事部董事、评议部评议员之权，并得无偿领受本社定期刊及其他出版物。

永久社员纳费不拘时期，其费或一次交或分次交，以足额后为取得永久社员资格，永勉纳费。

第六条　凡表同情于职业教育之个人或团体，愿以经济赞助本社者推为赞助员，分三类如下：

甲　一次纳捐者为临时赞助员；

乙　每年纳捐有定额者为常年赞助员；

丙　一次纳捐二百圆以上者为永久赞助员。

社员愿兼充赞助员者听。

赞助员酌增纪念品其办法由办事部定之。

第七条　本社社员大会每二年举行一次，于四月行之。

第八条　本社职员分三部如下：

甲　董事部；

乙　评议部；

丙　办事部。

第九条　董事部董事均名誉职，由永久社员互举董事，名额暂定九人。

董事任期四年，每二年改选半数，再被选者得连任。第一届选出之董事应以半数为二年任期，用抽签法定之。依十二年五月修正章程选出之议事员准改为董事，俟三年任期终了后再举正式董事。

第十条　董事部之职权如下：

甲　管理本社资产并筹划本社经费；

乙　审核本社每年经费预算决算；

丙　核定本社大政方针；

丁　聘任本社办事部主任副主任。

董事部规则及资产管理规则由董事部自定之。

第十一条　评议部评议员均名誉职,暂定每社员一百人举一人,但至少以十一人为限,至多以三十五人为限,由董事部加倍提出候选人,经社员选举之。

评议员任期二年,每年改选半数,再被选者得连任,第一届选出之评议员应以半数为一年任期,用抽签法定之。

凡评议员有以董事兼任者,共董事资格仍存在之。

第十二条　评议部之职权如下:

甲　研究并规划本社每年应办事业纲要;

乙　推举本社办事部主任副主任于董事部;

丙　协助本社办事部推行社务。

评议部得推代表于董事部会议时出席报告或陈述意见。

评议部议事细则由评议部自定之。

第十三条　评议部得以事实上之需要互推常任评议员,其名额与规则由评议部自定之。

第十四条　办事部设主任一人副主任一人或数人,总书记一人,其下依事务之繁简分置若干股,股设主任一人,事务员若干人。

第十五条　主任副主任由评议部就社员中推举于董事部,经董事部公决聘任之,总书记各股主任及事务员由主任延聘之,不以社员为限。主任负办事部完全责任,副主任协助主任办理事务,均二年一任,再被任者得连任,其薪金额由董事部定之。

主任副主任于董事部评议部议事时,有出席报告或陈述意见之义务。凡办事部职员有以董事或评议员兼任者,其董事或评议员之资格仍存在之。

办事部各项办事细则由办事部自定之。

第十六条　办事部得以事实上之需要设分组委员会,延请专家担任,不以社员及办事员为限。

第十七条　本社经费以社员社费、赞助员特捐及公款充之,不足时董事部负筹划之责。

第十八条　本社取交通之便利设于上海,分设分社于各地。

分社规则由评议部定之。

第十九条　本章程得随时提议修改,由常年大会公决。

附录7

黄炎培为第一届年会所作年会词

七年五月五日,吾社举行第一届年会,颇欲籍会日有所陈述于同社诸君子。限于时间,不获畅其辞。既毕,乃杂书其意见于出版物之端。

自吾社成立迄于今兹,一年之间所最足令人神往者,则同志之云集是也。吾社之于征求同志,初未尝有所组织,而志愿加入者几近千人,遍于二十省区,布于海内外。今后吾同志辗转介绍,苟一人征求五人,则五千人且立致。夫吾社之成立,基于同志之结合,同志益多,是益予吾社以根本上之团结,且益彰吾社之于今日,实适切于时势之需要,而吾辈益不敢不深自刻励,以求副夫当世之责望。是则吾社蒸蒸日上,而吾心转因之惕惕不安焉。

此一年间办理之情况,所可告吾同志者,首为解释关于职业教育之疑问,就研究之结果所认为,最正确圆满者揭橥之,以祛一般人之惑。世多有认职业教育为一种狭义的生活教育者,依研究之结果为确定目的如下:

职业教育之目的:

一、为个人谋生之预备;

二、为个人服务社会之预备;

三、为世界及国家增进生产能力之预备。

而复为之说明曰:

职业教育与文化教育，均所以促文明之进步。主持教育者当就时势之要求，酌定适宜之施行方法。

以上种种，均见于吾社新出版之职业教育表解，苟读此表解及各国学制系统图，凡职业教育种种问题，殆可涣然释矣。

其次，为研究职业教育实施方法计，征集关于职业教育之教科用书，而遂承江苏省师范学校附属小学校联合会，以所辑小学校职业科教授要目见贻。今各地小学谋设职业科者多矣，所苦乃在教本教材之缺乏。自各科教授要目告成，虽各地状况不同，尚待参酌。而得此，乃不患无下手处，不可谓非实施上一大助力。

若夫调查之为事，第一须认定目的；第二乃研究方法。如为欲设职业学校而先调查社会之需要，以便于各科中定设某科，或于某科中定设某种。则其方法，或调查该地方工价物价之涨落与历年增减之比较，或就学校调查其学生父兄职业之种类，以验其多数之属于何种。凡此，吾社本年度间皆尝稍稍试行之。事非经过不知难，区区之意，苟非亲尝此中甘苦，决不敢凭个人之臆想，脱口说以炫人，试行之结果，具如报告。

至于讲演，在本年度间只可认为预备时代，虽尝出外讲演，而以材料与图表幻灯诸物，准备未全。但以暇日应各地之请求，初未尝为正式的出发讲演，同人以为讲演职业教育之目的，不惟在使施教育者与受教育者咸知所趋重，且将使学生父兄与一般社会，鉴于各地竞施无目的之教育，其结果使青年无路谋生，大为生产前途之累，因而及早为子弟谋职业之预备。此其意不惟以口舌发挥之，且将以景物描写之，俾耳目间联带发生新感触焉。

各地对于职业教育之感想，大概可分为两种：其一，因青年失业之多，而悟无目的之教育，其流弊直接影响于个人生计，间接影响于地方治安，因而感职业教育之必要，此其普通现象也。而若甘肃牛君厚坤言，甘省以教育发展之较迟，尚未发见毕业生失业情事，但感于地方天产之丰富，从未能以人力利用之，不得不及早为根本疗贫之计。此语颇足代表一部分地方人士之心理，虽感想不同，而其认职业教育为重要则一。此去岁全国教育会联合会议决以职业教育为三大问题之一之所由来也。

此外尤有一特种社会，大感职业教育之必要而极力赞助吾社之进行，则南洋群岛华侨是也。华侨之占有伟大势力于南洋,徒以职业发达故,学龄子弟入学数年,苟稍稍能记账作信,便召之归,助其父兄营业矣。甲乙二人赴爪哇谋为教员,甲不数日谋得一席大喜,乙落拓无所就,乃依其友经商,略悉商业之内容,遂独立自营,不数年积资数万,而甲犹是月入数十盾之生涯也。此非寓言,乃余往岁南游访得之事实,此等社会苟更以教育之力扶植之,其生产力之一日千里,宁复可量?抑岂惟南洋为然?吾中国地利未垦辟、交通未发展地方,不知凡几,皆他日之南洋也,谁克承此天赐者,将视其民所受教育何如矣。

同人之失愿勠力于职业教育,若挟有至深极厚之希望于未来,良以此故。此一年间之所为,不过稍稍发其端绪耳,愿吾同志时督教之,抑此一年间之所为,发挥于言论居多,今学校不日成立,同人私拟今后一年间,当分吾精神十之五六于实际之施设,夫实施之状况如何,成败得失不可知,要其发为言论当更有参考之价值也,亦愿吾同志及早脱离此空论时期,而各根据其所实施以为论究也。

附录8

第八届年会议决通过的储备中华职教社特别基金案

本社成立,于今八年,只因经费不充,未能尽量发展。方今时局侵扰,公私经济交匮。对于扩张经费,宁敢过存奢望。然欲为本社计划久远,要非厚殖经济上之助力不可,同人再三考虑,得一比较可能之方法如下:

假定自民国十四年,即本社成立后之第九年度起,存银一万圆,以年息一分,复利计算,满十年,可得二万三千五百七十九圆零。满二十年,可得六万一千一百五十九圆零。若满五十年,即得一百余万。满六十年,得二百余万。满七十年,得七百余万。满八十年,得一千八百余万。满九十年,得四千八百余万。假而至百年,且达一万二千五百二十七万余圆之巨(详见附表)。

于此有问题焉:

(一)数十年百年之后,我国是否尚需要职业教育,则同人敢正答之曰:职业教育主要之目标,在增进人之生活能力,人固不能无生活,即职业教育永无不需要之理。况人类繁殖日盛,科学发达日进,以后生活竞争,劳富日烈,或者职业教育需要之程度,较今日为迫切,亦未可知。

(二)目前使用万圆于职业教育,其效力是否大于数十年百年后使用此百千万圆于职业教育,同人以为此点亦极明显而易决。目前我国职业教育,正在萌芽,多方策进,事业巩固不厌其多。顾区区万圆,转瞬即竭,收效恐极微薄,自不如积成巨额之基金,为伟大之设施,更有宏远之影响。在今时少此万圆,无关大计,而在数十百年后,骤得巨额之基金,实于职业教育方面各种事业之推行,大有助力。

根据上之所见,同人乃于本届年会,提出储备特别基金一案,并极具大纲如次:

(一)金额,以银一万圆,一次专款存储,定名特别基金,此款或在本社现有基金内提出,或另行募集,由议事员会决定。

(二)支用,此项特别基金,以存满一百年为原则,惟满四十年后,得以保管委员会之裁决,察酌情形,提用息金之一部。

(三)保管,由议事员选举三人,当选者不以议事员为限,但以热心本社事业,熟悉经济情形为合格,会同办事部主任,基金管理员,组织特别基金保管委员会,存款之机关及提用,均归委员会决定。每年请会计师审核,并造具报告,提出议事员及常年大会,其委员会详细规则,由议事员会决定。

附百年间特别基金本利预计略表(略)

附录9

中华职业教育社分社规则(1926年)

(一)宗旨　本社为便于发展事业并集合研究起见,就相当地点设立分社,但须遵守社章第一、二条之规定,以实事求是为主旨,以蹈空务外为大戒。

(二)资格　凡一地点入社社员都会或商埠达一百人以上,其他市区五十人以上,乡区二十人以上,确具下列各项事实之一者得以五人以上之提议,经本社调查合格正式认可后,设立分社。

(甲)对于职业教育已有设施者;

(乙)对于职业教育虽未有设施,而已有确定之计划、实施之时期,并筹有相当之经费者。

分社有消失前项资格如社员数不及最少限度,或已办事业停止进行,计划事业逾期不办时,本社得取消之,但如资格恢复时亦得恢复设置。

(三)名称　分社应正名为中华职业教育社某地分社,各分社均直隶本社,不相统属。

(四)组织　分社设主任一人,对外及本社均完全负责,亦得因事实上之必要于主任外另设总干事或总书记一人,代负全责,其他职员之设置,规章之制定均由分社定之,仍报告本社备查。

（五）事权　分社之事务根据本规则第二条之旨趣规定如下：

（甲）实施职业教育；

（乙）计划并推行职业教育；

（丙）本社委托办理之事项；

（丁）其他发展职业教育之事业。

分社应于年度开始前一个月内将预算及计划送交本社审核，并于年度终了后一个月内将决算及报告送交本社审核，并均公布之。其会计之格式及年度应与本社一律，对于本社有领受出版物之赠与及推举代表出席会议之权。

（六）禁约　分社不得用社名义干预职业教育范围以外事。

（七）经费　分社不得另收社员社费，其经费即以当地普通社员及永久社员缴纳社费之半数允之，如因事实上之必要须添筹时，应拟具办法送经本社同意后，由分社自行筹集之。

社员纳费办法由本社另定之。

（八）附则　本规则须修改时，由评议部议决之。

附录10

1917年特别社员录

伍廷芳、梁启超、张謇、蔡元培、严修、唐绍仪、范源濂、汤化龙、袁观澜、王正廷、张元济、江谦、陈宝泉、张渲、宋汉章、陈辉德、陆费逵、张嘉璈、穆湘瑶、韩振华、张寿春、周诒春、杨廷栋、史量才、刘垣、穆藕初、蒋维乔、龚杰、刘以钟、汤松、邓萃英、于定一、庄俞、贾丰臻、朱叔源、朱少屏、聂云台、陈容、蒋梦麟、顾树森、沈恩孚、余日章、郭秉文、黄炎培、姚文栋、雍涛、秦汾、李晋、钱新之、严智怡、章孔昭、龚凤锵、裘昌运、韩安、仇埰、周均、林鹏万、柯成楸、张昭汉、钟福庆、唐乃康、过探先、邹秉文、张志鹤、黄乃穆、朱绍文、黄端履、宋禹、金其堡、张一鹏、施肇曾、吴熙年、杨德森、朱钧弼、张书、叶昌焘、刘树森、应德闳、周圭璋、阮尚介、闻宗祥、陆以钧、朱兆莘、郑为霖、王琦、陈文钟、宋岳、孙乐、朱亮、张世鎏、蒋炳章、章梓、卢殿虎、刘永昌、胡守廉、张平夫、吕惠如、刘翼昌、刘植、任玄珠、杨达权、于矿、王舜成、何其焯、施绍常、蒲锡康、蒋履贞、童世亨、江照扬、李维格、陈其文、赵承愨、吴玉麟、陶惟坻、金其照、俞庆恩、屠方、袁希洛、贾丰芸、季新益、吴家煦、顾惟精、王溁、柳诒徵、李文黎、陆章绶、张景范、朱进、黄应桂、金奋、姚明善、诸文绮、王震、朱佩珍、顾履桂、吴馨、钱树霖、郭守纯、孙观澜、杨鼎复、刘勋麟、陆规亮、朱葆芬、殷格、童斐、顾行、高建藩、刘平江、曹隽、周应凤、陈海晓、濮祁、朱声凤、吴振寰、蒋道谦、王正黼、王景春、沈兢、杨德钧、沈彭年、于树桢、李善昌、周秉琨、范鸿泰、任凤苞、陶湘、沈化荣、孙桐、许先甲、刘宪、陈廷翔、王鸿飞、金鹤清、韩国钧、吴兆曾、丁铭忠、朱庆澜、许兆丰、张余坊、周锡钊、吴瑞卿、刘星耀、陆世鳌、周镐川、赵正平、刘树棠、吴金彪、吴清林、王修、韩定生、陈映璜、章钦、李厚本、丁鹏、韦以黻、李耆卿、方仁元、钱以振、赵国材、何林一、王文显、梅贻琦、李广诚、张继泽、马约翰、梁福初、戴元龄、庄俊、夏霆献、唐彝、汪国梁、吴兴仁、周玮文、朱元善、蔡文淼、马士杰、熊作丹、林珊、韩希琦、石鸣球、陈显源、关英贤、熊理、梁襄、钱桐、方还、陈藻藩、黄承觊、汪涵川、陈曾亮、张图南、沈宝善、俞凤韶、王式通、项骧、陆梦熊、孙方尚、夏循垍、谷钟秀、陈一麟、潘复、孙鸿哲、孙葆桢、周维垣。

附录11

提出大职业教育主义征求同志意见

黄炎培

我们同志八九年来所做工作，推广职业学校，改良职业学校，提倡职业补习教育，等等，也算"尽心力而为之"了。可是我们所希望，百分之七八十没有达到。这是什么缘故呢？国事捣乱，教育当然不发达，不差；社会经济困难，职业教育当然不发达，不差；一般教育不发达，职业教育当然不发达，也不差。可是平心想来，这种责任是否可以完全推在"时机"身上？设遇到良好时机，照我们所用方法，是否一定的大收效呢？就是遇到不良好时机，究竟有没有法子可以战胜困难，可以自己造成较好的环境，使我们工作收效呢？想了又想，依这样方针，用这样方法，吾就不说"不对"，吾总要说"不够"。

"不够"怎样呢？以我八九年的经验，很想武断的提出三句话，就是：(一)只从职业学校做工夫，不能发达职业教育；(二)只从教育界做工夫，不能发达职业教育；(三)只从农、工、商职业界做工夫，不能发达职业教育。

只从职业学校做工夫，使得职业学校以外各教育机关总觉你们另是一派，与我们没有相干。岂知人们常说什么界什么界，界是分不来的。不要说师范教育、医学教育等等都是广义的职业教育，就是大学、中学、小学，和职业教育何尝没有一部分关系？大学分科，高中分科，是不用说了，初中何尝不可以兼设职业科,小学何尝不可以设职业准备科？何况初中还有职业指导,小学还有职业陶冶呢。要是此方认为我是职业学校,与一般教育无关系,彼方认为我非职业学校,与职业教育无关系,范围越划越小,界限越分越严,不互助,不合作,就不讲别的,单讲职业教育,还希望发达么？所以第一层只从职业学校做工夫是不行的。

办职业学校最大的难关,就是学生出路。无论学校办得那么好,要是第一班毕业生没有出路,以后招生就困难了。万一第二班再没有出路,从此没有人上门了。怎样才使学生有出路呢？说几句联络职业界的空话是不够的。设什么科,要看看职业界的需要；定什么课程,用什么教材,要问问职业界的意见；就是训练学生,也要体察职业界的习惯；有时聘请教员,还要利用职业界的人才。不只是参观啦,实习啦,请人讲演啦,都要职业界帮忙哩。最好使得职业界认做为我们而设的学校,是我们自家的学校,那就打成一片了。所以只从教育界做工夫也是不行的。

社会是整个的。不和别部分联络,这部分休想办得好；别部分没有办好,这部分很难办的。譬如农业学校和农家联络,工业学校和工厂联络,是不用说的了。可是在腐败政治底下,地方水利没有办好,忽而水,忽而旱,农业是不会好的；在外人强力压迫底下,关税丧失主权,国货输出种种受亏,外货输入种种受益,工业是不会好的。农工业不会好,农工业教育那里会发达呢？国家政治清明,社会组织完备,经济制度稳固,犹之人身元气浑然,脉络贯通,百体从令,什么事业会好。反是,什么事业都不会好。所以提倡职业教育而单从农、工、商职业界做工夫,还是不行的。

那么,怎样才好呢？积极说来,办职业学校的,须同时和一切教育界、职业界努力的沟通和联络；提倡职业教育的,同时须分一部分精神,参加全社会的运动。消极说来,就算没有诡诡的声音、颜色,只把界线划起来,此为"职业教育",彼为"非职业教育",已经不行哩。换一句话,内部工作的努力不用说了,对外还须有最高的热诚,参与一切；有最大的度量,容纳一切。其实岂但职业教育,什么教育都该这样,也许什么事业都该这样。这样职业教育方针称他什么呢？大胆的称他"大职业教育主义"。

可是一味务外而置对内工作于不顾,当然不行,是万不可误会我的主张的。同志诸君以为怎样？赞成呢,反对呢？很愿请教请教。

附录12

中华职业学校设立之旨趣

本校设立之旨趣列举如下：

一、同人鉴于我国今日教育之弊病在为学不足以致用，而学生之积习尤在鄙视劳动而不屑为，致毕业于学校而失业于社会者比比。根本解决，惟有提倡职业教育，以沟通教育与职业。虽然，空言寡效，欲举例以示人，不可无实施机关，故特设此职业学校。

二、现今世界各国，各种工艺之进步，实业之发达，恒视职工程度之高下为比例。上海为通商大埠，工厂林立，实业机关需材孔亟，苟无相当学校为之特别训练，恐难得适宜之人才，即实业亦未易有发达之希望。故特设此职业学校于上海。

三、一地之治安恒与其居民之恒业有密切之关系。上海市西南一带贫苦无业者多，苟无相当学校预为培养其子弟，恐失业者将接踵而至。故特设此学校于上海市之西南区。

四、本校地点既定，而于设科之方针，尤当预为研究。乃就其邻近国民学校调查其学生父兄之职业，凡学校六，学生九百三十六人。统计结果，重要而最多者为铁工，次为木工。故职业学校即以铁工木工为主科，而附以其他职业科。

本校设立之主因既如上述，至将来教育方针亦有可预定者，试述如下：

一、欲预备将来之职业,固不可无相当之知识;而所得知识尤必十分精密正确,然后能达于应用。故本校对于所授各种知识竭力注意于正确。

二、仅有应用之知识而无纯熟之技能,则仍不足以致用。本校特注重实习,生徒半日受课,半日工作,务期各种技能达于熟练。

三、既得应用之知识,纯熟之技能矣,而无善良之品行,仍不足以立身社会。故本校特注重学生自治,提倡共同作业,养成其共同心,责任心,及勤勉诚实克己公正诸美德,俾将来成为善良之公民。

四、社会之事业有限,而各方之求事者日增。以学校毕业生徒而欲尽纳于社会固有事业中以求生活,势必不能;是故学生而无创设新业、增进生产之能力,实不足以生存于今日之世。本社有鉴于此,对于此点竭力注意养成之。

由上之教育方针,以从事训练,而对于所造就之人才,其目的可得而述焉:

一、将来为各种工厂职工或技师。

二、将来能以一艺之长自谋生活。

三、将来成为善良之公民。

要之,本校之设立,一方面在使无力升学之学生得受适切之教育,以为职业之预备;一方面在辅助各种实业,以增进其生产能力为主旨。海内教育家幸垂教焉。

参考文献

史料

[1]黄炎培:《黄炎培考察教育日记 第一集》,商务印书馆,1914。

[2]黄炎培:《三十五年来中国职业教育》,商务印书馆,1931。

[3]秦翰才:《中华职业教育社十年小史》,《晨报副刊:社会》,1927年第82期。

[4]江恒源:《十六年来之中华职业教育社》,《教育与职业》,1933年第146期。

[5]沈光烈:《二十年来之中华职业教育社》,《教育杂志》,1937年第5期。

[6]中华职业教育社:《中华职业教育社第二十四周年纪念刊》,中华职业教育社,1941。

[7]中华职业教育社编《中华职业教育社一览》,中华职业教育社,1939。

[8]姚惠泉等编《中华职业教育社之农村事业》,中华职业教育社,1933。

[9]国联教育考察团:《中国教育之改进》,全国经济委员会筹备处,1932。

[10]李熙谋:《教育部赴欧洲教育考察团职业教育报告书》,教育部,1934。

[11]中华职业教育社编《社史资料选辑 第1辑》,文史资料出版社,1980。

[12]中华职业教育社编《社史资料选辑 第2辑》,文史资料出版社,1981。

[13]中华职业教育社编《社史资料选辑 第3辑》,文史资料出版社,1982。

[14]朱有瓛主编《中国近代学制史料》,华东师范大学出版社,1983。

[15]中华职业教育社:《黄炎培教育文集第四卷》,中国文史出版社,1994。

[16]黄炎培:《黄炎培日记(1-10卷)》,华文出版社,2008。

[17]黄炎培:《黄炎培日记(11-16卷)》,华文出版社,2012。

［18］陈学恂、田正平编《中国近代教育史资料汇编·留学教育》，上海教育出版社，1991。

［19］田正平、李笑贤编《黄炎培教育论著选》，人民教育出版社，1993。

［20］吴长翼：《中华职业教育社八十年（1917—1997）》，内部资料，未出版。

［21］《上海中华职业教育社志》编纂委员会编《上海中华职业教育社志》，上海古籍出版社，2007。

［22］朱有瓛、戚名琇、钱曼倩等编《中国近代教育史资料汇编：实业教育·师范教育》，上海教育出版社，2007。

［23］陈元晖主编《中国近代教育史资料汇编：教育行政机构及教育团体》，上海教育出版社，2007。

［24］王强主编《民国职业教育史料汇编》，凤凰出版社，2014。

［25］楼世洲主编《民国时期职业教育文献辑刊》，国家图书馆出版社，2015。

图书

［1］舒新城编《近代中国教育思想史》，中华书局，1932。

［2］陈翊林：《最近三十年中国教育史》，上海太平洋书店，1930。

［3］周谈辉：《中国职业教育发展史》，国立教育资料馆，1985。

［4］黄嘉树：《中华职业教育社史稿》，陕西人民教育出版社，1987。

［5］毛礼锐，沈灌群：《中国教育通史》，山东教育出版社，1988。

［6］蔡行涛：《抗战前的中华职业教育社（1917—1937）》，东大图书股份有限公司，1988。

［7］熊明安：《中华民国教育史》，重庆出版社，1997。

［8］许美德：《中外比较教育史》，上海人民出版社，1990。

［9］吴玉琦：《中国职业教育史》，吉林教育出版社，1991。

［10］费正清主编《剑桥中华民国史》，上海人民出版社，1991。

［11］董宝良、周洪宇主编《中国近现代教育思潮与流派》，人民教育出版社，1997。

［12］李蔺田主编《中国职业技术教育史》，高等教育出版社，1994。

[13]桑兵:《清末新知识界的社团与活动》,生活·读书·新知三联书店,1995。

[14]田正平:《留学生与中国教育近代化》,广东教育出版社,1996。

[15]刘桂林:《中国近代职业教育思想研究》,高等教育出版社,1997。

[16]王贵志:《东北职业教育史 从远古到民国》,辽宁大学出版社,1999。

[17]陈学恂:《中国教育史研究·近代分卷》,华东师范大学出版社,2001。

[18]张伟平:《教育会社与中国教育近代化》,浙江大学出版社,2002。

[19]王为东:《中国近代职业教育法制》,法律出版社,2007。

[20]程贻举主编《中华职业教育社在重庆1937—1946》,西南师范大学出版社,2007。

[21]楼世洲:《职业教育与工业化——近代工业化进程中江浙沪职业教育考察》,学林出版社,2008。

[22]汪光华:《引进与调适:中国近代职业补习教育发展研究》,江西教育出版社,2008。

[23]米靖:《中国职业教育史研究》,上海教育出版社,2009。

[24]彭爽:《中国近代职业教育法律制度研究》,湖南人民出版社,2010。

[25]谢长法:《中国职业教育史》,山西教育出版社,2011。

[26]米靖主编《二十世纪中国职业教育学名著选编》,教育科学出版社,2011。

[27]吴洪成:《中国近代职业教育制度史研究》,知识产权出版社,2012。

[28]俞启定、和震主编《中国职业教育发展史》,高等教育出版社,2012。

[29]孙邦华:《西学东渐与中国近代教育变迁》,中国社会科学出版社,2012。

[30]唐威主编《中华职业学校校史1918—2013》,上海社会科学院出版社,2013。

[31]吕达主编《陆费逵教育论著选》,人民教育出版社,2000。

报刊

[1]中华职业教育社:《中华职业教育社章程》,《教育与职业》,1917年第1期。

[2]中华职业教育社:《内外时报:中华职业教育社宣言书》,1917年第14卷第7期。

[3]中华职业教育社:《记事:学事一束:中华职业教育社年会纪要》,《教育杂志》,1918年第10卷第6期。

[4]中华职业教育社:《教育界消息(九年二三月):职业教育征求社员》,《中华教育界》,1920年第9卷第4期。

[5]陈邦材、顾文钊:《社务丛录:中华职业教育社第四届年会报告》,《教育与职业》,1921年第27期。

[6]中华职业教育社:《中华职业教育社职业学校出品展览会征集出品通启》,《安徽教育月刊》,1921年第46期。

[7]黄炎培:《中华职业教育社成立五年间之感想》,《教育与职业》,1922年第35期。

[8]《中华教育改进会、中华职业教育社、中华农学会发起全国农业讨论会宣言》,《安徽教育月刊》,1922年第54期。

[9]中华职业教育社:《征求教育界对于新学制草案职业教育一部分意见的问题》,《教育与职业》,1922年第33期。

[10]《中华职业学校概况》,《教育与职业》,1922年第36期。

[11]《调查:中华职业教育社一览》,《江苏教育公报》,1926年第9卷第6期。

[12]《国内教育新闻:职业教育社募捐百年基金》,《中华教育界》,1926年第15卷第10期。

[13]黄炎培:《提出大职业教育主义征求同志意见》,《教育与职业》,1926年第71期。

[14]《社务报告:中华职业教育社工读团试办简则》,《教育与职业》,1927年第89期。

[15]《中华职业教育社社旗图样》,《教育与职业》,1930年第116期。

[16]《中华职业教育社章程》,《教育与职业》,1930年第116期。

[17]《会务一览表、中华职业教育社历届大会一览表》,《教育与职业》,1930年第116期。

[18]钟道赞:《中华职业教育社与中国教育》,《教育与职业》,1932年第139期。

[19]《上海职业指导所》,《中华职业教育社社务月报》,1933年4月。

[20]《补习教育:本社附设之第一中华职业补习学校》,《中华职业教育社社务月报》,1933年1月。

[21]《中华职业学校》,《中华职业教育社社务月报》,1933年4月。

[22]《职业学校毕业生出路调查初部完毕》,《中华职业教育社社务月报》,1935年5月。

[23]钱永铭:《中华职业教育社二十周年纪念之感想》,《教育与职业》,1937年第186期。

[24]中华职业教育社四川办事处:《难民职业训练计划大纲》,《国讯》,1938年第188期。

[25]问渔:《抗战一年来之中华职业教育社》,《国讯》,1938年第180期。

[26]黄炎培、杨卫玉、江恒源等:《从困勉中得来:为纪念中华职业教育社二十四周年作》,《国讯》,1941年第268期。

[27]杨卫玉:《中华职业教育社十年来的动向》,《国讯》,1941年第289期。

[28]何济儒:《中华职业教育社社员的意义》,《社讯》,1941年第1期。

[29]杨卫玉:《中华职业教育社简史》,《国讯》,1945年第391期。

[30]黄炎培:《中华职业教育社今后五年间建设大计》,《教育与职业》,1945年第200期。

[31]《中华职业教育社复员一周年:抗战八年中的艰苦奋斗》,《教育与职业》,1946年第201期。

[32]翰飞:《民主阵容三十年来的中华职业教育社》,《现代新闻(上海1947)》,1947年第1卷第1期。

[33]黄炎培:《中华职业教育社奋斗三十二年发见的新生命》,《教育与职业》,1949年第208期。

[34]霍益萍、田正平:《试论中国近代职业技术教育的发展》,《华东师范大学学报(教育科学版)》,1986年第3期。

[35]曲广华:《对民主革命时期中华职业教育社的历史考察》,《吉林大学社会科学学报》,1989年第3期。

[36]钱景舫、刘桂林:《论中华职业教育社在近代教育中的地位和作用》,《华东师范大学学报(教育科学版)》,1998年第4期。

[37]刘正伟、薛玉琴:《江苏省教育会与中华职业教育社》,《教育与职业》,2000年第9期。

[38]张伟平:《略论教育社团与我国近代职业教育的发展》,《高等教育研究》,2002年第3期。

[39]曲广华:《试论建国前中华职业教育社的创造性贡献》,《教育与职业》,2007年第12期。

[40]崔军伟:《民国时期中华职业教育社的乡村建设思路及其启示》,《广西社会科学》,2009年第9期。

[41]谢长法:《中华职业教育社与职业指导的近代化》,《教育与职业》,2009年第27期。

[42]谢长法:《中华职业教育社的早期职业教育理论探讨》,《教育与职业》,2011年第11期。

[43]金兵:《近代中华职业教育社职业教育与指导活动考述》,《齐鲁学刊》,2011年第2期。

[44]曲广华:《从民间社团到现代政党——以中华职业教育社为个案的研究》,《学习与探索》,2011年第4期。

[45]米靖、叶青:《中华职业教育社与20世纪上半叶中国职业教育学科发展》,《中国职业技术教育》,2012年第21期。

[46]安宇、沈荣国:《留学生与中华职业教育社论纲(1917—1949)》,《江苏师范大学学报(哲学社会科学版)》,2014年第3期。

[47]杨卫明:《中华职业教育社与近代中国职业教育研究》,《中国职业技术教育》,2014年第18期。

[48]谢德新、谢长法:《近代中国职业补习教育研究述评》,《职教论坛》,2014年第34期。

[49]陈梦越:《民国时期中华职业学校学生自治研究》,《职业技术教育》,2015年第31期。

[50]陈梦越、楼世洲:《公共领域:民国民间教育团体的生存样态——以中华职业教育社为个案解读》,《职教论坛》,2015年第25期。

[51]王江涛、俞启定:《我国职业学校成绩展览会的历史考察(1918—1944)》,《华东师范大学学报(教育科学版)》,2016年第2期。

学位论文

[1]李霞:《民国时期知识界的职业教育观——以〈教育与职业〉杂志为中心》,博士学位论文,湖南师范大学,2009。

[2]金兵:《民国时期职业指导研究》,博士学位论文,苏州大学,2009。

[3]王成涛:《中华职业教育社与中国职业教育近代化》,硕士学位论文,西南大学,2008。

[4]谢德新:《中国职业教育理论的早期现代化研究(1917—1937)》,硕士学位论文,西南大学,2012。

[5]陈梦越:《民国时期中华职业教育社年会研究(1917—1937年)》,硕士学位论文,浙江师范大学,2016。

后记

周恩来曾如此评价中华职业教育社,他说:"职教社是一个知识分子的团体,从职教社所走的道路,也可以看出中国知识分子的历史道路。"确实,诞生于1917年的中华职业教育社,是民国时期至现今一直存在且发挥了重要作用的教育团体和民主团体,其所经过的历程,始终有着中国知识分子的身影,恰逢2017年是中华职业教育社的百年诞辰,写一写中华职业教育社的历史就非常有必要。

本书是在恩师楼世洲教授的指导下写就的,可以说没有楼老师的指导,本书是不可能完成的。犹然记得2014年的暑假,那时我是准研二学生,楼师让我拟就一份中华职业教育社社史的提纲,写一本关于中华职业教育社的历史研究的著作。当时还是学术门外汉的我,经过一个多星期的资料查找,结合自己对教育活动史研究的兴趣,便草草完成了大纲写作。当时自信满满,交给了楼师。不久,收到回复,其实是转发的储朝晖教授的回复,大致认为可以着手写,但须注重历史的发展逻辑。由此,我便在楼师的鼓励下动手写作,顺便也将自己的硕士学位论文的内容选定为研究中华职业教育社。恰逢当时,楼师正与国家图书馆出版社合作,整理出版近代中国的职业教育文献,而关于职业教育的文献,职教社是不可忽略的,由此我便开始熟悉相关史料,也曾去国家图书馆查阅过资料。四年过去了,楼师主编的《民国时期职业教育文献辑刊》已出版两辑,第三辑也已完成待出,而本该早早完成的此书却一拖再拖,到现在才完成,其间虽未曾被楼师催促过,但内心一直有愧,在此向楼师及储朝晖老师致以最诚挚的歉意!

五年时间很长,我经历了从硕士研究生到博士研究生的身份转换,书稿一直是我的心结,撰写一部学术著作对于一个尚未窥学术门径的学子而言,难度可想而知!其间楼师身体抱恙,须住院治疗,在入院之前还叮嘱我做好文稿,即使在住院期间,他还不忘此事。现在文稿完成,本该高高兴兴地向楼师交稿,却不想也不敢交给楼师,因为健康才是楼师最重要的,多么希望此书能够幻化作一剂良药让楼师恢复到之前的健康状态!同时,特别感谢我的师妹张莉和李晓,文中第六、七章分别由她们草拟,我做修改。另外,还要感谢近一年来储朝晖老师的不断叮促与指导,以及我的博士生导师孙邦华教授的不吝指导!总之,本书的撰写离不开各位师长朋友们的热情相助,在此一并致谢!

丛书跋

2012年完成自己主编的2012年度国家出版基金资助项目"20世纪中国教育家画传"后,就策划启动新的研究项目,于是决定为曾在中国教育现代化过程中发挥巨大作用而又少有人知的教育社团写史,并在2013年3月拿出第一个包含8本书的编撰方案。当初怎么也没想到这一工作一再积累后延,几乎占用了我8年的主要时间,列入写作的社团一个个增加,参加写作的专家团队、支持者和志愿者不断扩大,最终汇成30本书和由50多位专家组成的团队,并在西南大学出版社鼎力支持下如愿以偿地获得2019年度国家出版基金资助。

1895年中日甲午海战中国战败后,中国社会受到强烈震动,有识之士勇敢地站出来组建各种教育社团,发展现代教育。1895年到1949年,在中国传统教育向现代教育转化、嬗变的过程中,产生了数以百计的教育社团。中华教育改进社等众多的民间教育社团在中国教育现代化进程中都曾发挥过重要的、甚至是无可替代的作用,到处留下了这些社团组织的深深印记,它们有的至今还在发挥着潜移默化的作用,它们是中国教育智库的先声。

但随着时间的推移,知道这段历史的人越来越少。教育社团组织与中国教育早期现代化既是一个有丰富内涵的历史课题,更是一个极具现实意义的实践课题。挑选"中国现代教育社团史"这一极为重大的选题,联合国内这一领域有专深研究的专家进行研究,系统编撰教育社团史,既是为了更好地存史,也是为了有效地资政,为当今及此后教育专业社团的建立、发展和教育改进与发展提供借鉴,为教育智库发展提供独具价值的参考,为解决当下中国教育管理问题提供借鉴,从而间接促进当下教育质量的提升和《中国教育现代化2035》目标的实现。简言之，为中国现代教育社团修史是一项十分有意义的工作。

在存史方面，抢救并如实地为这些社团写史显得十分必要、紧迫。依据修史的惯例，经过70多年的沉淀，人们已能依据事实较为客观地看待一些观点，为这些教育社团修史，恰逢其时；依据信息随时间衰减的规律，当下还有极少数人对70多年前的那段历史有较充分的知晓，错过这个时期，则知道的人越来越少，能准确保留的信息也会越来越少，为这些社团治史时不我待。因此，本套丛书担当着关键时段、恰当时机、以专业方式进行存史的重要责任。

在资政方面，为中国现代教育社团修史是一项十分有现实意义的工作。中国教育改革除了依靠政府，更需要更多的专业教育社团发展起来，建立良性的教育评价和管理体系，并在社会中发挥更大的作用。社团是一个社会中多种活力的凝结和显示，一个保存了多样性社团的社会才是组织性良好的社会，才是活力充足的社会。当时的各个教育社团定位于各自不同的职能，如专业咨询、管理、评价等，在社会和教育变革中以协同、博弈等方式发挥出巨大的作用。它们的建立和发展，既受到中国现代新式教育发展的制约，又影响了中国现代新式教育发展的进程。研究它们无疑会加深我们对那个时期中国新式教育发展过程中各种得失的宏观认识，有助于从宏观层面认识整个新式教育的得失，进而促进教育质量和品质的提升。现今的教育社团发展不是在一张白纸上画画，1900年后在中国产生的各种教育社团是它们的先声。为中国现代教育社团修史将会为当下及未来各个社团的建立发展和教育智库建设提供真实可信而又准确细致的历史镜鉴。

做好这项研究需要有独特的史识和对教育发展与改革实践的深刻洞察，本丛书充分运用主编及团队三十余年来从事历史、实地调查与教育改革实践研究的专业积累。在启动本研究之前，丛书主编就从事与教育社团相关的研究，又曾做过一定范围的资料查找，征集国内各地教育史专业工作者意见，依据当时各社团的重要性和历史影响，以及历史资料的可获取性，采用既选好合适的主题，又选好有较长时期专业研究的作者的"双选"程序，以保障研究的总体质量，使这套丛书不仅分量厚重，质量优秀，还有自己的特色。

本丛书的"现代"主要指社团具有的现代性,这样的界定与中国教育现代化进程相吻合。以历史和教育双重视角,对中华教育改进社等具有现代性的30余个教育社团的历史资料进行系统的查找、梳理和分析。对各社团发展的整体形态做全面的描述,在细节基础上构建完整面貌,对其中有歧义的观点依据史实客观论述,尽可能显示当时全国教育社团发展的原貌和全貌,也尽可能为当下教育社团与教育智库的建立和发展提供有益的历史镜鉴。

为此,我们明确了这套丛书的以下撰写要求:

全套丛书明确史是公器,是资料性著述的定位,严格遵循史的写作规范,以史料为依据,遵守求真、客观、公正、无偏见的原则,处理编撰中的各类问题。

力求实现四种境界:信,所写的内容是真实可靠的,保证资料来源的多样性;简,表述的方式是简明的,抓住关键和本质特征经讨由博返约的多次反复,宁可少一字,不要多一字;实,记述的内容是有实际意义和价值的,主要体现为内容和文风两个方面,要求多写事实,少发议论,少写口号,少做判断,少用不恰当的形容词,让事实本身表达观点;雅,尽可能体现出艺术品位和教育特性,表现为所体现的精神、风骨之雅,也表现为结构的独具匠心,表达手法的多样和谐、图文并茂。

对内容选取的基本标准和具体要求如下:

(1)对社团的理念做准确、完整的表述,社团理念在其存续期有变化的要准确写出变化的节点,要通过史料说明该社团的活动是如何在其理念引导下开展的。

(2)完整地写出社团的产生、存续、发展过程,完整地陈述社团的组织结构、活动规模、活动方式、社会影响,准确完整地体现社团成员在社团中的作用、教育思想、教育实践,尽可能做到"横不缺项,纵不断线"。

(3)以史料为依据,实事求是,还原历史,避免主观。客观评价所写社团对社会和教育的贡献,不有意拔高,也不压低同时期其他教育社团。关键性的评价及所有叙述要有多方面的史料支撑,用词尽可能准确无歧义。

(4)凸显各单册所写社团的独特性,注意铺垫该社团所在时代的社会与教育背景,避免出现违背历史事实的表述。

(5)根据隔代修史的原则,只记述中华人民共和国成立之前的历史。对后期延续,以大事记、附录的方式处理,不急于做结论式的历史判定。

(6)各书之间不越界,例如江苏教育会与全国教育会联合会之间,江苏教育会与中华教育改进社之间,详略避让,避免重复。

写法要求为:立意写史,但又不写成干巴、抽象、概念化的历史,而是在掌握大量资料的基础上,全面、深刻理解所写社团的历史细节和深度,写出人物的个性和业绩,写出事件的情节和奥秘,尽可能写出有血有肉、有精气神的历史,增强可读性。写法上具体要求如下:

(1)在全面了解所写社团基础上,按照史的体例,设计好篇目、取舍资料、安排内容、确定写法。在整体准确把握的基础上,直叙历史,不写成专题或论文,语言平和,逻辑清晰。

(2)把社团史写得有教育性。主要通过记叙社团发展过程中的人和事展示其具有的教育功能;通过社团具有的专业性对现实的教育实践发生正向影响,力求在不影响科学性、准确性的前提下尽量写得通俗。

(3)能够收集到的各社团的活动图片尽可能都收集起来,用好可用的图,以文带图,图文互补,疏密均匀。图片尽可能用原始的、清晰的,图片说明文字(图题)应尽量简短;如遇特殊情况,例如在正文中未能充分展开的重要事件,可在图题下加叙述性文字做进一步介绍,作为一个独立的知识点。

(4)关键的史实、引文必须加注出处。

据统计,清末至民国时期教育社团或具有教育属性的社团有一百多个,但很多社团因活动时间不长、影响不大,或因资料不足等,难以写成一本史书。本丛书对曾建立的教育社团进行比较全面的梳理,从中精心选择一批存续时间长、影响显著、组织相对健全、在某一专业领域或某一地区具有代表性、典型性的教育社团进行深入研究,在此基础上做出尽可能符合当时历史原貌和全貌的整体设计,整体上能够充分完整地呈现所在时代教育社团的整体性和多样性特征,依据在中国教育现代化进程中所发挥的作用大小选择确定总体和各部分的研究内容,依据史实客观论述,准确保留历史信息。本丛书的基本框架为一项总体研究和若干项社团历史个案研究。以总体研究统领各个案研究，为个案研究确定原则、方法、背景和思路；个案研究为总体研究提供史实和论证依据，各个案研究要有全面性、系统性、真实性、准确性、权威性、实用性，尽量写出历史的原貌和全貌，以及其背后盘根错节的关系。

入选丛书的选题几经增减，最终完稿的共30册：

《中国现代教育社团发展史论》《中华教育改进社史》《中华平民教育促进会史》《生活教育社史》《中华职业教育社史》《江苏教育会史》《全国教育会联合会史》《中国教育学会史》《无锡教育会史》《中国社会教育社史》《中国民生教育学会史》《中国教育电影协会史》《中国科学社史》《通俗教育研究会史》《国家教育协会史》《中华图书馆协会史》《少年中国学会史》《中华儿童教育社史》《新安旅行团史》《留美中国学生联合会史》《中华学艺社史》《道德学社史》《中华教育文化基金会史》《中华基督教教育会史》《华法教育会史》《中华自然科学社史》《寰球中国学生会史》《华美协进社史》《中国数学会史》《澳门中华教育会史》。

本丛书力求还原并留存中国各现代教育社团的历史原貌和全貌，对当时各教育社团的发展历程、重要事件、关键人物进行系统考察，厘清各社团真实的运作情况，从而解决各社团历史上一些有争议的问题，为教育学和历史学相关领域的发展提供一定的帮助，拓展出新的领域，从而传承、传播教育先驱的精神，为当今教育改革和发展提供历史借鉴和智慧资源，为今后教育智库的发展提供有中国实践基础的历史参考，在拓展教育发展的历史文化空间上发挥其他著述不可替代的作用。在写作过程中严格遵守史的写作规范，以史料为依据，遵守求真、客观、公正、无偏见的原则，处理编撰中的各类问题。

这是一项填补学术空白的研究。这个研究领域在过去70多年仅有零星个别社团的研究，在史学研究领域对社团的研究较多，但对教育社团的研究严重不足；长期以来，在教育史研究领域没有对教育社团系统的研究；对民国教育的研究多集中于一些教育人物、制度，对曾发挥不可替代作用的教育社团的研究长期处于不被重视状态。因此，中国没有教育社团史的系列图书出版，只有与新安旅行团、中华职业教育社相关的专著，其他教育社团则无专门图书出版，只是在个别教育人物的传记等文献中出现某个教育社团的部分史实，浮光掠影，难以窥其全貌。但是教育社团对当时教育的发展发挥了倡导、引领、组织、管理、评价等多重功能，确实影响深远，系统研究中国现代教育社团是此前学术界所未有过的。该研究可以为洞察民国教育提供新的视角，在今后一段时期内具有标志性意义，发挥其他著述不可替代的作用。

这是一项高难度的创新研究。它需要从70多年历史沉淀中钩沉，需要在教育学和史学领域跨越，在教育历史与现实中穿梭，难度系数很高、角度比较独特，20多年前就有人因其难度高攻而未克。研究过程中我们将比较厚实的历史积累和对当下教育问题比较深入的洞见相结合，以史为据，以长期未能引起足够重视的教育社团为研究对象，梳理出每个社团的产生、发展、作用、地位。

这是一项促进教育品质提升的研究。中国当下众多教育问题都与管理和评价体制相关。因此，我们决定研究中国现代教育社团史，对中国教育现代化进程中发挥过重要作用的诸多教育社团的历史进行抢救性记述、研究，对中国教育体系形成的脉络进行详尽的梳理，记录百年中国教育现代化进程中教育社团所起的重大作用，体现教育现代化过程中的"中国智慧"，为构建中国教育科学话语体系铺垫史料、理论基础，探明1898到1949年间教育社团在中国教育现代化发展中的作用，为改善中国教育提供组织性资源。

这是一项未能引起足够重视的公益性研究。本研究旨在还原并留存各教育社团的历史原貌和全貌，传承、传播教育先驱的精神，为当今教育改革和发展提供历史借鉴和智慧资源，拓展教育发展的历史文化空间，需要比较厚实的历史积累和对当下教育问题比较深入的洞见。本研究长期处于不被重视状态，但是其对教育的发展确实影响深远，需要研究的参与者具有对历史和现实的使命感。

这个研究项目在设计、论证和实施过程中得到业内专家的大力支持、高度关注和评价。中国教育学会教育史分会原会长田正平先生热心为丛书写了推荐信，又拨冗写了总序，认为："说到底，这是当代中国教育改革的需要和呼唤。教育是中华民族振兴的根基和依托，改革和发展中国教育，让中国教育努力赶上世界先进水平，既是中央政府和地方各级政府义不容辞的职责，也必须依靠广大教育工作者的自觉参与和担当。从这个意义上讲,中国近代教育会社团体与中国教育早期现代化研究,既是一个有丰富内涵的历史课题,更是一个极具现实意义的重大问题。"中国现代教育社团史的课题,"从近代以来数十上百个教育社团中精心选择一批有代表性、典型性、产生过重大影响的教育社团,列为专题,分头进行了深入的研究。我相信,读者诸君在阅读这些成果后所收获的不仅仅是对教育社团的深入理解和崇高敬意,也可能从中引发出一些关于当代中国教育改革的更深层次的思考"。

北京师范大学教育学部原部长、清华大学教育学院院长石中英教授在推荐中道:"对那些历史上有重要影响的教育社团进行研究,既具有非常重要的学术价值,也具有非常强烈的现实意义。""当前,我国改革开放正在逐步地深入和扩大,激发社会组织活力,在整个社会治理体系建设中具有重要作用。现代教育治理体系的建设,也迫切需要发挥专业的教育社团的积极作用。在这个大背景下,依据可靠的历史资料,回溯和评价历史上著名教育社团的产生、发展、组织方式和活动方式等,具有现实意义和社会价值。""总的来说,这个项目设计视角独特,基础良好,具有较高的学术价值、实践价值和出版价值。"

1990年代,中央教育科学研究所张兰馨等多位前辈学者就意识到这一选题的重要性,曾试图做这一研究并组织编撰工作,终因撰写团队难以组建、资料难以查找搜集等各种条件限制而未完成。当我们拜访80多岁的张兰馨先生时,他很高兴地拿出了当年复印收藏的一些资料,还答应将当年他请周谷城先生题写的书名给我们使用,既显示这一研究实现了学者们近30年未竟的愿望,也使这套书更具历史文化内涵。

西南大学出版社是全国百佳图书出版单位、国家一级出版社、全国先进出版单位,承担了多项国家重大文化出版工程项目、国家出版基金资助项目、重庆市出版专项资金资助项目,具有丰富的国家、省市重点项目出版与管理经验。该社出版的多项国家级项目受到各级主管部门、学界、业内的一致好评。另外,西南大学的学术优势为本书的出版提供了学术支撑。

本项目30余位作者奉献太多。他们分别来自中国人民大学、北京师范大学、华东师范大学、中山大学、首都师范大学、浙江师范大学等多所高校和研究机构，他们长期从事相关领域的研究，具有极强的学术责任感，具备了较好的专业基础，研究成果丰硕，有丰富的写作经验。在没有启动经费的情况下，他们以社会效益为主，把这项研究既当成一项工作任务，又当成一项对精湛技术、高雅艺术和完美人生的追求，以高度的历史使命感和现实的使命感投入研究，确保研究过程和成果具有较高的严谨性。他们旨在记录中国教育现代化过程中教育社团所起的重大作用，体现教育现代化过程中的"中国智慧"，写出理论观点正确、资料翔实准确、体例完备、文风朴实、语言流畅，具有资料性、科学性、思想性，经得起历史检验的，有灵魂、有生命、能传神的现代教育社团史。

这套丛书邀约的审读委员主要为该领域的专家，他们大多在主题确定环节就参与讨论，提供资料线索，审读环节严格把关，有效提高了丛书的品质。

本人为负起丛书主编职责，采用选题与作者"双选"机制确定了撰写社团和作者，实行严格的丛书主编定稿制，每本书都经过作者拟提纲—主编提修改意见—确定提纲—作者提交初稿—主编审阅，提出修改意见—作者修改—定稿的过程，有些书稿从初稿到定稿经过了七到八次的修改，这些措施有效地保障了这套丛书的编撰质量。尽管做了这些努力，仍难免有错，敬希各位不吝赐正。

十分感谢国家出版基金资助。本丛书有重大的出版价值，投入也巨大，但市场相对狭窄。前期在项目论证、项目启动、资料收集、组织编写书稿中投入了大量的人力、物力。多位教育专家和史学专家经过八年的努力，收集了大量的资料，研究的深度和广度都大大超出此前这一领域的研究。各位作者收集了大量的历史资料，走访了全国各大图书馆、资料室，完成了约一千万字、数百幅图片的巨著。前期的资料收集、研讨成本甚高，而使用该书的主要为教育研究者、教育社团和教育行政人员。即便丛书主编与作者是国内教育学、教育史学领域的权威专家，即便丛书经过精心整理、撰写而成，出版后全国各地图书馆、研究院所会有一定的购买，有一定的经济效益，但因发行总数量有限，很难通过少量的销售收入实现对大量经费投入的弥补，国家出版基金资助是保障该套丛书顺利出版的关键。

丛书跋

教育在实现中华民族伟大复兴中发挥着不可替代的作用。完整、准确、精细地回顾过去方能高瞻远瞩而又脚踏实地地展望未来,将优秀传统充分挖掘展现、利用方能有效创造未来,开创教育发展新时代。在中国教育现代化进程中众多现代教育社团是促进者。中国人坚定的自信是建立在5000多年文明传承基础上的文化自信。中国现代教育社团的发起者心怀中华,在中华民族处于危亡之际奔走呼号,立足弘扬中华优秀文化传统提倡革新。本丛书深层次反映了当时中国仁人志士组织起来,试图以教育救国的真实面貌,其中涉及几乎全部的教育界知名人物,对当年历史的还原有利于挖掘中华优秀传统文化的强大生命力和在民族危亡关头的强大凝聚力,弘扬中华优秀传统文化,为构建中华优秀传统文化传承发展体系添砖加瓦。研究这段历史,对于推动中华优秀传统文化创造性转化、创新性发展,对于促进教育智库建设,发展中国教育事业,发挥教育在促进中华民族伟大复兴中的作用具有重要意义。

愿我们所有人为此的努力在中国教育现代化进程中生根、发芽、开花、结果。

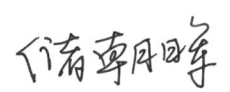